Bielefelder Jugendreiseschriften

Herausgegeben von

Thomas Korbus

Wolfgang Nahrstedt

Bernhard Porwol

Band 5

Faksimileausgabe

Giesecke, Hermann
Keil, Annelie
Perle, Udo

Pädagogik des Jugendreisens

Erschienen erstmals 1967 im Juventa Verlag in München

Bielefeld 2002

Institut für Freizeitwissenschaft und Kulturarbeit e.V. (IFKA), Bielefeld

Die Deutsche Bibliothek - CIP-Einheitsaufnahme

Giesecke, Hermann:
Pädagogik des Jugendreisens / Giesecke, Hermann ; Keil, Annelie ; Perle , Udo.
Institut für Freizeitwissenschaft und Kulturarbeit e.V. (IFKA), Bielefeld. – Faks.-
Ausg. [der Ausg.] München, Juventa-Verl., 1967. – Bielefeld : IFKA, 2002
(Bielefelder Jugendreiseschriften ; Bd. 5)
ISBN 3-926499-47-8

Postfach 10 15 22 · D-33515 Bielefeld · Telefon/Telefax: 0521/106-3315

Druck und buchbinderische Verarbeitung: Gustav Brinkjost KG, Bielefeld
Umschlaggestaltung: RUF-Jugendreisen, Bielefeld
Maßgeblich wurde der Originalumschlag verwendet, der die Ästhetik der 60er Jahre wiederspiegelt.

Vorwort zur Faksimileausgabe, die auch die 2. Auflage ist

„Pädagogik des Jugendreisen" von Giesecke, Keil, Perle aus dem Jahre 1967 ist das grundlegende Werk unter den Veröffentlichungen zum modernen Jugendreisen. Dieser Klassiker, an dem auch heute noch kein Student bei Seminararbeiten zum Thema Jugendtourismus vorbeikommt, dürfte in allen wissenschaftlichen Arbeiten zitiert sein. Sollte ein Student mit diesem Buch sein Quellenstudium beginnen, läuft er Gefahr zu resignieren, da vieles bereits erkannt und sehr gut beschrieben ist.

Erstmalig wurde versucht, für den Bereich der reisenden jungen Menschen auch theoretische Grundlagen zu liefern. Die Reiseintensität der Jugendlichen wuchs, weil sich immer weitere Bevölkerungsschichten Urlaubsreisen leisten konnten. Bislang war der Umgang mit Jugendlichen die Domäne der Jugendarbeit, der Schule oder des Elternhauses. Wenn im Rahmen der Jugendarbeit und Jugendhilfe Reisen unternommen wurden, dann war dies nur Jugendarbeit mit anderen Mitteln. Hermann Giesecke erkannte als Erziehungswissenschaftler als erster, dass „der moderne Tourismus ein eigentümliches, eigenständiges, unaustauschbares spezielles Lern- und Erfahrungsfeld" darstellt. Im Rahmen seiner Theoriebildung versucht er, das richtige Maß von zu viel oder zu wenig Pädagogik zu erkennen. Sehr deutlich ist am Ende des Buches die Forderung nach einer Qualifizierung der Reisebetreuer. Diese Forderung ist heute aktueller denn je.

Den Auslöser für das Buch bildet Kentlers „Urlaub auf Sizilien" (1963), auch „Catania-Studie" genannt, deren Ergebnisse von der Presse aufgegriffen wurden. Die Presse berichtete groß aufgemacht von Alkohol-Exzessen und sexuellen Ausschreitungen im Ferienlager. Der Veranstalter „Fahr mit" bot in großem Umfang Jugendreisen an und stellte eine Konkurrenz zu Jugendverbänden und kommunalen Jugendämtern dar.

Der Praxisteil, den hauptsächlich Annelie Keil und Udo Perle verfassten, enthält zahlreiche Auseinandersetzungen zu den möglichen Problemen und Konflikten auf Jugendreisen. Das Verhalten der jungen Leute wird empirisch untersucht und ihre Bedürfnisse analysiert. Tourismus und insbesondere der Massentourismus werden nicht per se kulturkritisch verdammt, sondern die positiven Aspekte werden herausgestellt. Einige Themenbereiche und Erscheinungen sind nach wie vor von großer Aktualität.

Dabei muss sich der heutige Leser stets vergegenwärtigen, dass hier primär Jugendliche im Jahre 1964 beschrieben werden. Konrad Adenauer war bis 1963 Bundeskanzler. Seit 1963 sendete das ZDF natürlich in Schwarz/Weiß. Die wenigen Menschen, die sich ein Auto leisten konnten, fuhren meist einen VW Käfer mit maximal 34 PS.
Damals Fünfzehnjährige sind heute 53 Jahre alt, damals Fünfundzwanzigjährige sind 63 Jahre alt. Es wird also die Generation beschrieben, zu der heute die regierenden Politiker gehören. Von einer „68er Generation" gab es noch keine Spur. Der Kernbegriff des Buches „Emanzipation" aber wies hellsichtig voraus. Das Selbstbestimmungsrecht des Individuums wurde betont und die kritische Hinterfragung etablierter Autoritäten und selbsternannter Experten thematisiert. Die Alterskohorte der hier beschriebenen jungen Menschen ist die, die bald darauf zahlreiche Begriffe wie APO (außerparlamentarische Opposition) und später die Bildungsreformen, die Frauenbewegung, die Ökologie, die Partei der Grünen uvam. beförderten und prägten. Es ist die Generation, die heute wichtige Positionen unserer Gesellschaft bekleidet. Viele sind bereits Großeltern. Diese Vorstellung regt insbesondere bei Themen wie Alkoholkonsum, Umgang mit dem anderen Geschlecht oder Musikgenuss (die Beatles waren gerade „hipp") zur Diskussion an.

Generell stellt sich der Leser die Frage, worin der Unterschied zwischen den Jugendlichen früher und heute besteht oder was selbst 35 Jahre später im Grunde gleichgeblieben ist.

Die rechtlichen Aspekte des Jugendreisens, wie sie heute vom Reisevertragsgesetz bestimmt sind, werden nur am Rande behandelt. Das Reisevertragsgesetz (1979) wurde erst Anfang der 80er Jahre zaghaft zum Thema bei einigen Anbietern von Jugendreisen. Ökologische Fragestellungen sind noch kein Thema. „Die Grenzen des Wachstums" des Club of Rome (1972) belasteten die Autoren noch nicht, allerdings war Tourismus als Massenphänomen erkannt.

Bemerkenswert für den Jugendtourismus und die Pädagogik sind die sehr kritischen Anmerkungen zum Lernzwang auf traditionellen Jugendreisen (S. 62ff) und die Schlussfolgerungen: „Der moderne Tourismus ist insofern Gegenstand der Pädagogik, als er ein Lernfeld darstellt, in dem spezifische Erfahrungen möglich sind, die aus den emanzipatorischen Tendenzen des touristischen Systems resultieren" (S. 73). Beeindruckend ist die Behandlung der Themen „Sozialbeziehungen am Urlaubsort", „die Komfortansprüche", „das Angebot" vor Ort und „der Führungsstil" (S. 81 ff.). Die Probleme bei der Gruppenbildung (S. 87f) oder bei dem Umgang mit Musik (S. 89) sind prinzipiell auch heute zu beobachten. Beim Umgang mit Minderjährigen

(damals wurde man erst mit 21 volljährig) ist die „Aufsichtsproblematik" (S. 90ff) bei betreuten Jugendreisen nach wie vor zentral, auch wenn sich die Frage nach „Führungsstile" (S. 128ff) und Sanktionen (S. 130) heute anders stellt, auch weil „Duzen oder Siezen?" (S. 136f) möglicherweise unproblematischer geworden sind. Interessant ist auch die Tatsache von „Sauforgien" (S. 94f), besonders, wenn junge Männer unter sich sind ,und die Erkenntnis, dass die „zwischengeschlechtliche Problematik eine soziale und keine sexuelle" (S. 97f) darstellt, also die Befürchtungen der Eltern, dass sexuelle Exzesse im Jugendurlaub zu erwarten sind, schon damals unbegründet waren. Der Wunsch nach höherem Komfort (S. 102f) wird thematisiert und wegen möglicher Reisemängel (S. 110f, S. 130f) werden zukünftige Minimalbedingungen gefordert (S. 116). So muss u.a. ein Tagesraum vorhanden sein (S. 117) und die Teilnahme an den vor Ort angebotenen Aktivitäten muss freigestellt sein (S. 119). In diesem Zusammenhang wird „Pädagogik als Dienstleistung" gefasst (S. 142). Für das Gelingen einer erfolgreichen Jugendreise ist das „Team" (S. 148 – S. 151) der Reiseleiter von ausschlaggebender Bedeutung. Der „Jugendeigene Tourismus" ergibt sich aus dem spezifischen Geselligkeitsbedürfnis der jugendlichen Reisenden. Sie wollen lieber unter sich sein (S. 165, S. 167). Daraus leiten sich spezielle pädagogische Anforderungen an die Reiseleiter ab. Der Qualifizierung der Jugendreiseleiter wird ein eigenes Kapitel gewidmet (S. 168ff). Auch werden sozialpolitische Forderungen formuliert, wie eine andere Art der Subventionsverteilung erfolgen kann, weil bei der staatlichen Förderung von Jugendreisen im Rahmen der Jugendhilfe das Risiko gesehen wird, „Jugendtouristen 2. Klasse" zu erzeugen (S. 198ff). Unergiebig, weil unsinnig, ist schon damals die Unterscheidung von „kommerziell" vs. „gemeinnützig" (S.43) oder „kommerziell" vs. „pädagogisch" (S. 60, S. 198), weil dies kein Unterscheidungskriterium für die Qualität der Reisen darstellt.
An diesen wenigen Auszügen zeigt sich, dass dieses Buch nach wie vor für die Pädagogik und den Jugendtourismus zentrale Grundlagen und Ansatzpunkte für weitere Diskussionen liefert.

Die Theoriebildung zu einer Pädagogik des Jugendreisens kam seither kaum voran. Eine der letzten wissenschaftlichen Diskussionen zum Thema „Jugendauslandsreisen" kam von Opaschowski (1970). Die Forschungsmittel versiegten. Danach beschäftigte sich fast nur noch der Studienkreis für Tourismus in Starnberg, vertreten durch Heinz Hahn und Brigitte Gayler, mit dem Thema „Jugendreisen" und musste sich auf wenige modellhafte Ansätze beschränken. Hermann Giesecke war bis 1997 Professor an der Universität Göttingen und Annelie Keil ist Professorin an der Universität Bremen. Beide wandten sich anderen Problemfeldern zu. Udo Perle ist leider bereits 1971 gestorben.

Die Experten der Jugendarbeit orientierten sich weiter an der Jugendhilfe, wie sie von den Verbänden und Kommunen durchgeführt wurde. Ferienfreizeiten waren ein Teil der Jugendarbeit und weiter kein Thema. Sie hatten vermeintlich mit Tourismus deshalb auch nichts zu tun. Auch die Fachleute der „Internationalen Begegnungen" beschäftigten sich mit dem Thema Jugendreisen, wiesen aber eine Zugehörigkeit zum (Jugend-) Tourismus weit von sich. Kritische empirische Ergebnisse z.B. wie in der Breitenbachstudie (1979/80) wurden schlicht ignoriert.

Jugendarbeit und Internationale Begegnungen legitimieren sich weiterhin primär über weltanschauliche Ziele. Jugendliche müssen erst lernen „richtig" zu reisen. Für diesen Ansatz gibt es finanzielle Unterstützungen aus Steuergeldern.

Schon 1967 und auch für heute gilt:

„Dieses Buch will und kann nicht mehr sein als ein erster umfangreicher Diskussionsbeitrag zu einem pädagogischen Feld, das bisher von der Erziehungswissenschaft recht wenig beachtet wurde und dessen Erörterung meist im Vorfeld kulturkritischer Polemiken stecken blieb. Wir hoffen, daß es den in diesem Feld Verantwortlichen hilft, ihre Maßnahmen zu verbessern" (S.11).

Es ist zu bedauern, dass diese Feststellung auch nach 35 Jahren vehementer Entwicklung einer Jugendreisepraxis noch voll zutrifft. Um so wichtiger wird der Versuch, die Diskussion darüber neu anzuregen. Deshalb ist es den Herausgebern eine Freude, dieses grundlegende und auch heute noch anregende Buch im Rahmen der Bielefelder Jugendreiseschriften herausgeben zu dürfen.

Bernhard Porwol

Bielefeld, im Januar 2002

Vorwort zur Reprintausgabe

Die "Pädagogik des Jugendreisens" war, als sie 1967 erschien, in dreierlei Hinsicht ein ungewöhnliches Buch. Zum einen beruhte es auf einer umfangreichen empirischen Untersuchung unter der Leitung von Helmut Kentler. Derart angelegte Forschungen über *pädagogische* Aufgaben und Felder waren damals fast unbekannt und steckten methodologisch noch in den Kinderschuhen. Kernstück waren die aus der "teilnehmenden Beobachtung" zahlreicher jugendtouristischer Projekte gewonnenen Berichte.

Zum anderen befasste das Buch sich mit einem Thema, das bis dahin außerhalb des erziehungswissenschaftlichen bzw. pädagogischen Gesichtskreises lag, nämlich mit den damals aufblühenden jugendtouristischen Projekten. Diese überwanden das jahrzehntelange Monopol des am Ideal des "Jugendgemäßen" orientierten jugendpflegerischen Urlaubs für Jugendliche und stellten ihm eine Alternative an die Seite, die am damals ebenfalls noch jungen kommerziellen Erwachsenentourismus orientiert war; beide Formen eines speziell für junge Leute konzipierten Reiseangebotes gibt es bis heute. Zudem überschritt das Buch Grenzen des pädagogischen Denkens jener Zeit, weil die Autoren sich nicht dem üblichen kulturkritischen Grundsatzverdikt der kommerziell bestimmten Freizeit- und Konsumwelt anschlossen und die jugendtouristischen Projekte nicht von vornherein lediglich nach tradierten pädagogischen Normen bewerteten. Vielmehr deuteten sie den Tourismus unter Anerkennung seiner kommerziellen Rahmenbedingungen als ein spezifisches Lernfeld, in dem allerdings "Erziehung" im herkömmlichen Sinne eines Normentransfers von Erwachsenen zu Jugendlichen nur noch eine begrenzte Bedeutung haben konnte. Die Leitfrage war vielmehr, was im Rahmen dieses besonderen Feldes für dessen optimale und souveräne Nutzung *gelernt* werden könnte und wie solche Lernprozesse dort etwa von den Reiseleitern unterstützt werden könnten. Der daraus abgeleitete Entwurf einer *Pädagogik* des Jugendreisens wurde zudem nicht nur theoretisch skizziert, sondern auch mit einer Fülle praktischer Vorschläge angereichert, deren Erfahrungshintergrund nicht zuletzt die Aus- und Fortbildung von Reiseleitern war. So nahm das Buch einige Entwicklungen vorweg, die sich erst später voll entfalten konnten. Dazu gehört nicht zuletzt der Perspektivenwechsel von einer von außen herangetragenen Erziehung zum subjektiv motivierten Lernen, der sich inzwischen sogar in der Schulpädagogik weitgehend durchgesetzt hat. Er verleiht – neben den praktischen Hinweisen - dem Text weiterhin Aktualität.

Dem Verlag IFKA e.V. ist zu danken, dass er dieses Buch 35 Jahre nach seinem Erscheinen wieder zugänglich macht.

Hermann Giesecke — Bovenden, im Januar 2002

INHALT

Wir haben eine Geschichte von Völkern. Die der Leute ist immer noch nicht geschrieben; deshalb fehlt es dem Tourismus, der eine Sache der Leute ist, an historischer Verständigung über sich selbst. (Hans Magnus Enzensberger: Eine Theorie des Tourismus)

In der Massenkultur kam manches zum Durchbruch, was nichts mit der Masse zu tun hat, eher mit dem, was die Gebildeten nicht recht leisteten: die Feier der Sinne, der Leidenschaften, der Sehnsüchte. (Ludwig Marcuse: Verteidigung der Massenkultur)

Jedenfalls stimmen wir ein darüber, daß Genußsucht eine der größten Tugenden ist. Wo sie es schwer hat oder gar verlästert wird, ist etwas faul. ... Aber das Entscheidende ist: das Genußleben ist vollständig getrennt vom übrigen Leben. Es ist nur zur Erholung, damit Sie wieder tun können, was kein Genuß ist. Sie kriegen überhaupt nur das bezahlt, was Ihnen keinen Genuß bereitet. (Bert Brecht: Flüchtlingsgespräche)

VORWORT

Diesem Buch liegt eine umfangreiche empirische Untersuchung des Studienkreises für Tourismus über das Urlaubsverhalten Jugendlicher zugrunde, die durch ein Team unter Leitung von Helmut Kentler im Jahre 1964 vornehmlich in südlichen Ländern durchgeführt wurde (8)*. Diese Untersuchung wurde von Hermann Giesecke, Heinz Hahn, Helmut Kentler und Udo Perle gemeinsam geplant. Angesichts des Umfangs des dabei gewonnenen und durch andere Einzelstudien (1 bis 16) noch vermehrten Materials erschien es sinnvoll, die sozialwissenschaftliche und pädagogische Aufarbeitung dieses Materials in zwei verschiedenen Publikationen vorzunehmen. Dabei konnten die Verfasser dieses Buches auf eine quantifizierende Auswertung verzichten und sich auf eine qualifizierende Interpretation der pädagogisch relevanten Daten beschränken. Wir stützten uns dabei vornehmlich auf die sechs Projekt-Monografien, die Helmut Kentler als typische Projekte unter den 44 untersuchten ausgewählt und ausführlich dargestellt hat (8/VI/1 bis 6). Eine zusammenfassende Darstellung der sozialwissenschaftlichen Untersuchungsergebnisse wird Helmut Kentler demnächst unter dem Titel »Jugend im Urlaub« im Juventa Verlag veröffentlichen.

Neben der Auswertung des vorliegenden empirischen Materials unter pädagogischem Aspekt erschien es uns sinnvoll, die pädagogischen Probleme des modernen Jugend-

* Vgl. Quellen- und Literaturverzeichnis S. 210 ff.

tourismus auch unter der Perspektive der Schwierigkeiten der Veranstalter und Reiseleiter zu studieren; dies gelang durch eine umfangreiche Mitwirkung an der Reiseleiterausbildung für verschiedene Institutionen, an der sich besonders Heinz Hahn, Annelie Keil und Udo Perle beteiligten. Die dabei gewonnenen Informationen ergänzten die empirischen Erhebungen in hohem Maße. Zudem war Udo Perle im Auftrag eines Jugendreisedienstes als Praxisberater in zahlreichen Projekten tätig (61). Schließlich gelang es, unter Leitung von Udo Perle in drei Großprojekten des Jugendtourismus mit »verdeckt«, das heißt »inoffiziell« arbeitenden pädagogischen Teams Experimente durchzuführen, die die pädagogische »Ergiebigkeit« eines solchen Feldes testen sollten. Die Berichte der daran beteiligten Sozialpädagogen wurden ebenfalls von uns mit ausgewertet (11).

Diese Verschränkung von empirischen Daten mit vielfachen, aber nicht im eigentlichen Sinne »belegbaren« Erfahrungen zwang uns zur Teamarbeit bei der Darstellung: Hermann Giesecke entwarf den Gesamtplan des Buches und den ersten Teil des Manuskripts, Annelie Keil den zweiten und Udo Perle den dritten. Hermann Giesecke redigierte dann den Gesamttext, bis Einstimmigkeit über ihn erzielt wurde.

Die Quellennachweise wurden in den Text eingearbeitet. Sie lassen sich mit Hilfe des durchnumerierten Literaturverzeichnisses entschlüsseln. Die erste Zahl verweist auf die Nummer im Literaturverzeichnis, die zweite gibt die Seitenzahl wieder. Größere Anmerkungen und Dokumentationen wurden in den Text einbezogen, sie sind aber durch kleinere Schrift abgehoben. Die in den Projektberichten auftauchenden Orts- und Personennamen wurden von uns geändert und stimmen mit den tatsächlichen Namen nicht überein.

Herzlichen Dank schulden wir all den Stellen, die sowohl die jugendkundliche Untersuchung wie auch unsere jugendpädagogische Studie durch Zuschüsse gefördert haben: dem Arbeits- und Sozialministerium des Landes Nordrhein-

Westfalen, dem Bayerischen Jugendring, dem Deutschen Jugendinstitut, dem Hessischen Jugendring, der Industriegewerkschaft Chemie, Papier, Keramik, der Industriegewerkschaft Metall und dem Jugendfahrtendienst. Besonders Herrn Prof. Dr. Küchenhoff vom Deutschen Jugendinstitut und Herrn Ministerialrat Weber vom Arbeitsministerium Nordrhein-Westfalen schulden wir Dank für ihre großzügige und verständnisvolle Hilfe. Aufrichtigen Dank schulden wir ferner Herrn Dipl.-Psych. Heinz Hahn vom Studienkreis für Tourismus für zahlreiche Ratschläge sowie für eine umfangreiche organisatorische Hilfe. Den Herren Heinz Hahn, Helmut Kentler und Hellmut Lessing danken wir schließlich für die kritische Durchsicht des Manuskripts.

Dieses Buch will und kann nicht mehr sein als ein erster umfangreicher Diskussionsbeitrag zu einem pädagogischen Feld, das bisher von der Erziehungswissenschaft recht wenig beachtet wurde und dessen Erörterung meist im Vorfeld kulturkritischer Polemiken steckenblieb. Wir hoffen, daß es den in diesem Feld Verantwortlichen hilft, ihre Maßnahmen zu verbessern.

Hermann Giesecke *Annelie Keil* *Udo Perle*

EINLEITUNG

Die pädagogische Diskussion über den modernen Jugendtourismus ist in Deutschland erst einige Jahre alt. Zwar sind auch in früheren Jahrhunderten Jugendliche aus verschiedenen Gründen gereist, wie Robert Baumann in seiner umfangreichen Berner Dissertation beschrieben hat (19). Aber sie blieben Minderheiten: Vaganten, Handwerksgesellen oder junge Adelige. Erst die modernen sozialen Emanzipationsbewegungen — Konsequenzen der ersten industriellen Revolution — führten auch zur Emanzipation des Reisens: in dem Maße, wie die verschiedenen sozialen Schichten (Bürgertum, Arbeiterschaft, Frauen, Jugend) sich politisch-gesellschaftlich emanzipierten, brachen sie auch das Reisemonopol der anderen Schichten. Die bisher letzte Station dieses geschichtlichen Prozesses war wohl die Durchsetzung des Mädchenwanderns durch die Jugendbewegung. So gesehen ist die Diskussion um den Jugendtourismus nicht neu, sondern sehr alt. Schon um die Jahrhundertwende gab es für Reisen der Schüler und ihrer Lehrer eine ausgeprägte Theorie und Tradition, wie der Artikel »Schulreise« in der »Pädagogischen Enzyklopädie« von Walter Rein zeigt. »Wandertage« und »Schullandheim-Aufenthalte« haben auch heute noch eine große Bedeutung, und das eigene Schullandheim ist der Stolz so mancher Schule.

Aber die Tatsache, daß auf dem heutigen Höhepunkt der touristischen Entwicklung prinzipiell *alle* — auch junge — Menschen verreisen können und daß sie dies tendenziell auch tun, hat die Diskussion auf eine neue Ebene gehoben;

denn diese Tatsache ist in der Geschichte neu und einmalig. Noch vor wenigen Jahren glaubte man, daß Jugendliche, wenn überhaupt, dann mit ihren Eltern oder mit ihren Jugendgruppen im Rahmen der allgemeinen Jugendpflege verreisen. Für beide Fälle schien eine besondere pädagogische Theorie nicht nötig: Eltern pädagogisch aufzuklären, gilt ganz allgemein als weitgehend überflüssig, und die Ferienveranstaltungen der organisierten Jugendpflege konnten scheinbar auf eine lange und gesicherte pädagogische Tradition zurückblicken.

Erst um das Jahr 1961 wurde eine Entwicklung bemerkt, die diese beschauliche Ruhe gleichsam unterwandert hatte. Beobachtungsberichte vor allem von Udo Perle und Helmut Kentler demonstrierten, daß es »massentouristische« Formen des jugendlichen Reisens gab, die in kaum einer Hinsicht in das überlieferte Leitbild des jugendlichen Reisens mehr hineinpaßten (7; 12; 13). Die an diese Berichte anschließende öffentliche Diskussion übertrieb dann leider die dort erwähnten sexuellen Libertäten, so daß auf diese Weise die pädagogische Problematik des jugendlichen Tourismus ungebührlich vereinfacht wurde. Davon abgesehen hatten diese Beobachtungsberichte nicht nur auf die quantitative Vermehrung des jugendlichen Reisens aufmerksam gemacht, sondern auch auf ein zweites, vielleicht noch gravierenderes Novum: auf die Tatsache nämlich, daß zum erstenmal in der neueren Geschichte immer mehr Jugendliche außerhalb der traditionellen Erziehungsmächte (Familie, Schule, Kirche, Jugendpflege) verreisen. Allmählich und von der Öffentlichkeit weitgehend unbemerkt hatte der Markt — wie schon im Hinblick auf andere Konsumgüter — so auch hier das jugendliche Publikum erfaßt und gegenüber den traditionellen pädagogischen Bindungen autonomisiert.

Nun wurde offensichtlich, daß die jugendpflegerische Tradition nicht einfach auf dieses neue Phänomen angewendet werden konnte. Dadurch, daß immer mehr Jugendliche verreisen konnten, wurden die jugendpflegerischen Maßnahmen auf diesem Gebiet schon quantitativ überfahren.

Für die Reiseangebote der traditionellen pädagogischen Einrichtungen hatte das die Folge, daß sie mit den neuen Anbietern in eine Konkurrenzsituation gerieten, gewissermaßen ihres »pädagogischen Monopols« beraubt wurden. Noch vor wenigen Jahren hatte man es in der Jugendpflege mit kleinen Zahlen und kleinen Gruppen in einfachen organisatorischen Zusammenhängen zu tun, die von wenigen Hauptamtlichen und zahlreichen Ehrenamtlichen gemeistert werden konnten. Seit man begonnen hat, das Volumen der eigenen Maßnahmen erheblich auszuweiten, stellen sich auch hier massentouristische Probleme ein: der organisatorische Apparat, weiterhin auf ehrenamtliche Kräfte gestützt, wird immer krisenanfälliger; die Auswahl der geeigneten Mitarbeiter, bisher vor allem durch persönliche Bekanntschaft erleichtert, muß sich zunehmend »objektiver«, »unpersönlicher« Maßstäbe bedienen; die Programme, bisher vorwiegend aus einem langen Gemeinschaftsprozeß der reisenden jugendlichen Gruppe erwachsen, müssen zusehends normiert, in die Verkaufssprache der Werbung gekleidet und an ein anonymes Publikum herangetragen werden. Udo Perle, Helmut Kentler und Hermann Giesecke unternahmen 1964 die ersten Ansätze, dieses neue Feld pädagogischen Fragestellungen theoretisch zu öffnen. Diese ersten Überlegungen fanden in den Beiträgen der Autoren zu dem Buch »Jugendtourismus« (39) ihren Abschluß (27; 47; 48; 62).
Inzwischen war klargeworden, daß ohne sorgfältige empirische Unterlagen auch die pädagogischen Überlegungen nicht weitergehen konnten. So gelang es im Sommer 1964, eine erste umfangreiche Untersuchung über jugendliches Urlaubsverhalten (18- bis 25jährige) in südlichen Ländern unter Leitung von Helmut Kentler durchzuführen und auszuwerten (8). Die Absicht, unmittelbar danach an der Ostseeküste eine weitere Untersuchung (10- bis 17jährige) durchzuführen, mußte aus finanziellen Gründen wieder aufgegeben werden. Außer der genannten Untersuchung liegen mehrere durch den Studienkreis für Tourismus in Auftrag gegebene Beobachtungsstudien vor, die sich aber

weitgehend auf den Erwachsenentourismus erstrecken; sofern sie Projekte des Jugendtourismus zum Gegenstand haben, sind sie nicht miteinander koordiniert und deshalb nur bedingt vergleichbar (2; 5; 6; 7; 10; 12; 13; 15; 16). Abgesehen von der touristischen Sonderform des Wanderns liegen erziehungswissenschaftliche Darstellungen überhaupt nicht vor (21; 65). Vor allem aber fehlt es noch an pädagogischen Experimenten, das heißt an Studien, die nicht nur die *Tatsächlichkeit,* sondern auch die pädagogische *Veränderbarkeit* des jugendlichen Reiseverhaltens zum Gegenstand haben (vgl. 6; 11).
Somit ist also die empirische Basis recht schmal, und der erziehungswissenschaftliche Vorstoß in dieses neue Feld traditionslos und ungesichert. Es kann daher in diesem Buch nur darum gehen, ein erstes, offenes und durch weitere Diskussionen und Forschungen korrigierbares Interpretationsmodell zu entwerfen. Dabei betrachten die Verfasser ihre bisherigen Veröffentlichungen zu diesem Thema als Vorstudien, die sie im einzelnen nicht zitieren wollen.
So nahe es läge, dieses Buch mit einer Geschichte der pädagogischen Gedanken zum jugendlichen Reisen zu beginnen, so wenig würden wir damit die neue Problematik des jugendlichen Tourismus wirklich erreichen; denn diese pädagogische Überlieferung ist begrenzt auf den Bereich der traditionellen Erziehungsmächte, den es ja gerade zu überschreiten gilt. Um die pädagogische Bedeutung des modernen Tourismus erkennen zu können, müssen wir uns vielmehr seinem System selbst zuwenden. So erscheint es uns sinnvoller, im ersten Teil nicht die Geschichte des pädagogischen Jugendreisens, sondern die Geschichte der pädagogischen Freizeittheorie knapp nachzuzeichnen, um zu prüfen, inwieweit diese Theorie dem Phänomen der Freizeit gerecht werden und inwiefern eine pädagogische Theorie des Jugendtourismus daran anknüpfen kann. Es wird sich dabei zeigen, daß nicht nur diese Theorien, sondern auch die heute in der Praxis allgemein auffindbaren Vorstellungen über Reisepädagogik für einen überzeugenden theoretischen Ansatz ungeeignet sind. Aus der Kritik an jenen

Theorien und Vorstellungen heraus wollen wir dann einen eigenen Ansatz formulieren, in dem wir den modernen Tourismus als ein eigentümliches, unaustauschbares Lern- und Erfahrungsfeld definieren.
Der zweite Teil wird dieses Feld näher beschreiben, indem er im Rahmen des vorliegenden empirischen Materials ein Faktorenmodell entwickelt, das die Lernwirkungen und Lernhemmungen in einen geordneten Zusammenhang bringt.
Der letzte Teil schließlich entwickelt sowohl aus dem vorhandenen wissenschaftlichen Material wie aus den praktischen Erfahrungen der Autoren Vorschläge für die Reiseleiterausbildung, für die Reiseveranstalter und für die öffentliche Subvention sowie für weitere pädagogische Forschungen.
Für das Verständnis des folgenden ist es nützlich, sich von vornherein über die zentralen Begriffe »Tourismus« und »Jugend« zu verständigen.

Tourismus ist für uns eine Sammelbezeichnung für *alle* organisierten Formen des Urlaubsreisens, ob sie nun »rein kommerziell« sind oder mit pädagogischen Motiven aus öffentlichen Mitteln subventioniert werden. Eine von uns selbst in früheren Veröffentlichungen vorgeschlagene prinzipielle Trennung zwischen diesen Veranstaltungsformen scheint uns nicht länger zweckmäßig. Wir verstehen unter »Tourismus« also zum Beispiel von vornherein *sowohl* die organisierte Massenreise von kommerziellen Reiseunternehmungen *als auch* sogenannte »Jugenderholungsmaßnahmen« der Jugendpflege, soweit es sich nicht um Stadtranderholung oder Kurmaßnahmen handelt. Die zwischen beiden Formen bestehenden Unterschiede zeigen nur, daß der moderne Tourismus — bei Licht betrachtet — keineswegs ein konformistisches Gesicht hat, sondern eine Fülle von Reiseformen widerspruchslos in sich vereinigen kann.
Die zahlreichen jugendlichen Einzelreisenden sowie die Gruppen der Gammler, Tramper usw. bleiben schon des-

halb in diesem Buch unberücksichtigt, weil es über sie noch gar keine Untersuchungen gibt.

Wir halten das Moment der Organisation im Sinne eines mehr oder weniger umfangreichen Systems von Dienstleistungen deshalb für so wichtig im Rahmen dieser Definition, weil es das Gesicht des modernen Tourismus entscheidend bestimmt. Wenn dank der ökonomischen und gesellschaftlichen Entwicklung tendenziell alle Menschen verreisen können — noch dazu in bestimmten Stoßzeiten —, dann wird ein ungeheures Maß an vorplanender Organisation erforderlich. Das Verkehrschaos in den Hauptreisezeiten belehrt uns darüber, was geschehen würde, wenn tatsächlich jeder »spontan« und »auf eigene Initiative« verreisen wollte. Die planende Organisation zwingt zur Rationalisierung und ermöglicht sie: verreisen wird billiger und dadurch wieder für mehr Menschen erschwinglich. Die unumgänglich notwendige Organisation gewinnt nun auch Einfluß auf die Formen des Verreisens. Preisgünstig ist das, was leicht zu organisieren ist. Das hat nun keineswegs dazu geführt, wie man meist fälschlich annimmt, daß alle früheren »klassischen« Formen des Verreisens von der touristischen Form überflügelt worden seien. Vielmehr haben wir heute einen Formenreichtum des Reisens wie nie zuvor. Man kann sich keine noch so eigenwillige Reise ausdenken, die nicht in jedem Falle leichter zu organisieren wäre als noch vor 50 Jahren.

Wir messen dem Organisationscharakter des modernen Tourismus deshalb eine so konstitutive Bedeutung zu, weil man keine pädagogische Theorie des Tourismus mehr entwerfen kann, die nicht davon ausgeht, daß prinzipiell *alle* Menschen verreisen können. Dieser Gesichtspunkt ist deshalb so wichtig, weil alle herkömmlichen pädagogischen Theorien über das jugendliche Reisen Theorien für Minderheiten waren; sie hatten nur solange eine Chance, wie nicht alle Menschen, die dafür in Frage kamen, sie auch beanspruchten. Am deutlichsten läßt sich das am Wandern zeigen. Alle deutschen Wandergegenden sähen monatelang wie der Berliner Grunewald am Sonntagnachmittag aus, wenn alle Menschen, die verreisen können, wandern wollten — wie das der bisher herrschenden pädagogischen Theorie vorschwebt. Die Exklusivität des Wanderns beruht gerade darauf, daß die meisten anderen Reisenden sich anderer Reiseformen bedienen. Eine pädagogische Theorie des Tourismus muß also den inneren Zusammenhang von Demokratisierung und Massenorganisation grundsätzlich akzeptieren, wenn sie ernst genommen werden will. Das bedeutet aber, daß Probleme des modernen Jugendtourismus eben nicht mehr einfach aus der Perspektive der jugendpflegerischen Tradition betrachtet werden können.

Unter »Jugend« verstehen wir hier ganz formal junge Leute im Alter von 15 bis 25 Jahren, ohne daß wir von vornherein dieser Altersstufe eine bestimmte pädagogische Sinngebung erteilten außer der, daß es sich um ein Alter handelt, für das *Lernvorgänge* der verschiedensten Art als die subjektive Seite von Emanzipationsvorgängen eine besondere Bedeutung haben. Deshalb verzichten wir auch darauf, eine irgendwie geartete »Anthropologie des Jugendalters« mit der touristischen Realität zu konfrontieren und daraus irgendwelche Schlüsse zu ziehen. Für unseren Zusammenhang genügt vollauf zu wissen, daß das Jugendalter ein besonders lernbedürftiges und lernbereites Lebensalter ist und daß der Tourismus ein sozio-ökonomisches System ist, in dem souverän zu leben jedermann lernen muß. Gerade im modernen Tourismus müssen zahllose Erwachsene mindestens soviel und nichts anderes lernen als junge Leute auch. Freizeit und Tourismus haben die Erwachsenengeneration ebenso überrascht wie die junge, und die eine hat vor der anderen keineswegs einen Erfahrungsvorsprung. Insofern für Jugendliche und Erwachsene das objektive System des Tourismus dasselbe ist, gelten für beide Gruppen auch dieselben Lernprobleme. Hier sind deshalb wie auch schon in vielen anderen Bereichen die Grenzen zwischen »Jugendbildung« und »Erwachsenenbildung« fließend geworden.

ERSTER TEIL: PROBLEME EINER PÄDAGOGISCHEN THEORIE DES TOURISMUS

Kritik pädagogischer Freizeittheorien

Zweifellos gehört der Tourismus in den größeren Zusammenhang der modernen Freizeit. Historisch gesehen ist Freizeit ein Produkt der Industriegesellschaft. Gewiß gab es auch vor der industriellen Revolution arbeitsfreie Zeit, und manche frühere Kultur — wie die klassische griechische — könnte man von heute aus gesehen eine Freizeitkultur nennen. Aber eine solche Analogie würde deshalb nicht weit führen, weil die moderne Auffassung von Freizeit auch einen anderen Arbeitsbegriff voraussetzt, den man früher nicht kannte. In den Zeiten vor der industriellen Revolution war die Arbeit der Menschen integriert in alle übrigen sozialen Beziehungen. Sie erfolgte weitgehend innerhalb der Familie; Wohnung und Arbeitsplatz waren meist noch nicht getrennt. Die zahlreichen — vor allem kirchlichen — Feiertage waren weniger eine »arbeitsfreie« Zeit, sie dienten vielmehr dazu, die gemeinsame Arbeit festlich zu überhöhen. Mit einem Wort: Arbeitsrolle und Freizeitrolle waren identisch. Natürlich gilt dies nur cum grano salis: Die industrielle Revolution kam nicht einfach über Nacht, sondern war — zum Beispiel durch den Kaufmann, der durch weite Reisen neue größere Märkte erschloß — lange vorbereitet. Trotzdem war der durch die moderne Industrialisierung geprägte Arbeitsbegriff eine

Revolution. Erst indem nämlich der abstrakte, von allen konkreten sozialen Beziehungen losgelöste »Profit« zur Leitvorstellung des Wirtschaftens wurde, wurde es möglich, große Investitionen zur Erhöhung der Produktivität vorzunehmen, und indem der Begriff der Arbeit wiederum der Leitvorstellung der optimalen Produktivität unterworfen wurde, mußte er aus den bisherigen sozialen Beziehungen und Pflichten herausgelöst werden: an der Arbeit interessierte nur noch das, was als Produktivität an ihr meßbar und kalkulierbar ist. Und nun erst wird die Arbeit wahrhaft »unmenschlich«, erscheint der Kampf nicht nur um höhere Löhne, sondern auch um immer mehr »freie« (das ist von dieser neuen Arbeit freie) Zeit als zentrale sozialpolitische Forderung. Das Auseinanderfallen von Arbeit und Freizeit ist also das Produkt der modernen industriellen Entwicklung, und der Mensch des Mittelalters hätte dieses Problem überhaupt nicht verstanden. Einfache historische Analogien sind hier also fehl am Platz. Es ist sinnvoller davon auszugehen, daß Freizeit ein geschichtlich neues Phänomen ist, das mit der modernen Industrie heraufkommt. Dabei zerstörte der frühe Kapitalismus zunächst die alte Relation von Arbeit und Muße; aber die technischen Revolutionen setzten neue Produktionsmöglichkeiten und Möglichkeiten der Verteilung der Produkte frei, so daß für immer mehr Menschen die Arbeitszeit immer mehr herabgesetzt werden konnte: die moderne Industrie selbst hat die Freizeit produziert.
Während die Freizeit inzwischen zum Gegenstand zahlreicher sozialwissenschaftlicher Untersuchungen und sozialphilosophischer Betrachtungen geworden ist, lassen sich die pädagogischen Analysen — sieht man von einer etwas umfangreicheren Aufsatzliteratur ab — leicht aufzählen. Der Begriff »Freizeit-Pädagogik« ist sehr viel jünger als das Phänomen der Freizeit selbst. Daß die Freizeit eine pädagogische Herausforderung darstelle, ist zum ersten Mal im Rahmen der Erwachsenenbildung der zwanziger Jahre von Fritz Klatt ausführlicher dargestellt und gleich auch praktisch angegangen worden. Diese pädagogische »Ver-

spätung« verdient unsere Aufmerksamkeit; denn diejenigen sozialen Schichten, die sich Freizeit ökonomisch leisten konnten, hatten immer auch schon ihre Freizeit*probleme*, ohne daß man auf den Gedanken gekommen wäre, dafür eine Freizeitpädagogik zu begründen. So ist die französische Revolution nicht zuletzt auch darauf zurückzuführen, daß die damaligen »Muße-Klassen« (Geistlichkeit und Adel) gerade wegen ihrer sozial funktionslosen Verschwendungssucht den Zorn des Dritten Standes erregt hatten. Aber der Dritte Stand propagierte keine »Konsumerziehung« für junge Adelige, sondern die Revolution, und von allem anderen einmal abgesehen hätte die Erziehungsabsicht erst einmal die reale Macht über die herrschenden Klassen vorausgesetzt.

Thorstein Veblen schrieb 1899 sein Buch »The Theory of the Leisure-Class«, in dem er die führende Schicht der Klassengesellschaft um die Jahrhundertwende als eine »Muße-Klasse« beschrieb. Aber das Buch wurde erst 1958 unter dem Titel »Die Theorie der feinen Leute« ins Deutsche übersetzt, ein Beleg dafür, daß zu Beginn des Jahrhunderts die deutsche »herrschende Klasse« ihre Freizeit nicht als problematisch empfand oder gar sich bemüßigt fühlte, sie auf pädagogische Weise »sinnvoll« zu machen.

Der Begriff »Freizeitpädagogik« taucht vielmehr erst in dem Augenblick auf, wo das Freizeitmonopol der oberen Schichten zugunsten der unteren gebrochen wird, und er meinte von Anfang an eine »fürsorgerische« Zuwendung der mittleren und oberen Schichten zur Arbeiterschaft. Ähnliches läßt sich für das Entstehen der pädagogischen Diskussion über den modernen Tourismus sagen: sie entsteht in größerem Umfange erst Mitte der fünfziger Jahre mit dem Aufkommen des »Massentourismus«, unter dessen Fahne das Reiseprivileg der oberen Schichten mehr und mehr gebrochen wird.

Als gegen Ende des 19. Jahrhunderts unter dem Druck der Arbeiterbewegung in Deutschland Arbeitszeitverkürzungen diskutiert wurden, spielte die Befürchtung eine Rolle, daß »Müßiggang aller Laster Anfang« sei. Mit diesem

Argument wurde sogar die Gesetzgebung zur Einschränkung der Kinderarbeit bekämpft. Bei den konservativen Gegnern vermischten sich Interessenbehauptungen mit »pädagogischen« Begründungen: man fürchtete, daß eine größere Freizeit für die Arbeiter zu allgemeiner Unordnung führen würde. Diese Befürchtungen waren keineswegs ganz aus der Luft gegriffen. Man muß nur die Sozialreports aus dem 19. Jahrhundert nachlesen — zum Beispiel »Die Lage der arbeitenden Klasse in England« von Friedrich Engels —, um zu erkennen, daß die wenige Freizeit zwischen einem 16stündigen Arbeitstag und der Schlafzeit durchaus ausreichte, um ganze Arbeiterviertel in Trunksucht und sittliche Verwahrlosung zu stürzen. Der Unterschied war nur, daß die einen diesen Zustand für »natürlich« und unabänderlich und die anderen — keineswegs nur die Marxisten — für ein Produkt der gesellschaftlichen Verhältnisse und damit für abänderbar hielten.

Ferner ist zu bedenken, daß um die Jahrhundertwende die sichtbarste Freizeitbeschäftigung der organisierten Arbeiterschaft die politische Aktivität in der SPD und in den Gewerkschaften sowie die politische Schulung in den Bildungsveranstaltungen dieser Organisationen war. Man muß sich an den Schrecken erinnern, den der anscheinend unaufhaltsame Aufstieg der organisierten, streng disziplinierten und kampfentschlossenen Arbeiterschaft vor dem Ersten Weltkrieg dem Bürgertum einflößte, um zu verstehen, daß man einer größeren Freizeit mit sehr gemischten Gefühlen entgegensah.

Auf diesem Hintergrund muß man die Tatsache würdigen, daß die moderne Freizeitpädagogik von Anfang an die Freizeit vorwiegend für ein Problem der *Arbeiter* hielt; manche Ressentiments gegenüber der Freizeittätigkeit der »unteren Schichten« und manche mehr oder weniger verhüllten dirigistischen Antriebe hängen wohl auch heute noch damit zusammen.

Diese kleine historische Reminiszenz soll uns einen ersten Ansatz zur Kritik der gegenwärtigen pädagogischen Frei-

zeittheorien liefern. Wenn Wilhelm Flitner sagt, jede neue Emanzipation des Menschen habe auch neue pädagogische Bemühungen hervorgerufen, weil man erst lernen müsse, die neuen Freiheiten zu gebrauchen (»Freiheit als pädagogisches Problem«. Beilage zu »Das Parlament« vom 28. Januar 1959), so muß man hinzufügen, daß neue Freiheiten ja nicht über Nacht für *alle* Menschen gewonnen wurden, sondern jeweils für bestimmte Schichten und Gruppen. Es ist also wichtig, daß die moderne Freizeitpädagogik ursprünglich als eine Art »Pädagogik für Arbeiter« konzipiert war und daß die Einsicht, Freizeit könne auch für »gebildete Schichten« ein Problem sein, sich sehr viel langsamer durchgesetzt hat. Erst in der Freizeitmonographie von Erich Weber (74) ist dieser Unterschied weitgehend verschwunden. Ein letzter Nachhall dieses Entstehungszusammenhanges ist es, wenn heute in der Schuldiskussion die Freizeitproblematik zwar immer stärker für die Volks- und Berufsschule, kaum aber für die Oberschule diskutiert wird. Die literarisch-ästhetische »Bildung« an den Gymnasien scheint der Antinomie von Arbeit und Freizeit überhaupt enthoben zu sein.
Dieser hier nur knapp angedeutete Zusammenhang zwischen der modernen Freizeit-Emanzipation und der Freizeitpädagogik soll die Vermutung begründen, daß die moderne Freizeitpädagogik vielleicht viel stärker dazu diente, den emanzipatorischen Charakter der modernen Freizeit für die unteren Schichten wieder zurückzudrängen oder mindestens zu kanalisieren, als daß sie dieser emanzipatorischen Tendenz zur Realisierung verhalf.
In gewisser Weise kann man natürlich die Jugendbewegung und auch die öffentliche Jugendpflege als Vorläufer der modernen Freizeitpädagogik betrachten. Allerdings hat sich die Jugendbewegung schon deshalb nicht selbst so verstanden, weil ihr als einer überwiegend von Studenten und Oberschülern getragenen Bewegung der Widerspruch von Arbeit und Nicht-Arbeit gar nicht recht klargeworden war. Anders verhält es sich schon mit der öffentlichen Jugendpflege, die ja nicht zuletzt aus der Absicht geboren

wurde, der politischen Jugendarbeit der Arbeiterorganisationen Einhalt zu gebieten. Vereinsgesetz und erster Jugendpflegeerlaß in Preußen fielen ja nicht zufällig vor dem Ersten Weltkrieg zeitlich zusammen. Die politischen und pädagogischen Motive der Jugendpflege waren allerdings von Anfang an zweideutig. Die allgemeine Volksschulausbildung wurde schon wegen ihres zeitlichen Umfangs in den zwanziger Jahren als zunehmend unzureichend empfunden. Die Einführung der Berufsschulpflicht war die eine Antwort. Die andere erwuchs aus der Chance, junge Berufstätige in ihrer Freizeit jene Bildung nachholen zu lassen, die ihnen die zu kurze Schulzeit und die frühe Eingliederung in die Berufswelt vorenthielten, zumal eine Verlängerung der allgemeinen Schulpflicht als ökonomisch untragbar erschien.

So hatte die Zuwendung des pädagogischen Mittelstandes zur Arbeiterschaft und zur Arbeiterjugend unter der Überschrift der »Freizeit-Pädagogik« ein doppeltes Gesicht: Einerseits trug sie objektiv wesentlich zur Entpolitisierung der Freizeittätigkeiten dieser Schichten bei; andererseits waren ihre Motive subjektiv durchaus emanzipatorischer Art, insofern die Aufforderung, die Freizeit zur höheren Bildung zu nutzen, nicht zuletzt mit der gesellschaftlichen Emanzipation dieser Schichten begründet wurde. Dennoch hat dieser einleuchtende pädagogische Ansatz zwiespältige Folgen gehabt. Er konnte nun nämlich einen pädagogisch legitimierten Anspruch auf die Freizeit der Arbeiterjugend erheben, ohne zugleich für deren tatsächliche Emanzipationsbedingungen (Verlängerung der Schulzeit auf Kosten der Arbeitszeit) kämpfen zu müssen. Gerade dadurch, daß man höhere Bildung von der Freizeit und nicht durch andere Organisation der Arbeitszeit erwartete, wurden eben die emanzipatorischen Tendenzen in der Freizeit wieder aufgehoben oder zumindest eingeschränkt und verlangsamt. Für die Gegenwart ist bedeutsam geblieben, daß die inhaltlichen Vorstellungen über »sinnvolle« Freizeitgestaltung aus dieser sozialgeschichtlichen Ursprungssituation heraus mittelständisch-kleinbürgerlich geblieben sind. Was sich heute Freizeit-Pädagogik nennt, ist nicht »die« Pädagogik, sondern die Summe pädagogischer Vorstellungen einer bestimmten sozialen Schicht, in der sich Vorstellungen über »die Arbeiter« mit solchen über »die Bildungsgüter« verbanden. Wie sich diese Entstehungssituation bis heute durchgehalten hat, werden wir im folgenden Kapitel noch genauer sehen, wo wir die pädagogischen Vorstellungen über den Tourismus analysieren.

Bevor wir uns aber den Problemen der Urlaubspädagogik zuwenden, wollen wir die vorliegenden pädagogischen Theorien zur Freizeit etwas genauer diskutieren. Dabei geht es uns nicht um Vollständigkeit des Materials, sondern um eine exemplarische Analyse der vier wichtigsten, verhältnismäßig umfangreichen Monographien. Die pädagogisch zweifellos nicht minder interessanten Arbeiten aus soziologischer Sicht sparen wir bewußt aus; sie werden in der Darstellung von Helmut Kentler gebührend berücksichtigt (8/II bis IV).
In der Volkshochschulbewegung nach dem Ersten Weltkrieg waren »Freizeitpädagogik« und »Urlaubspädagogik« noch synonyme Begriffe. Die »Freizeiten«, die Fritz Klatt in seinem Freizeitheim Prerow durchführte, waren Urlaubsfreizeiten, da sie von den Teilnehmern nur während ihres Urlaubs besucht werden konnten. In seinem Buch »Freizeitgestaltung« (49) aus dem Jahre 1929, das auch Beiträge seiner Mitarbeiter enthält und den bezeichnenden Untertitel »Grundzüge und Erfahrungen zur Erziehung des berufsgebundenen Menschen« trägt, entwickelt Klatt Elemente einer pädagogischen Freizeittheorie. Er geht von der anthropologischen Annahme aus, daß die Berufswelt den Menschen verstümmele, seine Fähigkeiten und Kräfte nur einseitig und halb herausfordere und entwickle. »Das Ziel der Freizeitgestaltung ist, durch die Entfaltung der ungenutzten Gesamtkräfte während der Urlaubszeit die abgenutzten Teilkräfte des Menschen zu ersetzen und so also den Arbeitsmenschen durch die in ihm selbst liegenden ungenutzten geistigen Kräfte zu heilen« (49, S. 1). Das hier

zugrunde liegende anthropologische Modell ist in der Reformpädagogik der Zeit sehr verbreitet, zum Beispiel liegt es der damals entstehenden Theorie der musischen Bildung ebenfalls zugrunde. Es handelt sich um eine Art Defizit-Theorie: Die Freizeitpädagogik muß ausgleichen, kompensieren, was der reale, durch den Beruf determinierte Alltag versagt.

Helmut Kentlers spätere Formulierung vom Urlaub als »Auszug aus dem Alltag« (48) scheint hier schon vorweggenommen. Allerdings hält Klatt seine Freizeitpädagogik nur für eine Notlösung, die bei einer besseren Organisation der Arbeit wieder überflüssig werde: »Es ist klar, daß solche Freizeitpädagogik an Erwachsenen bei einem sinnvoll angelegten und kraftvoll durchgestalteten Arbeitsleben unseres Volkes weder nötig noch überhaupt erwünscht wäre. Freizeitpädagogik ist dadurch wesentlich gekennzeichnet, daß sie Notstandsarbeit ist und den Wunsch hat, sich selbst überflüssig zu machen« (49, S. 1). In diesem Satz steckt die zweite Prämisse Klatts, eine sozialpolitische, wie sie ebenfalls das pädagogische Denken der zwanziger Jahre beherrscht hat: das Leitbild einer vorindustriellen, »heilen« sozialen Welt, in der die in Gemeinschaft vollzogene Arbeit selbst wieder so »pädagogisch« sein könnte, daß eigene pädagogische Bemühungen um die freie Zeit überflüssig sein würden. Freizeit, von der Arbeitsleistung emanzipierte Zeit mit eigenständiger Erlebnis- und Erfahrungsstruktur, kann für Klatt keinen eigenen Sinn haben, weil er deren Voraussetzung, den industriellen, arbeitsteiligen Arbeits- und Berufsbegriff, nicht akzeptiert. Sein Freizeitbegriff ist *negativ*, durch die bloße Ablehnung der industriellen Entwicklung und damit auch ihrer Chancen für die Freiheit konzipiert. »Freizeit« ist ihm nur das Symptom dafür, daß die ursprünglich »heile« Welt verdorben ist. So wird nicht eine eigenständige Freizeitwelt, sondern der jeweilige Beruf zum zentralen Mittelpunkt der Freizeitgestaltung: »Erschließung und Erweiterung der Umwelt, soweit es irgend geht, aber immer nur vom Zentrum des Berufes aus, ist eigentlich das Bildungsziel der Freizeit« (49, S. 8).

Die soziale Vorstellungswelt, aus der heraus Klatt argumentiert — und die er durchaus mit der ganzen »pädagogischen Bewegung« seiner Zeit teilt —, ist also die vorhin kurz charakterisierte vorindustrielle Arbeitssituation, die den Widerspruch von Freizeit und Arbeit und damit den unaufhebbaren Widerspruch zwischen verschiedenen Erziehungsaufgaben und Erziehungsinstitutionen noch gar nicht kennt. Dieses sozialromantische, weil durch die geschichtliche Entwicklung unwiderruflich liquidierte soziale Leitbild hat die Freizeitdiskussion der Pädagogik bis auf den heutigen Tag auf ein falsches Geleise geschoben. Da diese Sehnsucht nach den vor-industriellen Sozialstrukturen unter den Bedingungen der modernen, ganz anders gearteten Sozialstrukturen vertreten wird, nimmt sie unmittelbar politisch-ideologische Züge an. So ist nur folgerichtig, daß »der Aufstieg der begabten Jugend in allen Berufsständen« (49, S. 14) vornehmliches Ziel der Freizeitpädagogik ist. Das pädagogische Mittel dazu ist die richtige, pädagogisch gesteuerte »Erholung«. »Erholung« wird zur zentralen Kategorie der Tagungsgestaltung bei Klatt. Der enge Zusammenhang zwischen dem Begriff der Erholung und dem beruflichen Leistungsziel ist hier bereits vorhanden. »Erholung« ist dasjenige Maß an arbeitsfreier Zeit, das nötig ist, um sich willig und mit optimalem Effekt dem entfremdeten Leistungsdruck der Arbeitswelt erneut zu unterwerfen.
Es ist einigermaßen erstaunlich, daß ein Autor, der von der Kritik des für in-human erklärten gegenwärtigen Berufslebens ausgeht, dennoch in eben dieser Berufswelt das Ziel seiner Freizeitpädagogik sieht. Diesen Widerspruch löst Klatt durch einen pädagogischen und einen politisch-ideologischen Schluß. Pädagogisch glaubt er an die Kraft der je subjektiven Innerlichkeit. Die Realitäten der Arbeits- und Berufswelt sind vom einzelnen her zwar nicht zu ändern, aber man kann sich ein anderes Bewußtsein von ihnen machen. Die »freie Zeit setzt sich zusammen aus all den Freiviertelstunden, freien Nachmittagen, Wochenenden und kleinen Urlaubszeiten des Jahres. Und diese unzu-

sammenhängenden kleinen Zeitteile im Leben des Arbeitsmenschen zu einem einheitlichen hellen Band zu verbinden, welches das mühselige Arbeitsleben durchzieht, ja vielleicht durch diese Verbindung auch die Arbeit sinnvoll und tragbar macht, das ist die große Aufgabe der Freizeitpädagogik« (49, S. 2). Dazu, nämlich um den Alltag in dieser Weise in ein neues Bewußtsein zu bringen, sollte die gestaltete Urlaubszeit dienen.

Dem entspricht eine vor-demokratische, berufsständische Gesellschaftsvorstellung, die die Realitäten der Arbeitswelt zwar nicht ändert, aber »volksgemeinschaftlich« überhöht. Klatt meint, es »wüchse heute in unserem Volksganzen ein neuer, sehr ausgeprägter berufsständischer Gliederungswille auf, der einmal vielleicht so stark sein wird, um durch die partei- und klassenmäßige Einteilung durchzuwachsen. Der tiefliegende Beweis dafür ist, daß die Jugend aller Berufe sich heute für diese Ausprägung ihrer berufsständischen Ideale schon viel mehr einsetzt als die Jugend vor einem halben Menschenalter. Auch die junge Arbeiterschaft ringt durchaus um die Durchsetzung ihres Berufszieles, ›die Beherrschung der Maschine‹, und zwar scheint der so bezeichnete berufsständische Wille auch hier, wenigstens bei dem aufstrebenden Teil der jungen Arbeiterschaft, durchaus den Vorrang über den einseitig parteibedingten Klassengedanken gewinnen zu wollen. Die Frage, wie die eigene Lebensarbeit innerhalb der Berufsgruppen, in die der einzelne hineingestellt ist, sinnvoll und zielhaft wird, das ist eigentlich heute für jeden jungen Menschen, der sich zu einem Beruf vorbereitet oder schon darin steht, das geistige Zentrum, um das seine Gedanken gerade in seiner freien Zeit dauernd kreisen« (49, S. 7f.). Die Arbeit der »Freizeit-Hochschule« »dient so der ersten Bewußtwerdung des neuen berufsständischen Volksaufbaues« (49, S. 9).

In diesem Zitat kommt noch eine weitere, ebenfalls zeittypische und bis heute verhängnisvolle Fehleinschätzung der Moderne zum Vorschein: die Magisierung des technischen Fortschritts, seine Isolierung von politischer und ökonomischer Herrschaft. »Technik«, deren Symbol »die Maschine« ist, erscheint als neuer Naturzwang, als etwas, dem alle — die Herrscher wie die Beherrschten — gleichermaßen unterworfen sind. Ganz fern liegt der Gedanke, daß die emanzipatorischen Momente der Technik vielleicht zum Vorschein und zur Realität kommen könnten, wenn die Gesellschaft sie zu diesem Zwecke zu organisieren begänne. Der seit Marx bekannte Gedanke, daß die Misere des »entfremdeten Daseins« weniger etwas mit dem technischen Fortschritt zu tun habe als vielmehr mit der diesem Fortschritt nicht mehr angemessenen gesellschaftlichen Organisation der Arbeit, scheint gänzlich verlorengegangen.

Wir haben den Gedanken Fritz Klatts zur Freizeitpädagogik etwas ausführlicher Raum gegeben, um die politisch-ideologische Problematik aufzuzeigen, die mit der ersten ausführlicher formulierten pädagogischen Theorie der Freizeit untrennbar zusammenhängt. Die eingangs erwähnte Vermutung, daß Freizeitpädagogik von Anfang an eine mittelständisch-kleinbürgerliche pädagogische Ideologie war, läßt sich nun präzisieren: Politische Sehnsucht nach einer vorindustriellen, berufsständischen gesellschaftlichen Ordnung, Ignorierung der parteipolitischen und klassenpolitischen Realitäten, Flucht in die Innerlichkeit und damit die faktische Anerkennung dessen, was eigentlich bekämpft werden sollte, sowie eine Dämonisierung des technischen Fortschritts fanden untrennbar zusammen. Die durchgehende und umfassende Pädagogisierung der Freizeit auf solchem politisch-ideologischem Hintergrund ließ sich mühelos in die nationalsozialistischen KdF-Vorstellungen übernehmen, von deren Volksgemeinschafts-Pathos sie keineswegs besonders weit entfernt war.

Im ideologiekritischen Sinne sind die freizeitpädagogischen Vorstellungen von Fritz Klatt und ihre Implikationen geradezu beispielhaft reaktionär und sogar faschistoid. Dies auszusprechen heißt nicht, nachträglich über einen verdienstvollen Pädagogen zu Gericht zu sitzen. Aber es ist wichtig, daß von den späteren pädagogischen Freizeittheoretikern kaum jemand sich kritisch mit Klatt auseinandergesetzt hat, daß man ihn vielmehr mehr oder weniger unkritisch als »Vorläufer« registriert hat. Da aber Fritz Klatt durchaus »repräsentativ« für eine gerade unter Pädagogen bis heute verbreitete Mentalität ist, ist eine sorgfältige Kritik unerläßlich.

Johannes Zielinski greift in seinem Buch »Freizeit und Erziehung. Zur Theorie und Praxis einer erzieherischen Gestaltung des Freizeitlebens« (77) aus dem Jahre 1954 die Ansätze Klatts auf und verknüpft sie mit eigenen Erfahrungen als Leiter eines Erziehungsheimes bei Starnberg und mit einer eigenen qualitativen Untersuchung von Filmen, die damals in Münchener Kinos gezeigt wurden. Zielinski stellt sich bewußt in die Tradition Fritz Klatts (77, S. 75 ff.), erweitert aber dessen Freizeitbegriff auf alle Formen der freien Zeit. Bei ihm wird vielleicht noch deutlicher als bei Klatt, daß es sich bei der Freizeitpädagogik um einen pädagogischen Anspruch auf die Freizeit des *Arbeiters* handelt. »So geschah es denn, daß der Arbeiter, als er sich den Zehn-, später den Achtstundentag erkämpfte, als er angemessene Löhne erhielt, als seine gesamten Arbeits- und Daseinsbedingungen, sein Lebensstandard sich besserten, mit der ihm mehr und mehr zufallenden freien Zeit, der Freizeit, nichts Rechtes anzufangen wußte. Die Freizeit wurde ein ›Danaer-Geschenk‹ und ist es bis heute geblieben!« (77, S. 49). Die »alten Erziehungsmächte« (Familie, Schule, Kirche) seien durch den »Rationalismus« zusammengebrochen. »Noch im 19. Jahrhundert waren es diese Faktoren, die ein Gewicht in der öffentlichen Erziehung und Meinungsbildung darstellten und maßgeblich die, wenn auch spärlich bemessene Zeit bestimmten und beherrschten. Unter den ätzenden Parolen marxistischer und kommunistischer, nationalsozialistischer und nihilistischer Propheten verloren sie mehr und mehr an Einfluß, und so wurde der Arbeiterschaft der Boden unter den Füßen entzogen, von dem aus eine kulturelle Durchdringung der Freizeit, echte Muße also, möglich geworden wäre« (77, S. 49 f.).

Die gegenwärtige (1954) Freizeitmisere des Arbeiters sieht Zielinski so: »Was tut denn der durchschnittliche Arbeiter in seiner Freizeit? Wenn er noch einigermaßen gesundes Leben in sich hat, geht er in den Schrebergarten (sofern er das Glück hat, einen zu besitzen). Oder er wandert, zumal am Wochenende. Oder er betätigt sich politisch, kommunal, vereinsgebunden, ehrenamtlich. Die Mehrzahl aber — und besonders die Jugend! — strebt dorthin, wo die unheimlich und als Bedrohung empfundene Langeweile von der Freizeitindustrie gefüttert und damit quasi-beruhigt wird. Man eilt in vollgepfropften Trambahnen zum Fußballplatz, man geilt um pornographische Literatur, liest Groschenhefte und Kitsch, zerstreut sich in Gaststätten, Varietés, Zirkussen, dreht das Radio auf, um ja nicht in den vier Wänden mal allein zu sein, vergnügt sich am Tanz bis zum ausschweifenden Jazz (als einer modernen Form des Veitstanzes), fühlt sich nur wohl im Kollektiv, flieht das Theater, wo es zu geistiger Auseinandersetzung herausfordert, und genießt am liebsten das Kino, das auf Grund seines komplexen Charakters ... rasch und billig alles vergessen macht, vor allem die dunkel fragenden Stimmen des Innern, das Raunen eines Gewissens, das untergründig aufklingt und in den Launen und der Gereiztheit des modernen Menschen seine kompensatorische Auslösung findet« (77, S. 51).

Es dürfte kaum ein Dokument geben, das das Unbehagen breiter Erzieherkreise an den Perspektiven der beginnenden Wohlstandsgesellschaft so ungebrochen widerspiegelt. Die Beobachtungen, die Zielinski hier wiedergibt — empirische Untersuchungen gab es damals kaum —, sind denen vergleichbar, die einige Jahre später jeder angesichts der ersten massentouristischen Welle machen konnte: buchstäblich über Nacht hatten Massen von Menschen freie Zeit und »Wohlstand« zur Verfügung, ohne je gelernt zu haben, produktiv damit umzugehen. Zielinski nahm an, daß diese Lernvorgänge ohne gezielten Einsatz aller pädagogischen Mittel nicht stattfinden würden und somit das »Danaer-Geschenk« der Freizeit zur Barbarei führen müsse. Was Zielinski übersah, war, daß solche kollektiven Lernprozesse weitgehend auch ohne gezielte pädagogische Ak-

tionen ablaufen, sozusagen im Rahmen neuer sozialer Gewohnheiten selbst.
Eine praktikable Freizeittheorie entwarf Zielinski nicht; er beschränkte sich auf Postulate an die einzelnen Erziehungsinstitutionen. Lediglich den Spielfilm würdigte er eingehender, und er war wohl der erste Pädagoge nach dem Kriege, der nicht nur die moralische, sondern auch die künstlerische Seite dieses Mediums in die pädagogische Diskussion brachte. Aber die Bedeutung seines Buches besteht vor allem darin, daß es die Ursprungssituation der bundesrepublikanischen Freizeit markiert und dabei demonstriert, über wie wenig durchgeformte und geklärte Kategorien die Erziehungswissenschaft angesichts der Freizeit verfügte. Es zeigt die ganze theoretische Hilflosigkeit einer an abstrakten »Werten« orientierten Pädagogik, für die historische und andere empirische Tatsachen kein Gewicht, sondern allenfalls illustrative Funktion haben. »Die Konsequenz eines solchen Verständnisses von Pädagogik scheint zu sein, daß dann gar keine andere Möglichkeit bleibt, als immer nur dasselbe Thema zu variieren, aus immer neuen Anlässen die gleiche Reflexion zu vollziehen: über die Natur des Ich und seine Bildung« (Klaus Mollenhauer in: deutsche jugend 5/1966, S. 210). Für den Aspekt unseres Themas können wir diese Kritik noch schärfer fassen: Eine solche Pädagogik ist nicht sehr viel mehr als die wissenschaftlich legitimierte Organisation gesellschaftlicher Vorurteile, denen neue Tatsachen und Erfahrungen nichts mehr anhaben können.
Diese nun schon wissenschaftstheoretisch gewendete Kritik gilt mit Abstrichen auch für das Buch von Erich Weber: »Das Freizeitproblem. Anthropologisch-pädagogische Untersuchung« (71) aus dem Jahre 1963, obwohl die extremen politisch-weltanschaulichen und pädagogischen Meinungen hier verschwunden sind. Weber hält hier eine mittlere Position. Vor allem stand ihm nun im Unterschied zu den bisher zitierten Autoren ein umfangreiches empirisches Material der Soziologie zur Verfügung, mit dem extreme weltanschauliche Positionen nicht mehr zu halten waren.

Aber die Erweiterung des Begriffes »Freizeitpädagogik«, die schon Zielinski vorgenommen hatte, behält er auch bei. Sein zentraler Leitgesichtspunkt ist der »anthropologische«. Weber fragt, was die moderne Freizeit für *den* Menschen bedeuten könne. Seine Antwort ist die Unterscheidung von »sinnvollem« und »sinnlosem« Freizeitverhalten. »Sinn hat, was als konstituierender Beitrag letztlich der Verwirklichung von in sich selbst gültigen Werten (= Sinnwerten) dient« (74, S. 147). »Sinnloses Freizeitverhalten« ist dann folgerichtig »als Negation des sinnvollen Freizeitverhaltens zu verstehen« (S. 153). Diese abstrakte Kennzeichnung bleibt verständlicherweise im Hinblick auf die Freizeitpraxis völlig folgenlos. Das muß Weber selbst zugeben: »Forderungen nach sinnvoller Freizeiterfüllung besitzen, solange sie lediglich als Postulate formuliert werden, nur geringe gestaltende Kraft für die Freizeitwirklichkeit« (S. 149). So verwundert es nicht, wenn seine Freizeittheorie in eine Art elitären Dezisionismus umschlägt: denn es »fehlen für den Freizeitbereich noch allgemein verbindliche Normvorstellungen und musterhafte Lebensformen, von denen vorbildliche, orientierende und regulierende Einflüsse ausgehen. ... Sie müssen ... vorgelebt werden. Das wird zuerst die Aufgabe einzelner und kleiner Gruppen sein, von denen dann vorbildliche Wirkungen und anregende Verhaltensmuster ausgehen« (S. 149).
Man darf Webers Position in Anlehnung an einen Terminus der politischen Soziologie »elitär dezisionistisch« nennen, weil er das, was »sinnvolle Freizeiterfüllung« sein könnte, als eine sich gegenüber der Masse durchsetzende *Entscheidung* (lat. decisio) von Eliten ansieht, ohne sich mit den *Inhalten* solcher Entscheidungen — die ja doch nicht beliebig sein können — näher zu befassen. Die Forderung, daß »sinnvolles Freizeitverhalten« der »Wertverwirklichung« dienen müsse, ist zu vage, als daß sie nicht auch für diejenigen ein Alibi sein könnte, die solche »vorbildlichen Einflüsse« im Freizeitleben durchsetzen wollen, die die freiheitlichen Möglichkeiten der Freizeit zum Verschwinden bringen. Mit anderen Worten: Nicht alles, was

sich unter den gegenwärtigen politischen und ökonomischen Verhältnissen an »Vorbildlichkeit« des Freizeitlebens von »Eliten« durchsetzen läßt, kann schon deshalb die Zustimmung der kritischen Theorie finden, *weil* es sich durchsetzen läßt. Gewiß haben alle Lebensprobleme — und eben auch die Freizeitprobleme — etwas mit Entscheidungen zwischen mehreren Möglichkeiten zu tun. Aber von einer leistungsfähigen Theorie muß man erwarten, daß sie einen sachlich-inhaltlichen Bezugsrahmen entwirft, innerhalb dessen solche Entscheidungen kritisch diskutierbar werden. Dies unterläßt Weber und verführt so den Leser dazu, dieses Vakuum durch beliebige weltanschauliche Meinungen und Entscheidungen auszufüllen.
Ähnliches läßt sich im Hinblick auf den einzelnen Freizeitpartner sagen, weil der hohe Anspruch der »Wertverwirklichung« für den je konkreten pädagogischen Bezug nichts Präzises hergibt: »Die Freizeitpädagogik muß sich zwar an einer universellen und generellen anthropologischen Sicht orientieren, darf sich jedoch nicht darauf beschränken, da die Erziehung ja individuelle Hilfeleistung im konkreten Einzelfall anstrebt« (S. 189). Da aber die allgemeine Theorie die Umsetzung ihrer Einsichten auf konkrete Einzelfälle gar nicht erst zum theoretischen Problem macht, bleibt beides unverbunden nebeneinander bestehen: der einzelne Erzieher muß sich den »Sinn« seines Tuns selbst zurechtlegen.
Die Problematik dieses anthropologischen Ansatzes wird schon darin deutlich, daß die drei Teile des Buches sich theoretisch folgenlos zueinander verhalten. Im ersten Teil werden die einschlägigen Ergebnisse der sozialwissenschaftlichen Forschung zusammengefaßt. Der zweite Teil ist der anthropologischen Betrachtung der Freizeit im Sinne einer philosophischen Konstruktion im Rahmen der traditionellen Wertphilosophie gewidmet. Der dritte Teil schließlich, die »pädagogische Betrachtung der Freizeit«, enthält zwar eine Fülle abgewogener und sehr vernünftiger Vorschläge für die Freizeitpädagogen, die aber aus den beiden anderen Teilen keineswegs zwingend folgen. Jeder Teil ist gewis-

sermaßen ein eigenes Buch. Diese Schwierigkeit scheint aus dem anthropologischen Ansatz selbst zu erwachsen. Er ist nämlich auf eine merkwürdige Weise immun gegen zwei wissenschaftliche Relativierungen: gegen die positivistische Empirie der Sozialwissenschaften und anderen Humanwissenschaften und gegen eine exakt historistische geschichtliche Interpretation. Gegen das, was als »das Wesen des Menschen« vermutet wird, können weder empirische noch historische Fakten etwas ausrichten. Allerdings verlangt diese Immunität einen Preis: den Preis hoher Abstraktion und Allgemeinheit.

Mit dem Verzicht auf konkrete historische Untersuchungen ist aber ein Verzicht auf kritische Interpretation unmittelbar verbunden. Es ist kein Zufall, daß alle bisherigen pädagogischen Stellungnahmen zum Freizeitproblem buchstäblich un-geschichtlich sind. Die geschichtliche Entwicklung zur gegenwärtigen Freizeitsituation wird zwar meist erwähnt, aber lediglich im quantitativen Sinne: die Menschen haben immer *mehr* Freizeit erhalten. Aber die Frage, ob dieses »mehr« nicht auch »anderes« bedeutet, so daß das gegenwärtige Freizeitsystem gar nicht mehr mit der arbeitsfreien Zeit der vorindustriellen Gesellschaft vergleichbar ist, die Frage, ob nicht gerade anthropologisch gesehen die moderne Freizeit ein qualitativ neues Phänomen ist, das es in früheren geschichtlichen Epochen gar nicht gegeben hat, diese Frage taucht in solchen abstrakten anthropologischen Konstruktionen folgerichtig gar nicht erst auf. Wenn man also in Sachen Freizeitpädagogik heute einen anthropologischen Ansatz wählt, dann muß er historisch-kritisch sein, das heißt er muß die Möglichkeit erörtern, daß die Chancen der modernen Freizeit historisch neuartige Chancen sind, die nicht allein durch abstrakte anthropologische Deduktionen, sondern auch durch präzise historische Reflexionen ermittelt werden müssen. Dieser sogenannte »anthropologische Ansatz« unterliegt also ebenfalls dem vorhin zitierten wissenschaftstheoretischen Defizit der Pädagogik und ist dessen modernste Version.

Trotz dieser grundsätzlichen Einwände stellt Webers Buch

zweifellos den bisherigen Höhepunkt der pädagogischen Theoriebemühungen um die Freizeit dar. Die Bedeutung des Weberschen Buches wird sofort deutlich, wenn wir uns der letzten hier zu erörternden Arbeit zuwenden, dem 1964 erschienenen Buch von H. E. Wittig »Schule und Freizeit. Ein Beitrag zum pädagogischen Problem der Jugendkulturhilfe« (76). Es basiert auf einem Schulversuch mit einem 9. Schuljahr.

Wittig geht aus von der Unterscheidung Blüchers in »harte-innengeleitete« und »weiche-außengeleitete« Freizeitinteressen. Blücher hatte in seiner Untersuchung »Freizeit in der industriellen Gesellschaft« (1956) entdeckt, daß viele Freizeittätigkeiten — wie der regelmäßige Kinogang — gar nicht weiter im Bewußtsein verankert sind, man nennt sie gar nicht, wenn nach den Freizeitbeschäftigungen gefragt wird. Andere dagegen, vor allem die Hobbies, sind im Bewußtsein der Menschen verankert und werden auf Befragen auch genannt. Letztere nannte Blücher »harte«, die anderen »weiche« Freizeittätigkeiten. Daran knüpft nun Wittig an, indem er meint: »Harte-innengeleitete Freizeitinteressen besitzen meist Bildungswert« (76, S. 29). Die Problematik der Freizeit entstehe aus dem entgegengesetzten Verhalten. Das weiche-außengeleitete Freizeitverhalten »stellt die typische Verbraucher- und Konsumhaltung der großen Mehrheit dar. Damit sind die motiv- und bewußtseinsentlasteten alltäglichen Freizeitgewohnheiten gemeint, die mehr konventionell, gewohnheitsmäßig und ohne starke Interessenfixierung ausgeführt werden. (Sie) erzeugen das für unsere Zeit typische ›Sich-treiben-Lassen‹ und ›Mitmachen‹« (S. 30). Wie fragwürdig diese Qualifizierung und damit dieser Ansatzpunkt ist, geht schon aus der einfachen Tatsache hervor, daß zu den »weichen«, nicht weiter bewußten Tätigkeiten fast alle familiären Gewohnheiten gehören: die regelmäßigen Spaziergänge mit den Kindern, Verwandtenbesuche usw. Im Grunde gehören alle sozialen Gewohnheiten dazu. Sie alle kann Wittig wohl schlecht als pädagogisch bedrohlich ansehen.

Demgegenüber ist Webers anthropologische Sinndeutung

der Freizeit viel umfassender; seine zentralen Kategorien »Regeneration«, »Kompensation« und »Ideation« (74, S. 161 ff.) sind auch noch für ganz andere menschliche Bedürfnisse offen als lediglich für die »geistige Auseinandersetzung« mit den Freizeitangeboten. Sie akzeptieren in gewissem Maße auch das »Sich-treiben-Lassen« und das gedankenlose Vergnügen als Momente der Humanität.
Aus diesem Ansatz zieht Wittig dann die Folgerung, daß die weichen-außengeleiteten Freizeittätigkeiten »umgekehrt«, also in harte-bewußte verwandelt werden müßten. Innerhalb der Freizeitangebote soll der Schüler auswählen lernen, also zum »selektiven Freizeitverhalten« geführt werden. Aber »selektiv« ist nur das, was der Lehrer — ohne weitere theoretische Reflexion — für »sinnvoll« hält, nämlich »Konzerte, Theater, Sport- oder andere Veranstaltungen« (S. 104). Auch der »weiche«, regelmäßige Kinogang ist aber für bestimmte Menschen eine soziale Gewohnheit: »man« trifft sich eben einmal wöchentlich vor dem Kino wie andere Menschen sich im Foyer des Theaters, im Club oder auf dem Tennisplatz treffen.
Im ganzen ist Wittigs Buch von einer tiefen Resignation durchzogen, verbunden mit einer Heroisierung des Lehrers, der gegen die Manipulationen der Freizeitindustrie und gegen das kommerziell-denaturierte Interesse des Elternhauses einen humanen, wenn auch aussichtslosen Kampf führt: »Der Lehrer muß sich bewußt sein, daß er durch seine erzieherischen Bemühungen auf ein Freizeitverhalten einwirken soll, das weitgehend von der Kultur- und Freizeitindustrie manipuliert wird und dem Trend der Gesellschaft zum ›weichen-außengeleiteten Konsumverhalten‹ entspricht. Der verantwortungsbewußte Lehrer wird diesen Kampf aufnehmen, selbst wenn er nur auf die eigenen Kräfte vertrauen kann und keine Hilfen durch das Elternhaus finden sollte« (S. 103).

Die bisherigen Erörterungen haben deutlich gemacht, daß die *didaktische* Problematik der Freizeitpädagogik, das heißt die Frage, *was warum* im Rahmen der Freizeitpäd-

agogik gelehrt und gelernt werden soll, nicht überzeugend beantwortet ist. Für Klatt war Freizeitpädagogik (= Urlaubspädagogik) nur »Notstandsarbeit« mit zwar eigentümlichen Methoden, aber ohne eigentümlichen Sinn; Zielinski erweiterte zwar den Begriff der Freizeitpädagogik auf alle Formen auch der alltäglichen Freizeit, ohne indes bei der Frage nach den *Inhalten* über ein kulturpessimistisches Zerrbild hinauszukommen. Webers anthropologischer Ansatz blieb letztlich doch zu abstrakt und zu allgemein, und Wittig wollte die Freizeittätigkeiten ohne Überzeugungskraft in »gute« (= harte-innengeleitete) und »schlechte« (= weiche-außengeleitete) sortieren.
Will man die theoretische Unergiebigkeit der pädagogischen Freizeittheorien auf einen Nenner bringen, so kann man sagen, daß es ihnen nicht gelungen ist, die emanzipatorische Bedeutung der Freizeitentwicklung genügend zu verstehen. So versagen auch die — an sich berechtigten — kritischen Einwände gegen die Realität des modernen Freizeitlebens. Es fehlt der angemessene kritische Maßstab, der entweder in abstrakten, jenseits der konkreten geschichtlichen Entwicklung angesiedelten anthropologischen Spekulationen gesucht wird oder aber in vorindustriellen Leitvorstellungen oder auch in einer Kombination von beidem.
Aber die Unergiebigkeit des pädagogischen Freizeitbegriffes hat noch einen prinzipielleren, bisher nicht erwähnten Grund. Seitdem nämlich der Begriff der Freizeitpädagogik von der Urlaubspädagogik aus auf alle anderen Freizeiten des Menschen erweitert wurde, ist er so umfangreich und vielschichtig geworden, daß er zu präzisen didaktischen Klärungen nicht mehr herangezogen werden kann. Wittig schreibt zum Beispiel: »Wir verstehen unter Freizeiterziehung im weitesten Sinn ein Mündigmachen für das öffentliche Leben wie für den privaten Bereich des Daseins. Das kann die Verkehrserziehung in der Schule einschließen, aber auch Erziehung zum sinnvollen Konsumverhalten, wie eine Erziehung zum Gebrauch der Massenkommunikationsmittel oder politische Erziehung im spezifischen Sinn einer zeitgemäßen Menschenführung, wie sie zum Beispiel

in der Bundeswehr von der ›Inneren Führung‹ betrieben wird« (76, S. 45).
Diese Definition ist so umfangreich, daß sie fast einer Definition von Erziehung überhaupt gleichkommt, also für eine *spezielle* Erziehungsaufgabe einigermaßen untauglich ist. Das liegt daran, daß die »freie Zeit« als solche keinerlei didaktische Kriterien enthält, sie ist — sehr im Unterschied zur Arbeitszeit — eben nur »frei« und steht für Beliebiges zur Verfügung. Mit anderen Worten: »Freizeitpädagogik« ist überhaupt nicht aus dem Phänomen der freien Zeit heraus zu begreifen, sie muß von einer ganz anderen Basis ausgehen, und insofern hat hier Wittig der Tendenz nach recht. Freie Zeit ist — pädagogisch gesehen — nur die *Bedingung der Möglichkeit* von Bildung und Erziehung, aber sie konstituiert deren Inhalte nicht.
Man kann »Filmpädagogik« betreiben, weil die Menschen genügend freie Zeit haben, sich Filme anzusehen; aber dann geht es *didaktisch* primär um das kulturelle Phänomen Film und nicht um Freizeit. Oder man kann Menschen, die mehr Geld als Bedürfnisse haben, dazu bewegen, optimal am Markt zu partizipieren; auch dann geht es *didaktisch* primär um wirtschaftliche Kenntnisse und Informationen und nicht um Freizeit. Oder es geht darum, Menschen zum Verständnis zeitgenössischer Literatur zu befähigen, weil sie die Zeit haben, sie zu lesen; dann handelt es sich um sprachliche, literarische und formale Schulung und wiederum nicht um Freizeit. Die Pädagogik kann die Möglichkeiten der freien Zeit nutzen, indem sie von Sachen und Problemen her konzipierte Angebote zur Steigerung der menschlichen Fähigkeiten im Umgang mit diesen Angeboten macht. Aber sie kann nicht aus der Bedingung der Möglichkeit eine Pflicht machen, indem sie das System der Freizeit nach »sinnvoll« und »nicht sinnvoll« trennt. Sonst kommen, wie wir gesehen haben, notwendig immer nur mittelständisch-kleinbürgerliche Vorurteile zutage, die mit Recht von denjenigen, denen sie injiziert werden sollen, um so mehr abgelehnt werden, je weniger sie mit deren sozialen Interessen etwas zu tun haben.

Auch dann, wenn wir nicht von der subjektiven Tatsache der freien Zeit ausgehen, sondern von dem objektiven sozio-ökonomischen und kulturellen System, das dem einzelnen in seiner Freizeit gegenübertritt, ergeben sich wenig präzise didaktische Folgerungen; denn dieses System umfaßt so viele verschiedene und widersprüchliche Angebote, die sich kaum in ein didaktisches Konzept bringen lassen. Auch unter diesem objektiven Aspekt bleibt es dabei, daß Freizeit nur die Bedingung der Möglichkeit von etwas ist. Die didaktische Herausforderung des modernen Freizeitsystems an die Pädagogik besteht nicht darin, daß man »Filmpädagogik« oder »Konsumerziehung« in den traditionellen Lehrplan der Schule einfügt, sondern darin, für das *ganze* System der Erziehung die Folgerungen aus der Tatsache zu ziehen, daß die moderne Freizeit tendenziell *allen* Menschen die uneingeschränkte Teilnahme an der Gegenwartskultur *im ganzen* ermöglicht. Mit anderen Worten: Die pädagogische Herausforderung der Freizeit, ja, ihr wahrhaft revolutionärer Charakter besteht darin, daß die traditionellen Vorstellungen über den Lehrplan der Volksschule, über seine Bildungsintentionen *prinzipiell* angegriffen werden. Das System der Freizeit erlaubt den meisten Menschen und tendenziell allen, kulturelle Interessen unabhängig von der Funktion im Produktionsprozeß und unabhängig von dem dadurch determinierten sozialen Status zu befriedigen. Die didaktische Reflexion über die Freizeit gewinnt also nichts, wenn sie bloß von den tatsächlichen Freizeitbeschäftigungen ausgeht, die ja selbst schon weitgehend das Produkt einer wissenschafts- und kulturfeindlichen jahrzehntelangen allgemeinen Volksschulerziehung sind. Solange beispielsweise künstlerische und wissenschaftliche Objektivationen nicht als solche verstanden werden und solange sich die Theorie der Volksschule sogar von diesem Anspruch ausdrücklich distanziert, solange trägt das, was sich heute Freizeitpädagogik nennt, nur weiter dazu bei, die Menschen auf unverstandene Stereotype und Klischees zu fixieren. Diese Zusammenhänge aber kann die wissenschaftliche Pädagogik so lange nicht begreifen,

wie sie sich keine historisch-kritischen Vorstellungen von der Welt macht, in die sie einführen will.
Zusammenfassend läßt sich also sagen, daß es offenbar nicht möglich ist, die bisherigen pädagogischen Freizeittheorien einfach auf den Tourismus zu übertragen. Nicht nur wegen der aufgewiesenen sozialen Vorurteile, sondern noch mehr deshalb, weil Freizeitpädagogik schon begrifflich falsch und unzutreffend ist, verbietet sich dieser Weg. Man müßte statt von einer Freizeitpädagogik eher von einer »kulturellen Erziehung und Bildung« bzw. — didaktisch ausgedrückt — von einer »Befähigung zur kulturellen Beteiligung« sprechen.

Kritik pädagogischer Urlaubsvorstellungen

Die verhältnismäßig ausführliche Darstellung der pädagogischen Freizeittheorien war keineswegs — wie der Leser vermuten könnte — ein umständlicher Einstieg in unser Thema. Vielmehr ging es dabei um den allgemeinen Hintergrund, von dem her das, was heute im Tourismus als »pädagogisch« bezeichnet wird, erst verständlich wird. Die pädagogischen Vorurteile und Einseitigkeiten nämlich, die wir im Zusammenhang mit der gegenwärtigen Diskussion des Jugendtourismus antreffen, sind weitgehend »abgesunkene«, zu Klischees gewordene Ideologisierungen jener anspruchsvolleren theoretischen Bemühungen. Das weltanschauliche Bedürfnis, dem die kritisierten Theorien weitgehend entsprangen, verband und verbindet die Autoren ja auch mit den Lesern und mit denen, die praktische Nutzanwendungen daraus gezogen haben. In den Zielvorstellungen der staatlichen Jugendpläne zum Beispiel finden sich heute in ermüdender Wiederholung immer wieder die gleichen Redensarten: Es geht um das »Einordnen in die Gemeinschaft«, um »Erholung« und um die »Einheit von Leib, Geist und Seele«.

Wenn wir nach der Kritik der anspruchsvolleren Freizeittheorien nun versuchen, die innere Struktur dessen zu beschreiben, was im Rahmen der jugendtouristischen Praxis pädagogisch gedacht wird, so betrachten wir gewissermaßen die Sache nur von der anderen Seite. Dabei gibt es eine große Schwierigkeit: Diese »Praxis« ist nicht literarisch produktiv, sie produziert keine Quellen; das, was sie an schriftlichen Äußerungen von sich gibt, dient entweder bestimmten Zwecken — zum Beispiel den Richtlinien für öffentliche Mittel — oder bestimmten, nicht repräsentativen Interessen an dieser Praxis, zum Beispiel den speziellen Aspekten des Jugendschutzes. Wir wollen deshalb bei der Darstellung dieses Kapitels einen Weg gehen, der aus unserer mehrjährigen Erfahrung in der Reiseleiterausbildung resultiert. Wir fanden nämlich immer wieder bei Veranstaltern wie bei Reiseleitern einige typische Verständnisweisen dessen vor, was im Zusammenhang mit dem Jugendtourismus »pädagogisch« heißen solle. Diese Vorstellungen lassen sich, wie noch zu zeigen sein wird, durchaus mit den ausführlicher besprochenen Arbeiten zur Freizeitpädagogik in einen Zusammenhang bringen, so daß wir sie hier nur knapp zu referieren brauchen. Dabei ist allerdings zu berücksichtigen, daß bisher lediglich die »jugendpflegerischen« und »gemeinnützigen« Reiseunternehmen ein pädagogisches Selbstverständnis entwickelt haben, während die kommerziellen Unternehmen pädagogischen Überlegungen teils ablehnend, teils sehr zurückhaltend gegenüberstehen. Nicht zuletzt unter einem gewissen Druck der Öffentlichkeit werden allerdings auch die kommerziellen Unternehmen — sofern sie spezielle Jugendreisen durchführen — für die pädagogischen Probleme ihrer Maßnahmen hellhörig, und leider bedienen sie sich dabei jener pädagogischen Vorstellungen, die schon im Rahmen des jugendpflegerischen Tourismus zu Klischees geworden sind. So taucht in Prospekten solcher kommerziellen Unternehmen immer häufiger der Begriff der »jugendlichen Gemeinschaft« auf, als ob dies allein schon etwas mit Pädagogik zu tun habe. Gerade weil aber auch *diese* Veranstalter zunehmend

über die pädagogischen Implikationen ihres Tuns nachdenken, erscheint es besonders nötig, die im Rahmen des Tourismus auffindbaren pädagogischen Vorstellungen einer Kritik zu unterziehen. Dabei fassen wir diese Vorstellungen in folgenden Typen zusammen:
1. Vielfach wird unter »pädagogisch« die Beschränkung auf Methoden unter Ausklammerung der Zielkritik verstanden. Dies gilt vor allem für die Ferienarbeit von kirchlichen und politischen Verbänden, die ihren »Auftrag« darin sehen, im Urlaub ihre Ziele mit möglichst erfolgreichen Mitteln an die jungen Leute heranzutragen. Für sie ist der Urlaub primär eine Chance der auch sonst üblichen Jugendarbeit; die Urlaubssituation erhält kein autonomes Gewicht, sie ist ebenso bloße Methode (» ... die jungen Leute sind offener und aufgeschlossener als sonst ...«) wie die Regeln des Gruppengespräches und der Team-Leitung. Pädagogik schrumpft hier gewissermaßen auf eine »Erziehungs-Technologie« zusammen.
Nun steht nirgends geschrieben, daß man in seinem Urlaub keine Bibel-Freizeiten oder politische und religiöse Kurse besuchen dürfe. Die Schwierigkeiten setzen aber dort ein, wo die Urlaubserwartungen der Jugendlichen mit denen der Veranstalter in Widerspruch geraten, weil etwa die Veranstalter vorher »Urlaub« angeboten haben, aber nachher unvermittelt mit ihrem Programm in Erscheinung treten. Meist wird diese Absicht der Veranstalter in der Einladung mit allgemeinen, schönfärberischen Worten verdeckt, in der offenbaren Hoffnung, daß die jungen Leute schon »mitmachen« würden, wenn sie erst einmal mitgefahren sind.

So heißt es in der Einladung zu einer evangelischen Urlaubsfreizeit:
»Das Programm: Wir möchten eine frohe Gemeinschaft junger Christen sein, wobei wir in der Programmgestaltung Eure Wünsche und Vorschläge gern berücksichtigen.
Die Leitung plant:
Zur körperlichen Erholung: Wanderungen ins Gebirge und viel Faulenzen, Baden im Thuner See, Bootsfahrten auf dem Vierwaldstätter See und Brienzer See.

Zum Atemholen der Seele: Morgenandachten und Sonntagsgottesdienste, Tischgebete und Gespräche über Alltagsfragen im Lichte der Bibel, persönliche Betreuung.
Zur Erweiterung des geistigen Horizontes: Literaturabend, Singabend am Lagerfeuer, Knigge-Abend, Stadtbesichtigung von Luzern, Diskussionen, interessante Ausflüge, Besuch einer Tell-Freilichtaufführung« (8/VI/3, S. 9).
Niemand wird von solchen Formulierungen her vermuten, daß der Leiter die Freizeit fast lückenlos vorprogrammiert hat und daß ganze Vor- und Nachmittage dem religiösen Programm verbindlich vorbehalten waren. Dieser Widerspruch zwischen Ankündigung und Realität führte denn auch dazu, daß der Leiter häufig zu autoritären Maßnahmen und sogar zu regelrechten Tricks greifen mußte.

Die technologische Vorstellung von Pädagogik ist im Grunde gar nicht in der Lage, eine spezielle Urlaubspädagogik zu entwickeln, weil dies die Anerkennung eines Spezifikums »Urlaub« voraussetzte, die in dieser Vorstellung ja gerade verweigert wird. Aber gerade das, was urlaubsgerecht heißen könnte, ist ohne Zielkritik nicht zu ermitteln. Im Grunde könnten solche Urlaubsveranstaltungen genausogut in der alltäglichen Umgebung als Kurse oder Seminare stattfinden. In dieser Vorstellung lebt insgeheim jener dirigistische Anspruch auf die Freizeit des anderen weiter, der von Anfang an in der modernen Freizeitpädagogik angelegt war. Sie ist urlaubs-indifferent: Die Urlaubsmotivation und die Urlaubsbedingungen (reizvolle Gegend) gelten als bloß methodische Chance, Lehrinhalte, die mit dem Urlaub selbst gar nichts zu tun haben, erfolgreicher zu verbreiten. Damit nehmen diese Inhalte aber den Charakter von Indoktrinationen an, wobei es gleichgültig ist, ob die Inhalte solcher Indoktrinationen »an sich« pädagogisch vernünftig sind oder nicht.
2. Vielfach wird unter »pädagogisch« ein bestimmter Kanon von Lehrinhalten verstanden, zum Beispiel »das Musische«. Diese Einstellung muß nicht immer so extrem auftreten wie in einigen unserer Untersuchungsbefunde, wo »Volkstanz« als pädagogisch gilt, »Gesellschaftstanz« dagegen nicht. Diejenigen, die dem Gesellschaftstanz pädago-

gisch nichts abgewinnen können, müssen ihn nicht unbedingt für schädlich halten; er kann auch bloß als pädagogisch uninteressant gelten, als ein Ventil, »das der Mensch halt ab und zu braucht«.

Diese Haltung ist aus der Tradition der deutschen Jugendpflege und Jugendbewegung durchaus verständlich, und die Kritik daran muß hier nicht wiederholt werden. So ist es nicht weiter verwunderlich, daß solche Vorstellungen vor allem in den genuin jugendpflegerischen Maßnahmen eine Rolle spielen (vgl. 9). Als »sinnvolle Freizeitbeschäftigung« gilt durchweg das, was zu Hause als sportlich-musische Betätigung eine Rolle spielt. Die Ferienpädagogik wird so zu einer Fortsetzung der heimischen Jugendpflege mit anderen lokalen Mitteln. Auch hier richtet sich unsere Kritik nicht dagegen, daß im Urlaub gesungen, gemalt oder gewerkt wird. Nirgends steht geschrieben, daß solche Betätigungen im Urlaub unerlaubt seien. Es geht vielmehr um den bloß »therapeutischen« Anspruch, der schon im Gebrauch des Wortes Freizeit»beschäftigung« liegt. Würde man kulturelle Hobby-Freizeiten mit einem relativ hohen sachlichen Anspruch organisieren, dann sähe die Sache schon anders aus. Dann würde die Urlaubsfreizeit kulturelle Lernprozesse mobilisieren, für die viele junge Menschen in ihrem Alltag entweder nicht ansprechbar sind oder wozu sie wegen beruflicher und schulischer Verpflichtungen nicht die Zeit haben. Aber indem man musische Betätigungen unabhängig von ihrem Niveau und damit unabhängig von ihrer Lernpotenz für »pädagogisch« hält — was außerhalb medizinisch-therapeutischer Maßnahmen ganz einfach falsch ist —, geschieht nichts weiter, als daß die kulturindustrielle Beschränktheit des Alltags auch auf den Urlaub ausgedehnt wird. Damit wird der Tourismus aber zu einer Art »pädagogischer Provinz« innerhalb des Urlaubs. Was außerhalb deren Reichweite liegt, gilt als feindlich oder bestenfalls als uninteressant. Wären »musische Betätigungen« aber das wesentliche Ziel einer Urlaubspädagogik, so müßte man dazu ja nicht unbedingt verreisen.

3. In der eben kritisierten pädagogischen Vorstellung wird

die Welt gleichsam a priori in »pädagogische« und »nicht-pädagogische« Partien aufgeteilt. Diese Haltung des pädagogischen Sortierens wird besonders deutlich in der Absolutsetzung einzelner Reiseformen wie des Wanderns. Wo die traditionelle Erziehungswissenschaft sich überhaupt mit dem Reisen befaßt hat, da hat sie sich fast ausschließlich mit unverkennbarer Liebe dem Wandern zugewandt. Ohne Zweifel kann das Wandern jenen Erlebnis- und Erfahrungsreichtum haben, den ihm seine Verehrer zuschreiben. Aber hat nicht auch die massentouristische Flugreise wichtige Erfahrungsmöglichkeiten, nur andere? Und wieso sollen die nicht »pädagogisch« sein? Alle pädagogischen Vorteile, die Wolfgang Brezinka in seinem Aufsatz »Erziehung durch das Wandern« (21) dem Wandern zuspricht, *können* auch anderen touristischen Formen innewohnen.
Wir haben schon in anderem Zusammenhang darauf hingewiesen, daß die Reize des Wanderns nur unter der Voraussetzung erhalten bleiben können, daß sie nur einer Minderheit attraktiv erscheinen. Da aber die pädagogische Überbetonung des Wanderns auch in der Gegenwart noch eine große Bedeutung hat, wollen wir uns mit dem Aufsatz Brezinkas etwas ausführlicher auseinandersetzen. Brezinka meint, das Wandern »führt aus der engen künstlichen Welt heraus zur *Begegnung mit der Natur.* Es befreit von dem hastigen, unnatürlichen Lebensstil, der in der Stadt vorherrscht, und läßt den verlorenen Rhythmus wiederfinden, der dem Menschen gemäß ist. Er erhält unmittelbar Anteil am Wechsel von Tag und Nacht, am Stimmungsgehalt eines strahlend frischen Morgens, eines sonnen-durchtönten Spätnachmittags, eines klaren, stillen Abends. Er lernt das bunte Gesicht der Jahreszeiten und die milden wie die drohenden Formen des Wetters kennen. Er kommt an alle Dinge, die ihm begegnen, nahe genug heran, um mit ihnen vertraut zu werden: sei es nun Acker oder Wald, Fluß oder Wiese, unwirtliches Gebirge oder fruchtschwere Ebene« (S. 102 f.).
Die »Natur«, die bezeichnenderweise nur mit »Dingen«, nicht auch mit Menschen ausgestattet ist, erscheint hier als

der leitende Gegenpol zur städtischen Zivilisation. Dabei handelt es sich doch — wenigstens in Mitteleuropa — überall um vom Menschen verwandelte Natur, also um »Kultur«: beim »Acker« ist das ohne weiteres klar; der »Wald« ist erschlossen zum Zwecke der Nutzung, der »Fluß« gebändigt, kanalisiert. Auch in dieser »Natur« begegnet der Mensch immer nur wieder sich selbst, seinen Taten und Plänen. Und es ist nicht recht einzusehen, warum dieser Teil seiner Schöpfung »eine unversiegbare Quelle« (S. 103) sein soll, nicht aber die moderne Stadt, in der er doch immerhin seine — wenn auch geringen — Freiheiten verwirklicht hat. Es ist nicht recht einleuchtend, warum die »Begegnung« mit Äckern, Wiesen und Wäldern von anderer Qualität sein soll als die mit Autobahnen, Flugzeugen, Seilbahnen und Berghotels. »Natur« im strengen Sinne der nicht von Menschen verwandelten Originalschöpfung dürfte es in Europa wohl nur noch auf einigen wenigen Gebirgsspitzen geben. »Das Wandern *beansprucht* gleichmäßig *den ganzen Menschen«* (S. 103), meint Brezinka weiter. Daß es das körperliche Training fördert, ist gewiß; ob es in gleichem Maße auch die intellektuellen Kräfte mobilisiert, mag dahingestellt bleiben. Daß das Wandern für das »selbständige Handeln« »eine Fülle von Gelegenheiten« »bietet«, teilt es sicher mit vielen anderen touristischen Formen auch. Das gleiche gilt für die »soziale Reife«, die durchs Wandern gefördert werde. »Raum für die edlen Formen des Abenteuers« bieten andere touristische Formen ebenfalls. Schließlich »die Besinnung: Das Wandern führt aus dem Lärm in die Stille. Es gibt dem Menschen Gelegenheit, sich in der Ruhe der Natur zu sammeln und auf die innere Stimme zu hören, die im geschäftigen Alltag so selten zu Wort kommt« (S. 104). Dies gelänge deshalb, weil der Wanderer »frei ist von allem unnötigen Beiwerk des bürgerlichen Daseins. Er führt wenigstens vorübergehend *das einfache Leben,* um das sich jeder hartnäckig bemühen sollte, der in einer komplizierten und verwöhnten Gesellschaft der immerwährenden Unzufriedenheit zu erliegen droht. Wer wandert, darf nur so viel mitnehmen, wie er mühelos tragen kann. Dadurch erfährt er am besten, wie wenig er eigentlich braucht« (S. 104). Mühelos könnte man diese Argumentation ideologiekritisch betrachten: Für den, der viel hat, ist diese Aufforderung zur Bescheidenheit ein netter Sport; für den, der wenig hat, ist sie eine Aufforderung, seine materiellen Interessen zu verleugnen. Als ob der Unterschied zwischen Notwendigem und Überflüssigem sich daran entscheiden könnte, was jemand beim Wandern mit sich tragen kann!

Jedenfalls scheint der Geruch von Beschränktheit, der dem Wandern für Außenstehende anhaftet, einen realen Kern zu haben. Außerdem ist die Meinung, daß man zur Besinnung in die Wälder wandern müsse, höchst fragwürdig geworden. Die Lebenserfahrung zeigt uns vielmehr, daß es immer mehr Menschen gibt, die gerade auch in einem Fluidum von Betrieb und Betriebsamkeit die Fähigkeit entwickelt haben, »abzuschalten« und sich auf sich selbst zu besinnen.
Außerdem scheint es in diesem Zusammenhang wichtiger zu sein, daß man sich von den Zwängen des Alltags (zum Beispiel im Urlaub) befreit, als daß diese Befreiung unbedingt in den Wäldern geschehen muß. Zudem trifft das, was Brezinka hier idealtypisch als die pädagogischen Möglichkeiten des Wanderns zusammenträgt, allenfalls die Realität des einsam mit ein oder zwei Freunden Wandernden. In dem Augenblick, wo organisiert in Gruppen gewandert wird — wie allgemein in der Jugendpflege —, sind die dargestellten Möglichkeiten des Wanderns keineswegs mehr zwingend. Die sinnlosen Lieder, die man dann meist singt und die weder mit »Natur« noch mit »Landschaft« etwas zu tun haben, sondern allenfalls etwas mit kitschiger Einfalt, sind nur ein Symptom dafür, daß die dem Wandern zugeschriebenen pädagogischen Chancen auch in ihr Gegenteil umschlagen können. Nimmt man die großstadtfeindlichen, zivilisationsfeindlichen, naturschwärmerischen und anti-intellektuellen Momente solcher Wandertheorien als das, was sie sind, nämlich als pure Weltanschauung,

so bleibt übrig: das Wandern ist keineswegs überholt oder unmodern, sondern schon wegen seiner körperlichen Anforderungen eine unbestreitbare Bedingung für Erholung. Aber es hieße viele Erlebnis- und Erfahrungsmöglichkeiten, die der moderne Tourismus in sich birgt, unterschlagen, wollte man das Wandern zur einzig pädagogisch interessanten touristischen Form erheben.

4. Für andere ist »pädagogisch« gleichbedeutend mit sexueller Enthaltsamkeit. »Pädagogisch gelungen« ist für sie eine Urlaubsveranstaltung dann, wenn zwischen Jungen und Mädchen »nichts passiert ist«. Was außerdem im Urlaub geschah oder nicht geschah, scheint demgegenüber pädagogisch zweitrangig oder gar unerheblich zu sein. Zur Erklärung dieser Einstellung muß man bedenken, daß sie offenbar in der öffentlichen und nicht-öffentlichen Meinung weit verbreitet ist. Sonst wäre nicht zu erklären, weshalb die öffentliche Diskussion über die pädagogischen Probleme des Jugendtourismus sich ausgerechnet an dieser Frage entzündet hat und nicht etwa daran, daß in sehr vielen Fällen die organisatorischen und sonstigen äußeren Bedingungen für die jugendlichen Urlauber gänzlich unzureichend sind, was in denselben Berichten gestanden hat, aber offenbar überlesen wurde. Wie befangen diese pädagogische Sicht ist, zeigt sich schon darin, daß man andere Bedingungen der Sexualisierung gar nicht beachtet, ja, sie selbst immer wieder herstellt. Selbst die Verantwortlichen des Jugendschutzes sind unseres Wissens noch nicht für ein Verbot von Massenschlafsälen eingetreten, obwohl jedem, der in der Jugendarbeit mitwirkt, aus eigener Erfahrung geläufig sein muß, daß die Aufhebung der Schlaf- und Waschraum-Intimität bei Jugendlichen fast gesetzmäßig eine Sexualisierung des Kommunikationsklimas zur Folge hat.
So ergibt sich oft ein merkwürdiger Zirkel: Sexualisierung wird aus pädagogischer Unkenntnis erst erzeugt, dann mit pädagogischen Motiven wieder unterdrückt, wodurch dann — wie später noch zu zeigen sein wird — ein Klima allgemeiner Aggressionsbereitschaft entsteht.

5. Vor allem in Kreisen der behördlichen Jugendpflege ist

der zentrale pädagogische Leitbegriff »Erholung«. Er spielt deshalb eine so große Rolle, weil er der Begründung der öffentlichen Bezuschussung dient. Und dies verweist auf die Geschichte öffentlich subventionierter Jugendreisen: sie wurden ursprünglich weniger pädagogisch, als vielmehr sozialmedizinisch begründet.
Bis weit in die fünfziger Jahre hinein hatten große Teile vor allem der arbeitenden Jugend nicht die finanziellen und zeitlichen Möglichkeiten, für das notwendige Mindestmaß an »Rekreation« selbst zu sorgen. Aber wie schon Erich Weber gezeigt hat, ist neben »Rekreation« in der modernen Freizeit auch noch »Kompensation« und »Ideation« von Bedeutung. Die Kategorie »Erholung« ist also offensichtlich nicht mehr hinreichend zur Kennzeichnung der pädagogischen Bedeutung des Urlaubs. Außerdem ist sie nur schwer in die Praxis umsetzbar. Was ist für einen jungen Menschen im allgemeinen und besonderen erholsam, falls es sich nicht um einen medizinisch begründeten und ärztlich kontrollierten Kuraufenthalt handelt? Zweifellos ist »Erholung« auch weiterhin ein ganz wichtiger Bestandteil einer vernünftigen Urlaubsplanung. Aber dieser Begriff deckt nicht alles. Er ist im Grunde ein *negativer* Begriff, er definiert den Sinn des Urlaubs von dem her, was Nicht-Urlaub ist: nämlich von den sozialen Pflichten, vor allem von der Pflicht zur produktiven Arbeit her. Es wäre wichtig, daß die sozialpolitischen Vorstellungen über den Urlaub dahingehend korrigiert werden, daß die Diskussion um die Dauer des Urlaubs und um seine Bedeutung nicht länger mehr allein von der Frage beherrscht wird, wie lange jemand sich in welcher Weise »erholen« muß, um für seine fremdbestimmten Berufspflichten wieder fit zu sein. Es kommt in Zukunft darauf an, den Urlaub sozialpolitisch als ein Recht auf Nicht-Arbeit zu bestimmen, das heißt als ein Recht auf ein vom Beruf emanzipiertes Dasein mit eigentümlichem Sinn und Zweck.
6. Schließlich gilt ein Urlaub dann als »pädagogisch«, wenn er den »Gemeinschaftsgeist« fördert. Es ist im Grunde nur schwer verständlich, daß ausgerechnet der gemeinschaft-

lichen, also einer verhältnismäßig intimen Sozialbeziehung so große pädagogische Bedeutung beigemessen wird. Im Artikel »Freizeit« des Herderschen Pädagogischen Lexikons (1953) heißt es: »Eigentlich ist Freizeitpädagogik nicht Formgebung von freier Zeit, sondern deren Hingabe an gemeinschaftlich durchgeführte Vorhaben, Suche nach neuen Formen gemeinschaftlichen Miteinanders, Rückzug der arbeitenden Menschen auf ein letztes ›Schutzgebiet‹ vor der Flut kollektivistischen entseelten Betriebs.« Freizeit werde »nur dort Gestalt«, »wo zur Lebensgemeinschaft vorgedrungen werden will«.
Die Erwartung des menschlichen Heils von der Gemeinschaft und die pädagogische Überbetonung dieser Sozialform ist nur verständlich innerhalb der Geschichte des deutschen Bürgertums in diesem Jahrhundert. Das Buch von Ferdinand Tönnies »Gemeinschaft und Gesellschaft« — keineswegs gemeinverständlich geschrieben — lieferte durch seine Entgegensetzung von Gemeinschaft und Gesellschaft, wobei alles Licht auf die Gemeinschaft und aller Schatten auf die Gesellschaft fiel, dem orientierungslos gewordenen Bürgertum die begriffliche Munition für seine anti-zivilisatorischen und anti-modernen Affekte. Die bei Tönnies noch sehr differenzierten Unterscheidungen wurden vereinfacht, und in dieser Vereinfachung okkupierten sie die Reformpädagogik und die pädagogische Tradition bis heute. Gerhard Wurzbacher hat sich in seinem Buch »Gruppe, Führung, Gesellschaft« (München 1961, S. 13 ff.) mit diesen Unterscheidungen kritisch auseinandergesetzt. Wir werden noch sehen, daß gerade »Gemeinschaft« die dem Tourismus am wenigsten angemessene Sozialform ist, daß vielmehr distanziertere Sozialbeziehungen hier viel bedeutsamer sind. Im Gegenteil: Je »gemeinschaftlicher« sich eine Reisegruppe verhält, um so mehr wird sie nach dem allgemein bekannten Gesetz von Innen- und Außenkontakt gegenüber der neuen Umgebung Vorurteile entwikkeln und sich gegen neue Erfahrungen verschließen. Gerade gegenüber den genuin touristischen Erfahrungen ist die Gemeinschaft eher hinderlich als förderlich.

7. Immer wieder trifft man die Vorstellung an, Jugendliche müßten gerade in ihrem Urlaub besondere Aktivität entfalten. Es gibt Urlaubsveranstalter, die mit pädagogischen Begründungen Programme durchführen, die die jungen Leute kaum zur Besinnung kommen lassen, eine Art Fortsetzung des leistungsorientierten Arbeitslebens mit anderen Mitteln und in anderen Situationen. Manchen scheint es dabei fast gleichgültig zu sein, *was* die jungen Urlauber tun, wenn sie es nur unermüdlich tun.

Nun weist die zunehmende Beliebtheit des Hobby-Urlaubs tatsächlich darauf hin, daß auch junge Leute keineswegs generell »Faul-Sein« und »Gammeln« als das einzige Urlaubsglück betrachten. Nichts ist gegen ein Programm einzuwenden, bei dem junge Leute etwas Interessantes tun und lernen, zumal wenn es sich um etwas handelt, wozu man zu Hause — aus welchen Gründen auch immer — nicht kommt. Aber »Aktivität an sich« kann doch wohl kein pädagogisches Kriterium sein. Es kommt auf das Objekt, das Ziel und die Bedingungen an. Wird das Programm derart dominant, daß es die totale Herrschaft über die ganze Urlaubszeit gewinnt und alle anderen sonst noch möglichen Erlebnisse und Erfahrungen unterdrückt, dann handelt es sich nur um die Aufrechterhaltung der alltäglichen Situation, und man muß sich fragen, warum man dann eigentlich in fremde Länder fährt, um doch nur etwas zu tun, was man genausogut — und billiger — auch zu Hause tun könnte.

8. Eine besondere Bedeutung innerhalb der den Jugendlichen im Urlaub zugemuteten Aktivitäten hat in der letzten Zeit die »internationale Verständigung« gewonnen. Es gilt in jedem Falle als »pädagogisch«, wenn sich junge Leute verschiedener Nationalität treffen, um ihre Vorurteile gegenseitig zu korrigieren, zumal dann, wenn die Beziehungen zwischen Staaten besonders belastet sind. Allerdings zeigt die Praxis, daß im allgemeinen Jugendkontakte nur von Regierungen gewünscht und gestattet werden, die zueinander wenigstens nicht in einem feindseligen Verhältnis stehen.

Wenn man nun aber internationale Begegnung als »pädagogisch« ansieht, so setzt das die Annahme nationaler Besonderheiten und Verschiedenheiten sowie das Bewußtsein davon bis hin vielleicht zu Vorurteilen voraus. Zweifellos konnte diese Annahme in den ersten Jahren nach dem Kriege für das Verhältnis der Deutschen zu allen ihren Nachbarn gelten. Aber hat nicht inzwischen der Tourismus selbst — sozusagen durch seine weltmarktliche Tendenz — dieses Problem gelöst, soweit es überhaupt zu lösen ist? Wäre nicht denkbar, daß man, indem man heute Jugendbegegnungen zwischen nichtverfeindeten Staaten ausdrücklich und in großem Umfang zum Problem erhebt, gerade neue Bedingungen für Vorurteile schafft, die ohne sie längst der Geschichte angehören würden? Man kann sogar noch pointierter fragen: Ist die zunehmende Etablierung und Finanzierung internationaler Begegnungen wie im Rahmen des »Deutsch-Französischen Jugendwerks« nicht eher ein Symptom dafür, daß man nationale Besonderheiten aus politischen Gründen aufrechterhalten will, die es tatsächlich aus Gründen des weltbürgerlichen Charakters der industriellen Revolution immer weniger gibt?

Besonders instruktiv für dieses Problem ist eine Beobachtungsstudie von G. Garschagen und P. Siebenhühner über einen deutsch-französischen Segelkurs am Ammersee (5). In ihrer Zusammenfassung sagen die Beobachter: »Die Teilnehmer werden durchaus das Gefühl gehabt haben — und in vielen Gesprächen wurde das auch explizit gesagt —, einen schönen und ereignisreichen Urlaub verlebt zu haben und kaum das Gefühl, etwas Wesentliches versäumt zu haben« (5, S. 22). Aber die »eigentliche« Absicht, intensive Kontakte zwischen Deutschen und Franzosen zu ermöglichen, wurde nicht realisiert. Die beiden Gruppen lebten — schon wegen der Sprachschwierigkeiten — zwar harmonisch, aber eben doch nebeneinander her. Alle Beteiligten waren offenbar in Urlaubsstimmung, wünschten so wenig Konflikte wie möglich und gaben sich statt dessen dem vornehmlichen Urlaubsziel, dem Segeln, hin. Die Beobachter meinen: »Erst wenn aber die glatte Oberfläche der Unverbindlichkeit der Unterhaltungen durchbrochen worden wäre, hätte es zu einer wirklichen Aussprache kommen können, welche die Grundlage für die Klärung von Standpunkten und die Tolerierung der

Meinungen anderer bildet. Eine derartige Aussprache über bestehende Probleme kam während des Urlaubs nicht zustande« (S. 25 f.).
Man muß sich angesichts dieses Beispiels nicht nur fragen, ob weltbewegende Aussprachen zu führen überhaupt ein regelmäßiges und vernünftiges Urlaubsmotiv ist. Man muß sich weiter fragen, ob es überhaupt Probleme gegeben hätte, über die die Franzosen *als Franzosen* und die Deutschen *als Deutsche* hätten diskutieren können, auch wenn die Sprachschwierigkeiten nicht bestanden hätten.

Offenbar kann internationale Verständigung nicht schon an sich ein frageloses pädagogisches Ziel sein, sondern nur dann, wenn die dabei zu lösenden Konflikte auch tatsächlich vorhanden sind, ohne daß man sie in Urlaubsveranstaltungen künstlich arrangieren muß. Es mag sehr vernünftige *politische* Gründe für die Organisation internationaler Begegnungen geben, aber sie müssen damit nicht auch schon *pädagogische* Gründe sein.
Trotz dieser Einwände gehört die internationale Jugendbegegnung zweifellos auch weiterhin zu den sinnvollen jugendtouristischen Programmen, wenn es gelingt, ihre didaktischen Bedingungen und Möglichkeiten genauer zu erkennen. Dabei muß man wohl zwischen zwei verschiedenen Ausgangssituationen gründlich unterscheiden. Daß gegenwärtig Kontakte zwischen unseren Jugendlichen und denen Israels oder der Ostblockländer *politisch* und *pädagogisch* große Chancen in sich bergen, kann nicht bestritten werden. Die politischen und kulturellen Gegensätze sind hier noch so groß, daß die heranwachsende Generation lernen muß, *trotzdem* Wege des Verständnisses und des Friedens zu suchen. Wie kompliziert die dabei auftauchenden Probleme sind, zeigen einige Erfahrungen im Austausch mit Israel. Eine zu genau vorbereitete und deshalb zu absichtsvolle »Begegnung« kann ebenso enttäuschend sein wie eine unvorbereitete. Mancher, der mit viel gutem Willen und mit »Herz« an die Sache heranging, mußte entdecken, daß »Verständigung« zu einem erheblichen Teil auch eine Sache des Kopfes ist, das heißt des Denkens, der genauen Kennt-

nisse und der präzisen Informationen. Hier befindet sich die sozialwissenschaftliche und pädagogische Forschung noch in den Anfängen, und die Zurückhaltung gegenüber Kontakten mit den Ostblockländern — die keineswegs nur politische Motive hat — zeigt die ganze Unsicherheit gegenüber den wirklich risikovollen, deshalb aber eben auch besonders lern- und erfahrungsträchtigen Jugendbegegnungen.

Während man in diesen Fällen didaktisch von den tatsächlichen Konflikten, Gegensätzen und potentiellen Friedensstörungen zwischen den Beteiligten ausgehen muß, versagt dieser Ansatz folgerichtig bei Jugendbegegnungen zwischen westlichen und gar benachbarten Ländern. Nicht das *Trennende, Widersprüchliche, Konflikthafte* kann hier Ausgangspunkt sein, sondern eher *die Horizonterweiterung im Rahmen der Interessen, die man sowieso schon hat:* der gewerkschaftlich Engagierte, der Wissenschaftler, der musikalisch, künstlerisch, literarisch oder sportlich Interessierte, sie alle möchten den Horizont ihrer Interessen und Kenntnisse erweitern, mit neuen Partnern darüber kommunizieren usw. Das gilt nicht nur für die Berufsinteressen, sondern auch für die Freizeitinteressen. Daß in diesen Fällen der Begegnung zwischen Menschen mit relativ konfliktlosen gemeinsamen Grundüberzeugungen die Begegnung im Grunde nur über eine gemeinsame *Sache* erfolgen kann, dies macht man sich noch zuwenig klar. Statt dessen bleibt man meist bei den Erfahrungen mit Jugendbegegnungen in den ersten Nachkriegsjahren, die aber unter ganz anderen Bedingungen stattfanden, eher solchen vergleichbar, wie sie heute bei Veranstaltungen mit Jugendlichen aus den Ostblockländern herrschen würden. Die Praxis ist noch weitgehend so, daß man *irgendwelche* Jugendliche sich zusammenfinden läßt, um sie dann mit mehr oder weniger therapeutischen Mitteln zur »Begegnung« zu ermuntern, während tatsächlich in einer solchen Zufallsgruppe so viele verschiedene Interessen und Bedürfnisse vorhanden sind, daß niemand zu seinem Recht kommen kann. »Begegnung an sich« ist noch keine vernünftige päd-

agogische Zielsetzung, wenn man nicht irgend etwas Einleuchtendes dazulernt; und wenn man nichts weiter lernt, als auf seine kulturellen Interessen zugunsten anderer zu verzichten, so ist das auch nur eine Wiederholung der alltäglichen Situation, und der materielle und zeitliche Aufwand dafür leuchtet nicht recht ein. Die Programme des Deutsch-Französischen Jugendwerks »Wir entdecken Deutschland« leiden zum Beispiel unter diesem Ansatz, obwohl man sich große Mühe gibt, mit Hilfe der »Projekt-Methode« diesen Gefahren zu entgehen.
Es wäre also sehr viel vernünftiger, solche internationalen Begegnungen von vornherein unter bestimmten *sachlichen* Gesichtspunkten zu veranstalten und damit von Anfang an die jeweils Interessierten zur Selbstauslese zu zwingen. Die übrigen Kontakte zwischen den Jugendlichen würden sich dann entweder aus der gemeinsamen *Sache* oder aus allgemeinen Bedürfnissen (zum Beispiel Geselligkeit) ergeben. Schon die einfache Lebenserfahrung zeigt, was die Gruppensoziologie nur bestätigt, daß nämlich in dem Maße, wie die vitalen Spannungen zwischen menschlichen Gruppen abnehmen, die Gemeinsamkeiten stärker in den Blick rücken. Diese Gemeisamkeiten sind aber keine abstrakten Größen, sondern sie können sich nur zeigen in dem, was die miteinander kommunizierenden Menschen wirklich gemeinsam haben.
Man kann die bisher charakterisierten Meinungen über die »pädagogischen« Momente des jugendlichen Reisens so zusammenfassen: Sie sagen sehr viel darüber aus, was die Vertreter dieser Meinungen für »jugendgemäß« halten, aber kaum etwas darüber, was Tourismus ist. In der Tat spielt diese Frage nach dem der Jugend Gemäßen eine zentrale Rolle. Die Antworten darauf sind durchaus wandelbar. Es gibt »konservativere«, die bei Singen, Volkstanz und Lagerfeuer bleiben, und »modernere«, die auch Twist, Beatles und einen gewissen Hotelkomfort akzeptieren. Aber es gibt nur wenige, die diese Frage pädagogisch überhaupt für unsinnig halten, mit Ausnahme großer Teile der jungen Generation selbst. Die Hartnäckigkeit, mit der sich

die Anschauung vom Jugendgemäßen bei uns hält, ist wohl nicht einfach zu erklären. Helmut Schelsky hat sie schon 1957 in seinem Buch »Die skeptische Generation« (S. 96 ff.) soziologisch kritisiert und damit empfindliche Reaktionen in breiten Kreisen der Pädagogen hervorgerufen. Man gewinnt den Eindruck, daß es sich dabei nicht nur um eine geschichtlich überfällige Einstellung derjenigen handelt, die selbst als Jugendliche für sich das Jugendgemäße proklamierten. Es scheint vielmehr so, als ob dabei auch ein sozialpsychologisches Faktum eine Rolle spielt: In der Anschauung des Jugendgemäßen projizieren sich uneingelöste ideelle Sehnsüchte der Erwachsenen auf die junge Generation; sie soll einen Habitus aufweisen, den man selbst insgeheim für sich erhofft, aber in der Realität des Daseins nicht verwirklichen kann. So gehört zum Bild des Jugendgemäßen nicht nur ein durch Reinheit, Edelmut, Altruismus und Status-Neutralität gekennzeichnetes Verhaltensmodell, sondern auch eine »Welt«, in der das alles möglich ist, eine Welt, frei von gravierenden persönlichen Konflikten und gesellschaftlichen Widersprüchen.

Pädagogisch so überaus bedenklich aber ist diese Idylle des Jugendgemäßen gerade dadurch, daß sie im Grunde eine Welt des bloßen Daseins, aber eigentlich keine des Lernens ist. Das Jugendalter als ein Lernalter begreifen hieße ja gerade, die pädagogische Provinz des Jugendgemäßen zu verlassen und auf die Strukturen der »wirklichen« Welt zu sehen, für deren Bewältigung man ganz bestimmte Dinge lernen muß. Anders ausgedrückt: Es hieße, aus der Not der pädagogischen Provinz keine Tugend zu machen.

Es ist höchst bemerkenswert, daß die hier in ihrer Einseitigkeit kritisierten pädagogischen Gedanken offenbar aus den Erfahrungen bestimmter pädagogischer Felder — sei es der Schule, sei es der Jugendarbeit — stammen. Es handelt sich gleichsam um Weltbilder aus der Sicht pädagogisch-arrangierter und arrangierbarer Sozialsituationen. Die naive Identifikation dessen, was in »pädagogischen Provinzen« möglich ist, mit dem, was »gut« ist, ist zwar als Ausfluß einer pädagogischen Berufsideologie verständlich, führt aber eben doch zu einer gewissen »Betriebsblindheit« gegenüber einem Phänomen wie dem Tourismus, der nun einmal ein Phänomen des Marktes und nicht des pädagogisch motivierten Arrangements ist. Deshalb finden sich die hier nur allgemein skizzierten Einstellungen und Meinungen darüber, was »pädagogisch« im Zusammenhang mit dem Jugendtourismus sei, mehr oder weniger zusammenhängend bei den meisten aus der deutschen pädagogischen Tradition kommenden und in den pädagogischen Berufsbildungseinrichtungen geschulten Erziehern. Was wir hier aus analytischen Gründen getrennt haben, gehört tatsächlich jedoch in einen bewußtseinsmäßigen Strukturzusammenhang, den man am besten als »abgesunkene Wertphilosophie« bezeichnet und der durchaus nur etwas undifferenzierter widerspiegelt, was wir vorhin als Ergebnis der pädagogischen Freizeittheorien fanden.

Entwurf eines theoretischen Ansatzes

Lassen wir die bisherigen Erörterungen noch einmal Revue passieren, so zeigt sich, daß von den bisher vorliegenden pädagogischen Freizeittheorien wie auch von den in der Praxis verbreiteten Meinungen über die »pädagogischen« Momente des Jugendtourismus her eine überzeugende pädagogische Theorie des Tourismus aus folgenden Gründen nicht möglich ist.

1. Sie verallgemeinern weltanschauliche Meinungen, die sich mühelos auf ganz bestimmte historische Situationen und Gruppeninteressen hin relativieren lassen.

2. Sie postulieren eine prinzipielle Trennung von »pädagogischen« (= mit pädagogischen Motiven staatlich subventionierten) und »nicht-pädagogischen« (= kommerziellen) Jugendreisen. Abgesehen davon, daß es nicht möglich ist, die gesellschaftliche Wirklichkeit pauschal nach pädagogisch und nicht-pädagogisch aufzuteilen, wird der Begriff

Pädagogik hier zur ideologischen Rechtfertigung für die Aufrechterhaltung der staatlichen Subvention, während die ursprünglichen, sozialtouristischen Beweggründe dafür weitgehend entfallen sind. Im Zusammenhang mit der staatlichen Subvention ist die Frage, was am Jugendreisen »pädagogisch« sei und was nicht, zu einem Politikum ersten Ranges geworden. Wir werden noch sehen, daß eine solche Trennung nicht mehr prinzipiell, sondern allenfalls noch graduell möglich ist.

3. Das qualitativ Neue an der Freizeit im allgemeinen und am Tourismus im besonderen wird nicht gesehen; in den pädagogischen Theorien und Meinungen herrscht die Ansicht vor, es handle sich dabei nur um die quantitative Veränderung immer schon vorhanden gewesener, ungeschichtlich gedachter anthropologischer Tatbestände.

Damit ist die Hauptschwierigkeit einer pädagogischen Theorie des Tourismus bereits bezeichnet. Fragen wir uns nämlich, was eine solche Theorie leisten muß, dann stellt sich heraus:

1. Der Begriff »Theorie«, wie wir ihn verstehen, ist auf »Praxis« bezogen. Er meint also die gedankliche Ordnung von Argumenten und wissenschaftlichen Erkenntnissen *»zum Zwecke von etwas«*, nämlich zum Zwecke der Verbesserung der jugendtouristischen Praxis.

2. Aus diesem Zweck folgt, daß sie die »pädagogischen« *und* die »kommerziellen« Reiseformen treffen muß, und zwar so, daß die Eigentümlichkeiten der verschiedenen Veranstaltungsformen gebührend berücksichtigt werden. Mit anderen Worten: Unsere Definition muß in ihrer allgemeinsten Form die Neckermann-Massenreise ebenso treffen wie die »auf Fahrt gehende« kirchliche Jugendgruppe. Tut sie das nicht, so bleibt sie eine Theorie pädagogischer Provinzen im Rahmen der traditionellen Erziehungsmächte und kann den Markt des modernen Tourismus von vornherein nicht erreichen und damit auch nicht pädagogisch aufklären.

3. Eine solche pädagogische Theorie muß soweit wie möglich konkretisierbar sein, um gerade auch die Details von

Handlungen, Bedingungen und Situationen wägen zu können. Sonst wird sie abstrakt und praxis-indifferent und damit — gemessen an ihrem Selbstanspruch — überflüssig.
4. Sie muß durch neue wissenschaftliche Ergebnisse änderbar, also eine dynamische Theorie sein. Wir haben schon in der Einleitung darauf hingewiesen, daß eigentlich das empirische Material noch viel zu dürftig für eine pädagogische Theorie ist. Diese Tatsache muß aber dann auch bei der pädagogischen Theoriebildung gebührend berücksichtigt werden. Und das bedeutet, daß unsere Theorie nicht systematisch, von allgemeinen Sätzen ausgehend, zu pädagogischen Ableitungen führen kann, zum Beispiel von allgemeinen Sätzen über »das Wesen des Menschen« hin zu »guten« oder »schlechten« Kennzeichnungen des Tourismus.
5. Schließlich muß die Theorie lehrbar sein für alle, die im Rahmen des modernen Tourismus handeln. Eine pädagogische Theorie in unserem Verständnis ist zugleich immer auch eine *didaktische* Theorie. Es wäre überflüssig, eine Theorie zu formulieren, die — sei es wegen ihres Umfangs, sei es wegen ihrer »geheimwissenschaftlichen« Begrifflichkeit — nur im engen Bereich der pädagogischen Fachwissenschaft lehrbar und diskutierbar wäre. Damit geben wir unserer Theorie ganz bewußt eine *öffentliche Funktion.* Sie erhält die Aufgabe, die Phänomene des Tourismus gedanklich so zu ordnen, daß sie zum Zwecke der Aufklärung und Verbesserung der touristischen Praxis allgemein und öffentlich diskutierbar werden. Theorie in diesem Sinne ist das instrumentale Korrelat zur Planung, sie ist Interpretation von Sachverhalten und Zusammenhängen zum Zwecke einer aufgeklärten Planung. Sie kann daher niemals direkte, unvermittelte Anweisung für die Praxis sein, sondern verlangt von der Praxis produktive Aneignung und Weiterverarbeitung.
Unter allen diesen Gesichtspunkten scheint uns »Lernen« der zentrale pädagogische Leitgedanke zu sein, und zwar zunächst in dem allgemeinen und formalen Sinne, daß »Lernen« derjenige Prozeß heißen soll, in dem Individuen

ein »mehr« und »anderes« an Wissen, Einsicht und Verhalten erwerben. Den Tourismus pädagogisch betrachten heißt also, ihn als eigentümliches Lernfeld betrachten. Darin deutet sich zunächst eine gewisse Bescheidung gegenüber den Phänomenen des Tourismus an: Nicht alles, was überhaupt an ihnen interessant ist, ist auch pädagogisch interessant.

Vor allem ist es nicht länger mehr interessant, Phänomene des Tourismus — und der Freizeit überhaupt — pauschal nach »gut« und »böse« zu sortieren, was, wie wir gesehen haben, in der bisherigen Form nur auf dem Hintergrund einer bestimmten partikularen Weltanschauung möglich ist. Die Erziehungswissenschaft hat zu einer solchen Sortierung keine Legitimation. Im Gegenteil: Unter dem Leitgesichtspunkt des Lernens, der zugleich ein *kritischer* Gesichtspunkt ist, könnte es zum Beispiel sein, daß eine gut organisierte Touropa-Reise pädagogisch ergiebiger ist als eine Jugendgruppe auf Fahrt, weil bei der Gruppenfahrt tatsächlich nichts dazugelernt, sondern nur das bisher im heimischen Milieu Gelernte mit anderen Mitteln aufrechterhalten wird. Wenn zum Beispiel »Erholung« als wichtiges Kriterium für den Urlaub gilt, so interessiert das die Pädagogik nicht deshalb, weil »Erholung« an sich eine gute und nützliche und menschenwürdige Sache ist, sondern nur, insofern jeder Mensch *lernen* muß, sich zu erholen. *Hat* er das gelernt — gleichgültig in welchem Alter —, so ist in diesem Falle die Angelegenheit für die Pädagogik uninteressant geworden. Die Einschränkung, die in dieser Betrachtung liegt, muß genau beachtet werden: sie sieht die Menschen nicht mehr in einer *totalen* Anthropologie, sondern nur noch in einer *partiellen.* Der Gesichtspunkt des Lernens ist ja im Grunde ein Leistungsgesichtspunkt — zum Lernen gehört immer ein gewisser Aufwand an Energie —, und gerade der Urlaub erlaubt diesen Gesichtspunkt nur mit Einschränkungen. Es könnte sein, daß wesentliche Merkmale gerade des massentouristischen Urlaubs (die Bevorzugung des Strandurlaubs, des Faulseins und Gammelns, der unverkennbare Trend, allen Konflikten möglichst auszuweichen) wichtige Glücksgefühle gerade dadurch erzeugen, daß man hier im Unterschied zum Alltag so existieren kann, daß man nicht allzu vieles lernen muß. »Lernen« ist ja in erster Linie nicht ein in der »Natur« des einzelnen liegendes Bedürfnis, sondern primär ein sozialer Zwang: wer bestimmte Dinge nicht lernt, droht in der Gesellschaft, in der er lebt, zu scheitern. Es könnte also sein, daß die durchweg zu beobachtende Initiativlosigkeit im Urlaub damit zusammenhängt, daß man sich gerade von der Anstrengung der sonst üblichen Lernleistungen entlasten will. Daher wäre es falsch, den Gesichtspunkt des Lernens zur dominanten Betrachtungsweise des Urlaubs zu erheben, vielleicht gar in dem Sinne, daß die *organisierten* Lernweisen auch noch vorherrschend werden (Urlaub als Fortsetzung der Schule mit anderen Mitteln). Dennoch scheint die Flucht vor den üblichen Lernleistungen, wie sie der moderne Urlaub demonstriert, nicht »von selbst« zu erfolgen, sondern ebenfalls eine Lernleistung zu sein. Auch das »Glück« — was immer das heißen mag — scheint ein Ergebnis von komplizierten Lernprozessen zu sein.

Zweitens verbindet unser Leitbegriff des Lernens das, was bisher meist als »Erziehung« und »Sozialisation« unterschieden wurde. Gemeinhin gelten als »erzieherische« Situationen nur solche, die von der pädagogischen Absicht arrangiert wurden; das Musterbeispiel ist bekanntlich die Schule. Aber »Lernen« geschieht ja bekanntlich auch — und vermutlich sogar am wirkungsvollsten — in solchen Zusammenhängen, die von niemandem geplant werden, nämlich in den sozialen Lebenssituationen selbst. Es ist unbezweifelbar, daß in allen außerschulischen Situationen — und gerade auch im Tourismus — die Sozialisationswirkungen von besonderer Bedeutung sind. Das soziale »Feld« ist hier in der Regel bedeutsamer als die beabsichtigten Erziehungswirkungen der Leiter. Wenn die Pädagogik die Menschen als *lernende* Wesen betrachtet, dann macht es keinen prinzipiellen Unterschied mehr, ob dieses Lernen in geplanten oder bloß wirksamen sozialen Feldern erfolgt.

Drittens schließlich ist ja gerade das Jugendalter im besonderen Maße ein Lernalter, obwohl der moderne Tourismus auch ganze Tourismus-unerfahrene soziale Schichten der Erwachsenen in geradezu abenteuerliche Lernprozesse gestürzt hat. Insofern ist »Pädagogik« — wie der ursprüngliche Wortsinn ja noch meint — keineswegs mehr einfach auf das Kindes- und Jugendalter zu beschränken. Indem »Lernen« der zentrale pädagogische Leitbegriff wird, befreit sich die Pädagogik aus ihrer traditionellen Fixierung auf das Kindes- und Jugendalter. Dann stellt sich heraus, daß jedes Lebensalter bestimmte Lernprobleme und Lernchancen hat; und wie sich diese von den Lernproblemen anderer Altersstufen unterscheiden, ist dann keine prinzipielle, sondern nur noch eine empirische Frage. Dieser Gesichtspunkt ist gerade für den Tourismus von besonderer Bedeutung; denn der Tourismus gehört zu denjenigen relativ jungen gesellschaftlichen Tatbeständen — wie zum Beispiel auch die politische und soziale Demokratisierung —, denen die Erwachsenen ebenso lernbedürftig gegenüberstehen wie die Jugendlichen auch: touristisches Reisen ist offensichtlich nicht etwas, was die Älteren können und was die Jugendlichen von ihnen lernen müssen.
Nun ist »Lernen« ein sehr allgemeiner und wertneutraler Leitbegriff. Auch Verbrecher »lernen« etwas, bevor sie Verbrecher werden, bzw. während sie ihr Verbrechen ausführen. Aber wir wollen die grundsätzliche Problematik des modernen Lernbegriffes hier auf sich beruhen lassen und unsere Definition im Hinblick auf den Tourismus präzisieren. Dann hat Lernen hier einen doppelten Aspekt, den der »Lebenstechnik« und den der »Wirklichkeitserfahrung«. Der Unterschied sei an einem kleinen, alltäglichen Beispiel erläutert.
Ein Mädchen wird aus einer süditalienischen Kirche verwiesen, weil es die Kirche in Shorts betreten hatte. Es kann — und wird vermutlich — aus diesem Erlebnis lernen, daß »man« in Italien Kirchen in einer bestimmten Kleidung nicht betreten darf. Für die Zukunft weiß es dies und wird sich danach richten, ohne wieder Anstoß zu erregen.

Um diese »Lebenstechnik« zu beherrschen, braucht es nichts von den Gründen und Zusammenhängen zu wissen, sondern kann sich mit dem Tatbestand als solchem begnügen. Allgemeiner ausgedrückt: Jeder Mensch muß für das Existieren im System des Tourismus eine Reihe von Sozialtechniken und Lebenstechniken lernen, ohne deren Beherrschung er den apparathaften Bedingungen in diesem System ausgeliefert ist. Inwieweit es sich bei diesen Techniken lediglich um die Anwendung einer allgemeinen Lebensklugheit handelt oder inwieweit sie spezifisch für den Tourismus sind, mag dahingestellt bleiben. Jedenfalls ist die weitverbreitete Annahme falsch, im Unterschied zum jugendpflegerischen Reisen seien die massentouristischen Reiseveranstaltungen prinzipiell der Eigeninitiative und der persönlichen Aktivität schädlich. Das kann nur für die Reisekunden zutreffen, die auf dem Klavier der Organisations- und Dienstleistungsangebote nicht zu spielen vermögen. Unser — gewiß nicht repräsentatives — Untersuchungsmaterial legt hingegen den umgekehrten Schluß nahe: daß nämlich gerade viele jugendpflegerische Unternehmen als streng durchorganisierte »pädagogische Provinzen« jede Eigeninitiative (und damit auch jede Lernchance) im Keim ersticken, während die jugendtouristischen Abteilungen kommerzieller Reiseunternehmen ihre jugendlichen Kunden immerhin zur Auswahl unter verschiedenen Programmen, zu finanziellen Kalkulationen und zur Zusammenstellung des Urlaubsprogramms am Urlaubsort durch Auswahl unter den verschiedenen Angeboten zwingen. Es wäre sogar denkbar, daß das *freiwillige* jugendliche Publikum der jugendpflegerischen Reiseangebote nicht zuletzt aus Jugendlichen besteht, die sich dem übrigen Tourismus »technisch« noch nicht gewachsen fühlen. Träfe diese Vermutung zu, die sich aus unserem Material wohl begründen, aber nicht beweisen läßt, so würde sich daraus eine besondere pädagogische Aufgabenstellung für die jugendpflegerischen Teile des Tourismus ergeben: ihre Kunden im Hinblick auf die touristischen Techniken »sicher« zu machen. Diese Unternehmungen hätten dann nur soviel pädagogischen Wert, wie sie aus ihrer »pädagogischen Provinz« eine Not und keine Tugend machen, das heißt sie zum Mittel dafür betrachten, daß sie möglichst bald überflüssig wird.

Zu den hier in Rede stehenden touristischen Techniken gehört die Fähigkeit der Auswahl unter verschiedenen Reiseangeboten, die Fähigkeit zur selbständigen finanziellen Kalkulation; zur gezielten und zeit-ökonomischen Benutzung von organisatorischen und Informations-Dienstleistungen sowie des angebotenen Service; schließlich die Fähigkeit zur optimalen Absicherung bei risikovollen Unternehmungen (Bergsteigen, Schwimmen im Meer, Trampen, Versicherungen usw.). Die souveräne Beherrschung solcher Techniken ist die unabdingbare Voraussetzung für die zweite Dimension des touristischen Lernens, die wir »Wirklichkeitserfahrung« nennen wollen.

Es kann nämlich auch sein, daß dem vorhin zitierten Mädchen das kleine Erlebnis zur Wirklichkeitserfahrung wird, indem es den Gründen und Ursachen auf die Spur zu kommen trachtet. Gelingt dies, so wird dieses kleine Erlebnis zu einer Wirklichkeitserfahrung im dreifachen Sinne, und diese Dreiheit gehört immer zu einem ernst zu nehmenden Begriff von Erfahrung:

1. Das Mädchen macht zunächst eine *Selbsterfahrung*, indem es gezwungen wird, seine »selbstverständliche« Verhaltensweise zu relativieren. Eine unbewußt angelernte Verhaltensweise wird durch eine neue Situation in Frage gestellt und fordert ein Stück Selbst-Reflexion heraus.
2. Das Mädchen macht zugleich eine *Sozialerfahrung*, indem es gezwungen wird, über die Motive und Gründe derjenigen nachzudenken, die sie aus der Kirche gewiesen haben. Die Selbstverständlichkeit eines angelernten Sozialverhaltens wird in Frage gestellt. Ohne dieses kleine Erlebnis hätte das Mädchen vielleicht keinen Grund gehabt, über diese anderen Menschen nachzudenken.
3. Schließlich ändert sich auch das Bewußtsein über bestimmte *Sachverhalte*. Vielleicht hat das Mädchen bisher gemeint, Kirche und Religion seien gleich, ob es sich nun

um Deutschland, Frankreich oder Süditalien handelt. Nun kommt es vielleicht dahinter, daß es zum Beispiel gewichtige geschichtliche Unterschiede gibt, die man nicht außer acht lassen darf.

»Erfahrung« in einem strengen Wortsinne betrifft also immer — allgemeiner ausgedrückt — das Verhältnis zur Subjektivität, zur Sozialität und zur Objektivität und ist etwas, was sich entscheidend »im Kopfe« abspielt: nur ein solches »Erlebnis«, das in dieser dreifachen Weise im Bewußtsein »in Ordnung gebracht wird«, wird zur Erfahrung gewendet.

Nun darf unser Beispiel die Urlaubspädagogen nicht zu der Annahme verführen, als ob jede »Lebenstechnik« und »touristische Technik« gleich zur Erfahrung gewendet werden müsse, damit dem Anspruch der Pädagogik Genüge getan sei. Viele Dinge sind es von der Sache her nicht wert, daß man so mit ihnen verfährt, und vielleicht wird mancher auch unser Beispiel dafür ungern akzeptieren. Nicht in jedem Falle ist die touristische Technik die erste Stufe zu einer Wirklichkeitserfahrung, aber umgekehrt ist die Beherrschung der touristischen Techniken die Voraussetzung für Erfahrungsfähigkeit, weil nur in ihren unmittelbaren alltäglichen Verhaltensweisen souveräne Menschen das Risiko neuer Erfahrungen auf sich nehmen, anstatt sich mit Vorurteilen gegen sie abzuschließen. Mit diesem Begriff der »Erfahrung« ist in den ursprünglich wertneutralen Begriff des »Lernens« nun ein normatives Element hineingekommen. Er enthält nämlich nun eine normative anthropologische Prämisse, die Voraussetzung nämlich, daß die *Veränderung* von Meinungen, Einstellungen, Urteilen und Verhaltensweisen das entscheidende pädagogische Moment und überhaupt etwas Wichtiges und Wertvolles sei. Im Grunde ist schon im Begriff des Lernens das Moment der Veränderung besonders betont: Wer irgend etwas gelernt oder dazugelernt hat, ist eben ein anderer Mensch als vorher.

Dennoch ist die bisherige Betrachtung noch unbefriedigend; denn auch der Begriff der Erfahrung ist noch so formal und inhaltsleer, daß er die Gefahr der Willkürlichkeit pädagogischer Entscheidungen heraufbeschwört. Wir können im konkreten Einzelfall einfach irgend etwas als Selbst-, Sozial- und Objekterfahrung deklarieren. Wir bestimmen einfach, was für uns eine Erfahrung ist. Welches sind, so müssen wir weiterfragen, die spezifischen *Inhalte* von Erfahrungen, die der Tourismus ermöglicht? Sind es irgendwelche beliebigen Wirklichkeitserfahrungen, die man auch genausogut außerhalb des Tourismus machen könnte? Dann hätten ja doch jene Meinungen recht, die wir vorhin kritisierten, weil sie das Pädagogische unabhängig von den touristischen Bedingungen ermitteln wollten. Wenn wir aber andererseits dafür eintreten, daß der Tourismus ein *unaustauschbares* Lern- und Erfahrungsfeld sei, dann müssen wir klarstellen, worin das Eigentümliche dieses Feldes denn besteht. Wir tun das, indem wir auf die *emanzipatorischen Tendenzen* des modernen Tourismus verweisen.

Was damit gemeint ist, zeigen schon die unaufhaltsamen Liberalisierungstendenzen, die mit der touristischen Welle einhergehen. Lernprobleme gibt es ja nicht nur für die Reisenden, sondern in vielleicht noch stärkerem Maße für die Gastgeber, zum Beispiel für die Bevölkerung sozial, politisch und kulturell rückständiger Länder, die mit den anderen Lebensweisen hochentwickelter Länder konfrontiert werden. Für totalitäre und autoritäre Staaten ist der Tourismus ein politisch höchst zweideutiges Geschenk. Einerseits bringt er die begehrten Devisen, andererseits importiert er damit zugleich ein mehr oder weniger hohes Maß an allgemeiner Liberalisierung.

Bei der Diskussion der pädagogischen Freizeittheorien haben wir gezeigt, daß die bloße Tatsache der freien Zeit keine didaktischen Schlüsse zuläßt, daß diese Tatsache lediglich die Bedingung der Möglichkeit für etwas ist, was man in dieser freien Zeit tun kann. Dies gilt auch für den Tourismus: Aus der bloßen Tatsache des Verreisens selbst lassen sich keinerlei pädagogische Konsequenzen ableiten; sie entstehen erst, wenn man an die touristische Situation denkt, in die hinein verreist wird. Wie sieht diese Situation aus? Warum erleben die meisten Menschen ihren Urlaub als »Auszug aus dem Alltag«, wie Helmut Kentler es formulierte?

Freizeit und Tourismus gehören zu den großen »Emanzipationen«, den Befreiungen der Menschen aus traditionellen gesellschaftlichen und naturhaften Bindungen, ein Prozeß, den man meist mit der Vorgeschichte der französischen Revolution ansetzt. Sozialgeschichtlich betrachtet ist also nicht die freie Zeit das geschichtlich Neue, sondern die freiheitlichen und emanzipatorischen Momente sind es, die sich darin ausdrücken.

Im modernen Tourismus repräsentieren sich mindestens drei solcher Befreiungen, deren »Erfahrung« vor allem Ziel von Lernvorgängen im Tourismus sein müßte.

1. Im Tourismus können sich die Menschen von der *Totalität der Berufsrolle* emanzipieren. So wie die allgemeine Freizeit größer geworden ist, als zur Rekreation zum Zwecke der dadurch verbesserten beruflichen Pflichterfüllung nötig ist, so ist Urlaub eben mehr als Erholung. Im Urlaub erheben die Menschen — auch die Jugendlichen — Anspruch auf Vergnügen, Luxus und Genuß in Autonomie gegenüber den mannigfaltigen sozialen, beruflichen und politischen Pflichten. Vergnügen als Selbstzweck wird durch die ökonomischen und gesellschaftlichen Bedingungen, die den Tourismus hervorgebracht haben, zum ersten Mal in der menschlichen Geschichte tendenziell für alle Menschen möglich.

Um zu ermessen, was diese Tatsache bedeutet, muß man sich klarmachen, daß »Vergnügen« in unserer gegenwärtigen Pädagogik fast keine Rolle spielt, mit Ausnahme der überlieferten Spieltheorien, die aber nur einen Teilaspekt betreffen und nicht selten als Vorstufe zur Arbeitserziehung verstanden wurden. Mindestens seit der Aufklärung mußten wir den Zwängen der industriellen Gesellschaft dadurch gehorchen, daß wir auch in der Erziehung Tugenden und Zielvorstellungen in den Vordergrund stellten — wenn nicht gar verabsolutierten —, die fast ausschließlich an den heteronomen Leistungen *für* Staat und Beruf orientiert waren. Diese frühkapitalistischen, vergnügungsfeindlichen Erziehungsvorstellungen sind so in uns verwurzelt, daß wir heute weithin pädagogisch ratlos vor der Tatsache des Massenvergnügens stehen und nicht wissen, was wir damit anfangen sollen. Unser Material ist voll von Beispielen dafür, daß Urlaubspädagogen dieses »Recht auf Vergnügen« ernst zu nehmen trachten, dann aber selbst bestimmen wollen, was für die anderen Vergnügen ist, und feststellen müssen, daß es dann keinen Spaß mehr macht. »Vergnügen ist, was Spaß macht«, hat Ludwig Marcuse einmal gesagt, um damit gegen alle die vorzugehen, die anderen immer vorschreiben wollen, was ihnen Vergnügen bereiten soll.

Die Autonomie des Vergnügens betrifft auch und gerade die menschlichen Sozialbeziehungen, zum Beispiel die Beziehungen der Geschlechter. Was heißt es, eine zwecklose, spielerische Beziehung zum anderen Geschlecht einzugehen? Es heißt zum Beispiel, daß die Beziehungen zwischen den Geschlechtern nicht länger mehr nur von der antizipierten sozialen Pflicht der Ehe und Familie her gesehen werden können. Aber auf welchem Hintergrund sonst? Muß das Vergnügen, das in erotischen Beziehungen zwischen Männern und Frauen liegen kann, »kultiviert«, also »gelernt« werden, um Spaß zu machen?

Diese Fragen führen uns über unser eigentliches Thema hinaus, machen aber deutlich, was im einzelnen unter dem Aspekt des Vergnügens für die Pädagogik zur Debatte stehen könnte. Es kann kein Zweifel daran bestehen, daß die Befreiung von der Totalität der Berufsrolle neue ungeahnte Möglichkeiten des Menschseins enthält. Wir wissen inzwischen, wie sehr die Fremdbestimmung des ganzen menschlichen Daseins von den beruflichen Leistungen, Erfahrungen und Denkgewohnheiten her den Menschen borniert, seine Möglichkeiten einengt und begrenzt. Es hat den Anschein, als ob der »Strand-Urlaub« im Augenblick dieser Emanzipation am nächsten kommt. Helmut Kentler kommt zu dem Schluß, »daß die jungen Urlauber eine ihnen eigentümliche Tendenz zum ›Strand-Urlaub‹ haben; er ist für sie die ›Idealform‹ des Urlaubs« (8/VII/S. 89). Er besteht aus einem durch Baden, Im-Sand-Liegen, Schlafen und Essen charakterisierten Tageslauf und einem mit verschiedenen Geselligkeiten verbrachten langen Abend. Soziale Pflichten spielen in diesem Lebensstil keine oder nur eine unbedeutende Rolle — ein sehr großer Gegensatz zum Tagesablauf zu Hause.

2. Im Tourismus repräsentiert sich ferner eine *Befreiung vom Existenzminimum;* denn am Tourismus teilnehmen kann nur der, dessen ökonomische Möglichkeiten das Existenzminimum übersteigen. Auch in diesem Punkte hemmen uns wieder jene pädagogischen Vorstellungen, die in der ersten Phase der Industrialisierung steckengeblieben sind. Seitdem haben wir uns in der Pädagogik immer wieder eingeredet, daß Reichtum im Betracht eines menschenwürdigen Daseins bestenfalls indifferent, in der Regel aber eher hinderlich sei. Es genügt sich anzusehen, was im Rahmen der sogenannten »Konsumerziehung« in dieser Hinsicht gefordert wird. Die pädagogische Zwecklüge hat in diesem Punkte vielfältige Formen angenommen, von der Heroisierung des armen, pflichtgetreuen Bäuerleins in unseren Lesebüchern bis hin zu dem Stereotyp, daß reiche Leute unglücklicher seien als arme. Die Befreiung vom Existenzminimum ist in gewisser Weise das ökonomische Korrelat zur ersten Befreiung: soziale Autonomie des Vergnügens und »überflüssiges« Geld bedingen einander.

3. Die dritte Befreiung ist für den Tourismus unmittelbar vielleicht am bedeutsamsten. Wir meinen die *Emanzipation vom Milieu als sozialem Schicksal.* Alle vergangenen »vor-touristischen« Formen des Reisens verblieben innerhalb des eigenen sozialen Milieus. Die Grand Tour, die Bildungsreise, die Badereise und schließlich auch die Fahrt haben dies gemeinsam. Nun sind die am weitesten entwickelten Formen des modernen Tourismus unter anderem dadurch gekennzeichnet, daß sie gar kein »Milieu« mehr aufweisen. Zwar bleiben die Arbeiter, Kleinbürger, Bauern usw. auch in der touristischen Situation weitgehend das,

was sie zu Hause auch sind, aber die im heimischen Milieu angeeigneten und praktizierten Verhaltensweisen und Einstellungen finden in den touristischen Bedingungen selbst keine Stütze mehr. Genau dies macht die bekannte Unsicherheit vieler Gruppen von Reisenden aus und führt zu den geläufigen Vorurteilen, mit denen man sich gegen die Verarbeitung neuer Erfahrungen abschirmt. Auch gegen diese Befreiung richtet sich ein Großteil der pädagogischen Tradition. Die vorhin kritisierte Theorie des Wanderns ist dafür nur ein Beispiel: das Wandern soll die Menschen weiterhin an das binden, wovon sie der Tourismus gerade befreien kann: an das Nahe, Kleinräumige, immer schon Dagewesene und Begrenzte.

Diese drei Emanzipationen, die nach unserer Meinung das wesentlich Neue am Tourismus im Unterschied zu vergangenen Formen des Reisens ausmachen, ermöglichen erst einen Reichtum an Erfahrungen, Erlebnissen, Urteilen und Meinungen, die ohne sie nicht möglich wären. Sie zu realisieren, wäre die zentrale Aufgabe einer modernen Urlaubspädagogik. Diesen Emanzipationen auszuweichen, etwa weil sie nicht in ihr Weltbild passen, hat sie nicht die Möglichkeit, weil sie ein solches Maß an Freiheit gegenüber der Geschichte nicht hat. Insofern stehen diese inhaltlichen Bestimmungen keineswegs auf einer Stufe mit jenen weltanschaulichen Positionen, die wir bisher kritisiert haben, es sei denn, man wollte den modernen Demokratisierungsprozeß im ganzen als willkürlich und jederzeit widerruflich betrachten. Wie stark in Wahrheit jene emanzipatorischen Tendenzen sind, zeigt sich noch dort, wo sie — nicht zuletzt mit »pädagogischen« Argumenten — autoritär unterdrückt werden, sich aber dennoch in Form von Aggressionen oder Ersatz-Handlungen durchzusetzen trachten.

Natürlich sind diese Emanzipationen nur die eine Seite eines dialektischen Zusammenhangs. Auf die andere Seite machen die vielen kulturpessimistischen Aussagen aufmerksam, die in diesem partiellen Sinne also durchaus ihre Berechtigung haben. Jede an sich mögliche Emanzipation kann von den Menschen verspielt werden, wenn sie sie nicht aktiv aufgreifen und ihr zur Gestalt verhelfen. Nichts muß uns heute fernerliegen als ein naiver Fortschrittsoptimismus, der von der Geschichte selbst die Entwicklung zum Guten erwartet. Aber gerade deshalb wäre es die Aufgabe einer Urlaubspädagogik, diesen emanzipatorischen Tendenzen des Tourismus zum Durchbruch zu verhelfen, soweit dies überhaupt in ihrer Macht liegt; tatsächlich neigen die heute herrschenden pädagogischen Freizeit-Theorien eher dazu, diese Tendenzen zu unterdrücken.

Nun haben wir den ursprünglich bloß formalen und wertneutralen Begriff des Lernens durch den Begriff der Erfahrung und durch die Aufnahme der emanzipatorischen Tendenzen des modernen Tourismus selbst so hinreichend aufgefüllt und inhaltlich präzisiert, daß wir nun anhand des uns bisher vorliegenden Materials das touristische Feld als ein Lernfeld präziser beschreiben können. Wir definieren zusammenfassend: *Der moderne Tourismus ist insofern Gegenstand der Pädagogik, als er ein Lernfeld darstellt, in dem spezifische Erfahrungen möglich sind, die aus den emanzipatorischen Tendenzen des touristischen Systems resultieren.*

Pädagogisch im Rahmen des modernen Tourismus verhält sich also derjenige, der seinen Partnern dazu verhilft, daß sie (zum Beispiel durch Erlernen touristischer Techniken) ihre Probleme lösen und die eben beschriebenen Erfahrungen machen können. Daraus folgt, daß nicht nur ein Jugendgruppenleiter, Lehrer oder Jugendpfleger im Tourismus pädagogisch verfahren kann, sondern auch ein kommerzieller Reiseleiter, der seine Kunden in entsprechender Weise »berät«. Unser Begriff des Pädagogischen ist also weniger durch die jeweils subjektiven Motive und Intentionen des Handelnden, als vielmehr durch das objektive Ergebnis seines Tuns in bezug auf den Partner definiert.

Allgemeine Lerndefizite jugendlicher Touristen

Nun bliebe die pädagogische Betrachtung des Tourismus abstrakt, wenn sie sich lediglich auf die emanzipatorischen Tendenzen konzentrierte. Dies setzte voraus, daß die Lernleistungen unserer Jugendlichen im übrigen den Anforderungen der modernen Welt entsprächen. Niemand kann behaupten, daß dies tatsächlich der Fall sei.

Unsere Erfahrungen mit dem Tourismus zeigen vielmehr, daß das Lerndefizit unserer Jugend viel grundsätzlicher ist. Nun müßte man natürlich den Begriff »Jugend« hier sehr differenzieren: es gibt starke Minderheiten, für die das folgende nicht zutrifft. Aber aufs ganze gesehen kann man sagen, daß uns der Tourismus Lerndefizite vor Augen führt, die schon ohne ihn beängstigend genug sind. Bestimmte Fähigkeiten und Fertigkeiten, die nicht nur im Tourismus, sondern überhaupt in unserem modernen Leben nötig sind, werden offensichtlich im Rahmen der organisierten Erziehung nicht oder nur ungenügend erlernt. Dadurch verschärft sich die pädagogische Problematik des Jugendtourismus erheblich. Vielfach wird nämlich der allgemeine Nachholbedarf an Lernen so groß sein, daß die eben beschriebenen emanzipatorischen Merkmale des Tourismus einstweilen noch gar nicht wahrgenommen werden können. Mit anderen Worten: Diejenigen, die im Rahmen des Tourismus ihre Arbeit pädagogisch verstehen, müssen über weite Strecken erst einmal den »Modernitätsrückstand« unserer allgemeinen Jugenderziehung aufholen, bevor sie solche Lernaufgaben in den Mittelpunkt stellen können, die spezifisch für die Situation des Tourismus sind. Genaugenommen handelt es sich allerdings nicht um ein Nacheinander. Vielmehr müssen die emanzipatorischen Merkmale des Tourismus gleichsam immer als »strategisches Ziel« vor Augen stehen, auch wenn man sie noch nicht direkt angehen kann.

Die allgemeinen Lerndefizite, die wir hier meinen, lassen sich folgendermaßen zusammenfassen:

a) Unsere Jugendlichen lernen in der Erziehung nicht die ganze Skala der heute notwendigen sozialen Verhaltensweisen, sondern im Grunde nur die relativ intimen: Familienbeziehungen, Freundschaftsbeziehungen und Gemeinschaftsbeziehungen (Schulklasse; Jugendgruppe). Wie wir sahen, entspricht die pädagogische Gemeinschaftsideologie durchaus diesem Sachverhalt. Innerhalb des heimischen Milieus scheinen diese Verhaltensweisen zu genügen, jedenfalls fällt dieses Defizit außerhalb der touristischen Situation nicht besonders auf. Die Notwendigkeit, mit unbekannten Menschen — auch des gleichen Alters — Kontakte aufzunehmen, ergibt sich im Alltag offenbar selten. Und wo sich die Gelegenheiten dafür ergeben könnten, werden sie meist nicht genutzt. So wird der Lehrling, anstatt in den neutraleren Status des »Mitarbeiters«, vielfach wieder in den des »Sohnes« versetzt. Oder der Leiter einer Jugendherberge gibt sich nicht als Gast»wirt«, sondern als Herbergs»vater«. Der Lehrer ist kein Informant mit dem Auftrag, seine Kenntnisse optimal an die Schüler weiterzugeben, sondern ebenfalls eine Vaterfigur, die im »pädagogischen Bezug« für das »ganze Wohl« des Kindes und Jugendlichen verantwortlich ist. Die offenbar unausrottbare Tradition, alle pädagogischen Verhältnisse familienähnlich einzurichten — und nur solche als »pädagogisch« anzuerkennen, die sich das gefallen lassen —, bringt den jungen Menschen in eine merkwürdige Lage: Überall, wohin er sich wendet, begegnen ihm unter dem Anspruch »Pädagogik« usurpatorische Vaterfiguren. Im Tourismus ist das ganz anders, obwohl es manchen Pädagogen gibt, der am liebsten auch den Tourismus familienähnlich strukturieren würde. Dort aber findet man keine Freunde und keine Väter, sondern zunächst einmal fremde Menschen, mit denen man die verschiedensten Beziehungen eingehen könnte, wenn man es gelernt hätte. So ergibt sich eine große Unsicherheit, die sich die merkwürdigsten Ventile sucht: Vorurteile der verschiedensten Art gegenüber dem Gastland, gegenüber der Reiseleitung, gegenüber dem anderen Geschlecht, gegenüber den »Erfolgreichen« usw. Daß man nicht gelernt hat, nicht-intime Kommunikationen einzugehen und auch wieder zu lösen, belastet vor allem die Beziehungen zum anderen Geschlecht. Das »Bild« der Mädchen von den Jungen und der Jungen von den Mädchen *muß* ja von primitiver Struktur sein, solange distanzierte erotische Beziehungen unbekannt sind.

b) Unsere junge Generation lernt praktisch überhaupt nicht, öffentliche Dienstleistungen gezielt in Anspruch zu nehmen. Wäre dies zu Hause am Beispiel des Umgangs mit Behörden wirklich gelernt, so wäre man in der touristischen Situation nicht so unfähig, einfache technische Abläufe zu planen und mit Hilfe des Service des Reiseunternehmens zu organisieren. Die oft beklagte Initiativelosigkeit jugendlicher Touristen hängt ursächlich damit zusammen; denn Intentionen hat immer nur derjenige, der sich auch Klarheit über die Mittel und Wege zur Realisierung seiner Intentionen verschaffen kann. Wem aber keine angemessenen Mittel mehr einfallen, dem fallen irgendwann auch keine Intentionen mehr ein. Die meisten Kritiker der Initiativelosigkeit halten Initiative und Spontaneität offenbar für eine unter allen Umständen isolierbare seelische Kraft. In Wahrheit sind sie immer schon eingebettet in viel allgemeinere Lernvorgänge und hängen von ihnen ab.

Die Folge dieses Defizits im Rahmen des Tourismus ist nicht nur wiederum eine Steigerung der Unsicherheit mit der Folge der bekannten Fluchtreaktionen, sondern auch eine primitive, gleichsam monologische Struktur im Verhältnis zum Verkäufer der Reise: Man hat ja bezahlt, also gehen alle Probleme, die jetzt noch auftauchen, zu Lasten des Verkäufers. Die richtige Ansicht, daß nämlich Service und Beratung dialogische Kommunikationsformen mit ganz bestimmten Spielregeln und Zielen sind, kann nicht von jemand erwartet werden, der solche Regeln nie gelernt hat, der, mit anderen Worten, nie gelernt hat, überhaupt irgendein privates Ziel unter gezielter Inanspruchnahme von Dienstleistungen zu verwirklichen.

c) Noch gravierender ist vielleicht das allgemeine kulturelle Defizit. Wenn man sich einmal klarmacht, was unsere

Volksschulabgänger tatsächlich an kulturellen Techniken und Kenntnissen gelernt haben, dann kann man sich eigentlich über keine Erscheinung im Jugendtourismus mehr wundern. Das fängt schon bei der fehlenden Fremdsprache an. Wie würde das Selbstbewußtsein eines Volksschülers wachsen, wenn er eine Fremdsprache handhaben könnte, auch wenn sie in dem Land, in das er reist, nicht offiziell gesprochen wird. Er hätte einfach mehr Mut, Sprachschwierigkeiten zu überwinden.

Aber noch bedeutsamer ist die geschichtliche Ahnungslosigkeit, mit der vor allem unsere Nicht-Oberschüler aus der Schule entlassen werden. Wir finden ja mitten in Europa die »Gleichzeitigkeit des Ungleichzeitigen«: industriell hoch entwickelte Länder liegen neben unterentwickelten Ländern, und die letzteren sind die beliebtesten Ferienziele. Wie will man Jugendlichen, die wohl die faktische Gleichzeitigkeit, aber nicht auch die geschichtlich bedingte Ungleichzeitigkeit solcher Verhältnisse verstehen können, zur vorurteilsfreien Betrachtung des Gastlandes bringen? Handeln sie nicht durchaus »logisch«, wenn sie den Entwicklungsrückstand mit Dummheit und Faulheit der Bewohner erklären? Wie können sie sich etwa in Probleme süditalienischer Menschen versetzen ohne eine ausgeprägte geschichtliche Verständnisdimension? Kann man ihnen wirklich eine allgemeine, abstrakte und kenntnislose Menschenfreundlichkeit als Korrektur ihrer Vorurteile empfehlen?

Was für das Beispiel der geschichtlichen Vorstellungskraft gilt, gilt ebenso für andere kulturelle Bereiche: von jemandem, der keine einigermaßen ausgeprägte kulturelle Vorstellungskraft hat, kann man auch im Urlaub keine »spontanen« kulturellen Interessen verlangen.

Wir sehen also, daß wir uns von der Vorstellung frei machen müssen, als sei der Tourismus nur eine pädagogische Herausforderung in dem Sinne, daß zu all dem, was bisher schon in unserer Erziehung gelernt wird, nur einige spezifische Gesichtspunkte hinzukommen müßten. In Wahrheit ist es vielmehr so, daß die Lernleistungen, die für die produktive Bewältigung des Tourismus nötig sind, wichtige

Grundsätze unserer allgemeinen Volksbildung überhaupt in Frage stellen.
Damit können wir uns hier im einzelnen nicht weiter befassen. Aber wir können daraus die allgemeine Folgerung ziehen, daß viele der pädagogischen Mängel, die wir im Tourismus entdecken, gar nicht dort entstehen, sondern sich nur besonders deutlich dort zeigen. Unsere kritischen Bemerkungen sollen auch nicht den Eindruck erwecken, als seien die pädagogischen Probleme des Tourismus in dem Augenblick gelöst, wo die beschriebenen Defizite unserer Jugenderziehung ausgeglichen würden. Aber immerhin muß es doch bei der Einsicht bleiben, daß für die meisten Jugendlichen eminent wichtige Voraussetzungen dafür fehlen, die besonderen Erlebnis- und Erfahrungsmöglichkeiten des Tourismus wahrnehmen zu können.

ZWEITER TEIL: TOURISMUS ALS LERN- UND ERFAHRUNGSFELD

Wir können nun den Tourismus als ein Lern- und Erfahrungsfeld verstehen, das heißt als einen Zusammenhang von Faktoren, die die Lernbereitschaft der Jugendlichen und Erwachsenen beschränken oder auch freisetzen und fördern. Diese Faktoren können sich negativ und positiv addieren oder auch neutralisieren.

Nun ist die Zahl solcher Faktoren und ihrer Wirkkombinationen theoretisch unbegrenzt. Es gibt einige — zum Beispiel das Wetter —, die sich einer Planung entziehen, andere wie der Führungsstil des Reiseleiters können in bestimmten Grenzen vom Veranstalter geplant werden. Da dieses Buch aber von vornherein eine *didaktische* Absicht hat, das heißt für die im Tourismus Verantwortlichen ein Orientierungsmodell über die pädagogische Struktur ihres Tuns entwerfen will, können und müssen wir uns auf einige wenige Faktoren beschränken. Diese didaktische Absicht zwingt daher zu folgenden Einschränkungen:

1. Unsere Darstellung kann keine Rezepte für die Praxis liefern, sondern setzt einen Leser voraus, der in der Lage ist, das pädagogische Modell produktiv auf seinen Fall anzuwenden. Aus theoretischen Entwürfen können niemals *direkte* Folgerungen für die Praxis gezogen werden.

2. Das Faktorenmodell beschreibt keinen *Kausalzusammenhang*, sondern einen *Bedingungszusammenhang*. Es ist also nicht möglich, die Wirkzusammenhänge im touristischen Feld optimal zu beeinflussen in der Erwartung, daß dann daraus »logisch« der erwartete Lerneffekt heraus-

springe. Kein soziales Feld ist vollständig planbar, und wenn wir im folgenden die Zusammenhänge von Bedingungen und Folgen mit Beispielen dokumentieren, dann handelt es sich niemals um eindeutige gesetzmäßige Zusammenhänge, sondern immer nur um mehr oder weniger hohe Wahrscheinlichkeiten. Wenn man sich vor Augen führt, daß jedes soziale Feld eine fast unbegrenzte Variation von Wirkungskombinationen zur Verfügung hat, die man niemals alle kennt, wird man sich auch vor übertriebenen Erwartungen hüten: Was wir hier vorlegen wollen, ist ein *Denkmodell,* nicht schon ein *Handlungsmodell.* Die Umsetzung von Denkmodellen in Handlungsmodelle ist ein Denkakt eigener Art, der für jede neue pädagogische Situation neu geleistet werden muß.

3. Eigentlich gehören diese Faktoren in einen untrennbaren Zusammenhang. Im Grunde kann man nicht den einen beschreiben, ohne zugleich an alle anderen mitzudenken. Lediglich aus Gründen der Darstellung müssen wir sie nacheinander beschreiben. Trotzdem leuchtet ein, daß die beste Gruppenzusammensetzung nichts nutzt, wenn die Leitung autoritär ist; umgekehrt hat der beste Leiter keine Chance, wenn die äußeren Bedingungen seinen Absichten und Maßnahmen nicht einigermaßen entsprechen. Das »Feld« des Tourismus besteht also nicht nur aus richtigen und falschen Absichten und Maßnahmen der erziehenden Personen, sondern ebenso auch aus den konkreten Umständen und Bedingungen, in die hinein sie erfolgen. Was also im folgenden getrennt dargestellt wird, gehört der Sache nach immer zusammen.

4. Eine systematische Darstellung des umfangreichen Untersuchungsmaterials ist im Untersuchungsbericht von Helmut Kentler erfolgt (8). Es hätte wenig Sinn, das hier in verkürzter Weise zu wiederholen. Wir greifen vielmehr auf diese Darstellung zurück, indem wir besonders typisches Material zur Dokumentation der pädagogischen Zusammenhänge verwenden.

Im Rahmen dieser vier Einschränkungen sind es vor allem vier Faktoren, von denen hier die Rede sein muß: die Sozialbeziehungen am Urlaubsort, der Komfort, das Angebot und der Führungsstil.

Die sozialen Beziehungen

Größe und Integration der Reisegruppe

Überall, wo Menschen leben, stehen sie in bestimmten Sozialbeziehungen zueinander. Das ist im Urlaub nicht anders. Die Intensität dieser Beziehungen kann eine sehr weite Skala aufweisen. Am wenigsten intensiv ist vielleicht die normale »Hotel-Beziehung«: Menschen leben zwar an einem Ort zusammen, nehmen eine gewisse Rücksicht aufeinander, knüpfen vielleicht auch flüchtige Kontakte an, ohne daß gemeinsame Zwecke und Absichten die Beziehungen enger gestalten. Am anderen Ende der Skala steht vielleicht die Gruppe, deren Mitglieder sich schon vor der Reise kennen, gemeinsame Zwecke verfolgen und gemeinsame Erlebnisse gehabt haben und die diese Gemeinsamkeiten nun auch auf der Reise fortsetzen wollen, zum Beispiel eine Pfadfindergruppe.

Wenn wir diese beiden Extremfälle — die tatsächlich durchaus typische Fälle des Verreisens sind — näher betrachten, so fällt auf, daß sie beide spezifische Chancen und Grenzen des Lernens aufweisen.

Die integrierte Gruppe der Pfadfinder ist durchaus in der Lage, im Rahmen des gesteckten Zieles, etwa der Entdekkung einer unbekannten Landschaft, ein hohes Maß an neuen Erfahrungen und Kenntnissen zu gewinnen. Sie wird sich vermutlich auf die Reise vorbereiten, ihr Reiseziel bis zu einem gewissen Grade studieren und die Reise überhaupt zu einer Bildungsreise machen. Dies gilt in gewisser Weise als Idealfall des jugendpflegerischen, des pädagogischen Reisens.

Aber diese gezielte Gruppenabsicht beschränkt auch die

Möglichkeiten des Lernens, schließt solche aus, die nicht im Rahmen des gemeinsamen Planes liegen; denn die gezielte Absicht des Unternehmens ist in Frage gestellt, wenn die Interessen der Gruppenmitglieder sich aufsplittern sollten. Es kann sein, daß am Urlaubsort sich die unvorhergesehene Chance ergibt, mit interessanten Mädchen Kontakte aufzunehmen, und daß dies einem Teil der Gruppe wichtiger erscheint als das ursprüngliche Ziel. Oder es ergibt sich die ebenso unvorhergesehene Möglichkeit, am Urlaubsort segeln zu lernen, und einem Teil der Gruppe erscheint dies ebenfalls interessanter als das ursprüngliche Ziel. So kann eine ursprünglich »bildungswillige« Gruppe gerade durch ihre vorgefaßte Zielsetzung in Konflikte geraten, und wie immer der Konflikt gelöst werden mag, in jedem Falle hat er negative Rückwirkungen auf das »alte« oder »neue« Lernziel. Mit einem Wort: Eine Gruppe wie die eben skizzierte wird immer zu vermeiden trachten, daß die Mitglieder sich für etwas anderes interessieren als für das ursprünglich gewollte Ziel und daß sie unkontrollierte Beziehungen zu Menschen aufnehmen, die außerhalb der Gruppe stehen:

In einer jugendlichen Reisegruppe, deren Programm verhältnismäßig stark vorgeplant war, geschah folgendes: An einem Abend geht ein Teil dieser Gruppe in die benachbarte Gastwirtschaft, um Bier zu trinken und die Musik-Box zu bedienen. Da bittet eine ebenfalls anwesende Gruppe englischer Scouts (zwischen 14 und 60 Jahren) die deutsche Gruppe, die Musik zu unterbrechen, weil sie ihrem Führer zum Geburtstag gratulieren wolle. Dem Wunsch wird sofort entsprochen, und die deutsche Gruppe gratuliert dem Engländer ebenfalls. »Die Engländer sind darüber sichtlich erfreut. Wir werden zu ihrer Abschiedsparty eingeladen; doch müssen wir leider absagen, da ja für 21 Uhr Bettruhe angeordnet ist. Die Engländer haben dafür Verständnis. Im weiteren Verlauf prosten sich immer wieder einzelne aus unserer Gruppe mit den Engländern zu (und umgekehrt).
20.40 Uhr brechen wir auf. Ich werde noch gebeten, den Engländern eine gute Heimreise zu wünschen. Indem ich dies tue, wiederholt der englische Führer nochmals seine Einladung zum Tanz an diesem Abend.
Es war wirklich schön zu beobachten, wie hier ein Verständnis-

funke von einer Gruppe zur anderen übersprang; die Stimmung war ohne irgendwelche Organisation — aus dem Moment heraus — durch die Teilnehmer selbst entstanden. Nun ging's nach Hause. ... Es wird beschlossen, Herrn Thorn (den Leiter) zu fragen, ob man nicht zum Tanzen zu den Engländern gehen dürfe.
Herr Thorn steht am Eingang, als wir zurückkommen. Einige Mädchen berichten von der Einladung der Engländer. Obwohl es vorher beschlossen wurde, ihn zu fragen, rechnen sie wohl mit einer Absage und fragen daher nicht, ob sie gehen dürfen. Herr Thorn, halb lachend: ›Nun, was meint ihr denn dazu?‹ Reaktion: große Freude: ›Wir möchten rüber, dürfen wir?‹ (erwartungsvoll). Herr Thorn zeigt den Mädchen daraufhin den Vogel und meint: ›Ich glaube, bei euch piept es. Ihr müßt morgen zeitig raus!‹ Die Mädchen entgegnen noch, daß sie trotzdem früh aufstehen könnten; aber sie werden von Herrn Thorn in die Betten geschickt« (8/VI/3, S. 43 f.).

Diese Zwangssituation, die von jeder gut integrierten Gruppe bzw. von dem an einer solchen Integration interessierten Leiter ausgeht, kann dann sehr leicht zu regelrechten Vorurteilen und Ressentiments führen, wenn die Konflikte besonders unerträglich werden. Die Mädchen, mit denen man ausgehen möchte, aber nicht darf, werden vielleicht moralisch denunziert. (Sehr häufiges Beispiel: Junge Mädchen möchten sehr gerne mit jungen Südländern Kontakte haben, aber weil sie entweder unsicher sind oder »nicht dürfen«, retten sie ihr Selbstbewußtsein dadurch, daß sie den jungen Einheimischen von vornherein pauschal eindeutige Absichten unterstellen.) Das Segeln, das man erlernen möchte, aber nicht erlernen darf, wird vielleicht als eine Beschäftigung für Snobs charakterisiert.

Selbst wenn die Konflikte nicht so dramatisch werden, fällt vielen Jugendlichen doch auf, daß die Gruppe ihnen bestimmte Erlebnisse und Erfahrungen vorenthält. So meinte ein Junge, der sehr viele Bücher über fremde Länder liest und der an sich mit seinem Urlaub zufrieden war, in einer Taucherfreizeit am Mittelmeer: »Wir haben eigentlich keine Ahnung von dem, was 1 km weiter im Landesinneren zu sehen ist, kennen keines der Dörfer usw. Was wir kennen, ist einzig der Camping-Platz, der Badestrand, Cap d'Antibes. Mehr kennenlernen würde man auf einer Fahrt allein oder zu zweit. Aber eine solche Fahrt müßte gut vorbereitet sein, damit man weiß, was man sieht und was sich anzuschauen lohnt« (8/VI/2, S. 37).

Besonders bedenklich aber werden die lernhemmenden Wirkungen der gut integrierten Gruppe dann, wenn man sie schlechthin für den idealen Sozialfall des jugendlichen Urlaubs erklärt, ohne daß man eine gemeinsame Zielsetzung und gemeinsame Sympathie von vornherein voraussetzen kann. Der Fall, daß eine kleine Zahl junger Leute, die sich vorher überhaupt nicht kennen und die auch wenig gemeinsame Vorstellungen über den Urlaub mitbringen, in ein jugendtouristisches Projekt reist, wird immer häufiger. Die eben genannten Beispiele stammen schon aus solchen Gruppen. Versucht die Reiseleitung nun, diese »Zufallsgruppe« nach dem Modell der eben skizzierten Pfadfindergruppe zu integrieren, so kann diese Sozialsituation nur unter Einsatz massiver Ideologie gebildet und aufrechterhalten werden. Die jugendliche »Gemeinschaft« wird zum Selbstzweck. So finden sich im Untersuchungsmaterial überaus häufig Klagen darüber, daß die jungen Leute nicht bereit seien, sich gemeinschaftlich zu verhalten. Dabei wird dann fast immer übersehen, daß man eine solche Haltung nicht von einer Gruppe erwarten kann, die zufällig am Urlaubsort zusammentrifft und zunächst gar keine weiteren Gemeinsamkeiten hat. Weil gemeinsame Ziele aber nicht mehr zugrunde liegen, bleiben schließlich nur die Lern*hemmnisse* der gut integrierten Gruppe zurück, ohne daß die ihr spezifischen Lern*chancen* zum Zuge kommen können. Die Sozialbeziehungen neurotisieren sich und füllen sich mit Ersatzzielen. War in einem Falle die Unterwerfung unter die Gruppe angesichts des bejahten Zieles freiwillig erfolgt, so wird jetzt die gut integrierte Gruppe zu einem gut funktionierenden Herrschaftsinstrument für die soziale Kontrolle ihrer Mitglieder. Alles, was dem Leiter mißfällt, wird als »gegen die Gemeinschaft gerichtet« deklariert. Gemeinschaft wird auf diese Weise einfach mit den Interessen der jungen Leute identifiziert, ohne daß

diese Gelegenheit hatten, ihre Interessen unabhängig von der Gemeinschaftsideologie zu bestimmen. Der Leiter verschafft sich dadurch, daß er seine in Wahrheit autoritären Entscheidungen bei der »Gemeinschaft« rückversichert, gleichsam ein demokratisches Alibi. Damit diese Herrschaft unerkannt und unaufgeklärt bleibt — im Falle ihrer Aufklärung wäre sie sofort gefährdet —, produziert scheinbar die Gruppe, tatsächlich jedoch der Leiter unentwegt Vorurteile gegen die äußere Umwelt, die fremden Menschen. Eine blindlings verfahrende Gruppenpädagogik dieses Stils kann also im Ausland von vornherein den Abbau von Vorurteilen verhindern oder gar in sein Gegenteil verkehren.
Nehmen wir zum Vergleich nun die vorhin schon erwähnte »Hotel-Situation«. Hier sind die Sozialbeziehungen kaum strukturiert, damit also nach allen Richtungen hin offen. Auf den ersten Blick scheint dies die optimale Sozialsituation zu sein. Kein Gruppenzwang behindert die Ausdehnung und Intensität der menschlichen Kontakte, und die Beziehungen sind in einem Höchstmaße frei von sozialen Kontrollen. Aber bei näherem Zusehen wird deutlich, daß dies nur abstrakt richtig ist. Tatsächlich nämlich kostet es erhebliche Anstrengungen und setzt ein hohes Maß an persönlicher Souveränität voraus, in dieser distanziert-förmlichen Sozialsituation Beziehungen aufzunehmen und den geeigneten Partner dafür zu finden. Diese Situation fordert von selbst nicht dazu auf. Deshalb organisieren alle Reiseveranstalter mit Recht in solchen Fällen Gelegenheiten zur informellen Geselligkeit.
Dies führt uns zu der Erkenntnis, daß die extrem strukturierte und die extrem un-strukturierte Sozialsituation unter unserem Aspekt des Lernens gar keine Gegensätze sind, sondern daß es auf ihre Kombination ankommt. Die Fähigkeit, neue Erfahrungen zu machen, ist offensichtlich keine Sache des touristischen Einzelgängers. Normalerweise macht man neue Erfahrungen mit anderen Menschen zusammen. Neue Erfahrungen bedeuten ja immer ein Verlassen des bisherigen gesicherten Lebenshorizontes, und sie fallen leichter, wenn man der Solidarität anderer Men-

schen dabei sicher ist. Normalerweise ist also die soziale Geborgenheit in einer intimen oder relativ intimen Sozialbeziehung Voraussetzung für die innere Freiheit zu neuen Erfahrungen. Mit befreundeten Menschen gemeinsam fällt die Entdeckung neuer Aspekte des menschlichen Daseins leichter und erscheint auch interessanter. Diese Art von »sozialer Absicherung« ist offenbar sehr bedeutsam. Gelingt es nämlich einem touristischen Einzelreisenden — und gar einem Jugendlichen — nicht, sich am Urlaubsort geeignete Partner zu verschaffen, so gerät er in die Gefahr, einem drohenden Einsamkeitskomplex durch eine »Flucht nach vorn« zu entrinnen: er wird unfrei gegenüber der Auswahl der Partner und nimmt den ersten besten, der sich gerade anbietet. Manche problematische zwischengeschlechtliche Beziehung hat hier ihre Ursache. Man kann aus dieser Erkenntnis durchaus einen Ratschlag für solche jungen Leute ableiten, die ihren Urlaub im Rahmen massentouristischer Projekte verbringen wollen: sie sollten möglichst mit einem oder mehreren Freunden zusammen fahren. Selbst die gemeinsame Teilnahme mit einem Partner des anderen Geschlechts, den man schätzt, ist unter Umständen sinnvoller, als allein zu verreisen. Mindestens aber muß man die Meinung vieler Eltern und Erzieher einschränken, junge Männer — oder gar Mädchen — seien »moralisch« weniger gefährdet, wenn sie allein verreisen anstatt mit einem Partner des anderen Geschlechts. Das Gegenteil ist oft viel wahrscheinlicher, vor allem dann, wenn der oder die Betreffende Kontaktschwierigkeiten hat und sozial unsicher ist — und für wen gilt das im Jugendalter nicht. Außerdem stellen die Freunde — und gerade auch der andersgeschlechtliche Partner — eine wenn auch schmale, so doch wünschenswerte Brücke zu den sozialen Kontrollen des heimischen Alltags her, vielleicht gerade so sehr, wie es zur Verhinderung eines erfahrungsfeindlichen Maßes an »dolce vita« nötig ist.

Die Untersuchungsergebnisse zeigen, daß immer die Anreise dazu benutzt wird, erste Kontakte mit fremden Partnern zu schließen und daß diese Beziehungen oft für die ganze Urlaubszeit bestehen bleiben. Wem dies nicht gelingt, der tut sich schwer in der touristischen Umgebung. So wird von einem Mädchen berichtet: »Wir vier Mädchen machten den Weg allein (der Weg hat keine Beleuchtung, er ist sehr dunkel). Die Ingrid hatte vielleicht Angst! Ständig sah sie irgendwelche dunklen Gestalten. Fürchterlich! Wir mußten sie führen! Das ist überhaupt ein komisches Mädchen! Die ist doch überall allein. Schon im Bus. Es ist ungeschickt, so allein mitzufahren. Wir zwei sind auch zusammen gefahren, dabei behauptete die Ingrid im Bus (mit dem angereist wurde), als wir sie fragten, ob es nicht langweilig sei, alleine zu fahren, daß sie leicht Anschluß fände. Aber davon merken wir nichts« (8/VI/4, S. 64). — Nicht nur bei der Anreise, sondern auch in den größeren Projekten selbst versuchen die Teilnehmer fast immer, schnell zu einer kleinen Gruppe Kontakt zu finden. Meist sind es die zufälligen Nachbarn beim Essen oder im Zimmer, im Zelt oder Bungalow. Diese »Cliquen« sind so lange »informell«, das heißt offen nach außen und somit gewissermaßen die soziale Basis für Kontakte nach außerhalb, wie sie nicht gezwungen werden, sich zum Schutze nach außen abzukapseln, zum Beispiel dann, wenn ihre Interessen von der Leitung unterdrückt werden. Im allgemeinen hat sich also bestätigt, was Helmut Kentler schon in seiner Catania-Studie fand: »Fast jeder gehörte zu einer kleinen Clique (von drei bis höchstens zehn Personen). Diese Cliquen lagen zusammen am Strand, hatten ihre festen Plätze bei den Mahlzeiten, ihre Stammplätze beim Tanzplatz. Es gab nur ganz wenige, die keinen Wert darauf legten, bei einer Clique unterzukommen. Aber auch die gingen nur äußerst selten als Einzelgänger, sondern sie hielten sich mal zu dieser, mal zu jener Clique« (7, S. 40). In der Fragebogenerhebung sagten nur 26 Prozent der Befragten, daß sie allein angereist seien; 66 Prozent gaben an, mit Freund, Freundin oder Bekannten gereist zu sein. Je älter die Teilnehmer sind, um so häufiger reisen sie allein (8/VIII/S. 150).

Wenn wir also nach den wünschenswerten Sozialverhältnissen im Jugendurlaub fragen, so kann man folgendermaßen definieren: Optimal ist die Sozialsituation dann, wenn jeder die Möglichkeit hat, sich kleinen Gruppen anzuschließen, die in eine Mengensituation eingebettet sind. So ist an sich nichts dagegen zu sagen, wenn jugendtouristische Unternehmen 100 bis 200 Jugendliche an einen Ferienort transportieren, sofern es der Reiseleitung dann gelingt, durch ein System von geselligen und programmatischen An-

geboten Gruppenbildungen zu ermöglichen. Es käme dann darauf an, die Sozialsituation so zu arrangieren, daß jeder sich seine Kontakte aussuchen kann, daß aber die Zahl der sich dafür anbietenden Partner auch groß genug ist.
Wichtig ist also, daß jeder Urlauber die Chance hat, sich in einer kleinen Gruppe sozial »abzusichern«, daß diese Gruppen aber zugleich offen nach außen sind und daß dadurch das Kommunikationsfeld über die eigene Gruppe hinaus geöffnet wird. Unter dem Begriff des Lernens hat die Gruppe immer einen dialektischen Wert: sie beschränkt die Erlebnis- und Erfahrungsmöglichkeiten und macht sie doch auch erst möglich.
Die pädagogische Bedeutung der »Mengensituation« ist einer von der »Gemeinschaft« faszinierten Pädagogik lange Zeit unbekannt geblieben. Das ist deshalb erstaunlich, weil doch schon die Lebenserfahrung lehrt, wie beschränkt kleingruppenhafte Sozialsituationen sind. Es hat den Anschein, als ob die Großprojekte des Jugendtourismus gerade wegen ihres Mengencharakters beliebt sind. Die »Menge« steht dabei für »Öffentlichkeit« — Kleingruppenbeziehungen sind im Grunde nicht-öffentliche Beziehungen —, und das Verhalten in der Menge unterscheidet sich sehr wohl vom Verhalten in informellen Kleingruppen: »In der öffentlichen Menge befleißigte man sich herkömmlicher Umgangsformen; im intimen Freundeskreis hingegen war man unkonventionell offen. Dort, aber nicht im größeren Kreis, sprach man über die Liebe, den persönlichen Lebensplan, über persönliche Schwierigkeiten usw. Dies war für uns das Überraschende: In der Paar-Beziehung oder innerhalb der kleinen Freundschaftsgruppe setzten sich viele über manche Konvention hinweg, in der Öffentlichkeit des Urlaubsgeschehens zeigte man sich konformistisch, angepaßt, tat man — mit wenigen Ausnahmen —, was alle taten« (11/I, S. 20 f.).
Ein besonderes Problem ergibt sich dann, wenn die Reiseleitung direkten Kontakt zu den heimischen »Mächten« (Eltern, Lehrer, Arbeitgeber usw.) der Jugendlichen hat. Dann drohen nämlich — ob der Reiseleiter das will oder

nicht — die Alltagskontrollen im Urlaub übermächtig zu werden und nehmen den Teilnehmern vielleicht von vornherein die Lust zu ungewohnten Erlebnissen und Erfahrungen.

So waren in der Leitung eines Zeltlagers der Sportjugend auch Personen aus den heimatlichen Sportvereinen vertreten. Deshalb wagten die Jugendlichen nicht, gegen die sehr autoritären Leitungsmethoden Widerstand zu leisten. In dem Bericht heißt es: »Ein geplanter nächtlicher Ausbruch wurde von Marianne (sie ist Mitglied in einem Tennisclub) mit der Begründung abgelehnt, daß solche Dinge dem Verein oder dessen Vorstand gemeldet werden könnten und dann werde man ausgeschlossen. ... Obwohl die Lagerleitung versuchte, durch das Wegschließen von Sportgeräten und ein reichhaltiges Programmangebot das Vereinsleben in Nieba nicht fortzusetzen, kann man sagen, daß im Bewußtsein der Jugendlichen ein solches Ferienzeltlager eine Fortsetzung des Vereinslebens mit anderen Mitteln ist« (8/VI/1, S. 84).

Die Altersgliederung

Nicht nur die Gruppengröße und das Maß ihrer Integration, sondern auch die Altersgliederung einer Reisegruppe ist von ausschlaggebender Bedeutung. Sind die Teilnehmer zwischen 15 und 25 Jahre alt, so stellen sich insbesondere bei kleinen Reisegruppen (bis dreißig Teilnehmer) zusätzliche Konflikte ein. Die Interessen der verschiedenen Jahrgänge sind äußerst verschieden. Lieben die Jüngeren noch ausschließlich heiße Musik, zu der sie gar nicht unbedingt tanzen wollen, so bevorzugen die Älteren ein nicht so lautstarkes und differenzierteres musikalisches Angebot. Ist für die Jüngeren das andere Geschlecht noch ein Kollektiv, aus dem man sich erst zögernd für den einzelnen Partner zu interessieren beginnt, so steht für die Älteren gerade der einzelne Partner — der tatsächliche wie der potentielle — im Mittelpunkt des Interesses. Die geselligen Interessen sind also grundverschieden.

Ein ganz besonders instruktives Beispiel dafür ist die Hobby-Freizeit am Mittelmeer (8/VI/2). Sie bestand aus 18 Deutschen und 6 Franzosen. Eine jüngere Gruppe von 12 Teilnehmern (Durchschnittsalter 18 Jahre) unterschied sich deutlich von der älteren Gruppe von 12 Teilnehmern mit einem Durchschnittsalter von 23 Jahren. Dieses Zeltlager ist besonders instruktiv, weil aus mehreren Gründen diese Altersdifferenz kaum zu Konflikten führte, die Verschiedenheit der Interessen also in einer »Normalsituation« beobachtet werden konnte. Zunächst war wichtig, daß die Jüngeren eigene Zelte hatten. Das gemeinsame Programm, Tauchen mit Tauchgeräten, war außerdem ein »alters-indifferentes« Programm, keine Altersgruppe war hier von vornherein benachteiligt. Und schließlich verfuhr die Leitung sehr großzügig, indem sie allen Interessen einen möglichst großen Spielraum ließ. Ohne diese drei Voraussetzungen wäre die Gruppe vermutlich in permanente Konflikte gestürzt worden. So aber konnte jeder weithin seinen eigenen Interessen nachgehen. Dabei unterschieden sich die Jüngeren insbesondere dadurch von den Älteren, daß sie kollektiv Kontakte zu Mädchen aufzunehmen trachteten — was für sie im Unterschied zu den Älteren offenbar noch eine ungelöste Frage ihres sozialen Selbstbewußtseins war. Dazu eine Strandbeschreibung: »Zuerst gehen alle ins Wasser, tauchen, schnorcheln, lassen sich von den Wellen an den Strand tragen usw. Dann liegen und sitzen alle in der Sonne. Dock liest ein Buch: ›Das Paradies ist überall‹. Die anderen werfen Steine nach hübschen Mädchen, fragen, ob sie Englisch sprechen, versuchen zögernd, etwas unsicher, Bekanntschaft zu schließen. Es gelingt nicht. Man unterhält sich schließlich über die Mädchen: welches Mädchen gefällt und welches nicht. ›Wir sind halt noch zwei bis drei Jahre zu jung‹, meint einer. Nach einer Stunde etwa ist wieder stärkerer Wellengang. Die meisten gehen ins Wasser, spielen herum, passen auf hohe Wellen, lassen sich an den Strand spülen usw. Alle haben großen Spaß« (8/VI/2, S. 36 f.). Diese fast idyllische Beschreibung zeigt, daß die Kontaktbedürfnisse der Jungen zwar keine Erfüllung finden, daß aber dieses Scheitern angesichts des allgemein entspannten Klimas keine besonderen Frustrationen hervorrief.

Ein weiteres Problem sind die disziplinarischen Regelungen. Die Aufsichtspflicht der Leitung entfällt bei den Volljährigen ganz, bei den 16- bzw. 18jährigen ist sie verschieden gestuft. Ist man zum Beispiel in einem Ferienhaus gezwungen, die Ausgangszeiten für alle gemeinsam zu regeln, so werden entweder die einen oder die anderen benachteiligt.

Klagen darüber finden sich im Material häufig. So heißt es aus einem Zeltlager eines Landsportbundes für 13- bis 17jährige: »Die älteren Mädchen ... beschweren sich darüber ..., daß ihnen keine besonderen Rechte von den Betreuern eingeräumt werden. Helga sieht beispielsweise nicht ein, daß sie mit den 13jährigen und jüngeren Teilnehmern ins Bett gehen muß. Schließlich gehe sie (16 Jahre) zu Hause mindestens jeden Samstag aus, und auch in den Vereinen würden sie oft bis spät in den Abend mit älteren Vereinsmitgliedern im Vereinslokal zusammensitzen. Warum also nicht hier?« (8/VI/1, S. 42). Obwohl hier der Altersunterschied an Jahren gar nicht so groß ist, vergrößern ihn die Älteren gleichsam noch in dem Bemühen, sich in ihrem Emanzipationsstreben von den Jüngeren deutlich abzusetzen. Umgekehrt ziehen Jüngere es vor, aus demselben Grunde möglichst mit etwas Älteren zusammenzusein.
In einem anderen Zeltlager beklagt sich ein 22jähriger über den Nachtruhe-Termin (24 Uhr): »Ziemliche Zumutung für Leute über 21; das habe er vorher nicht gewußt. Dumm, daß so viele Jugendliche unter 18 da seien und deswegen auf sie Rücksicht genommen werden müsse« (8/VI/5, S. 28).

Differenziert man die Aufsichtsregelungen nach dem Maße der Rechtsmündigkeit — die Jüngeren müssen früher kommen, die Älteren können später heimkehren —, so sind vielleicht je nach den baulichen Verhältnissen die Jüngeren permanent durch die später Heimkommenden in ihrem Nachtschlaf belästigt. Je differenzierter außerdem disziplinarische Regelungen getroffen werden, um so mehr nehmen die praktischen Kontrollmaßnahmen zu. Auf diese Weise müssen die Leiter dann einen immer größeren Teil ihrer Energie statt in pädagogische Initiativen in Kontrollmaßnahmen stecken.
Nun kann man einwenden, daß gerade diese Situation doch alle zwinge, auf die Interessen und Bedürfnisse der anderen Rücksicht zu nehmen. Gibt es eine bessere Möglichkeit für Jugendliche, bestimmte soziale Tugenden wie Verantwortung, Rücksicht und Höflichkeit zu lernen? Ohne Zweifel kann ein guter Leiter solche Situationen produktiv nutzen, allerdings nur dann, wenn er die verschiedenen Interessen ernst nimmt und akzeptiert und ihnen eine Chance gibt, nicht, wenn er sie alle einer imaginären Forderung nach »Gemeinschaft« unterwirft. Aber man muß

sich doch grundsätzlich fragen, ob die Probleme, zu deren Lösung jene Tugenden benötigt werden, wirklich *sinnvolle* und keine künstlich konstruierten Probleme sind. Im Rahmen einer Familienpädagogik hätte eine solche »Tugendübung« sicherlich ihren Sinn. Aber im Rahmen des Urlaubs würde es sich ja nicht um die Lösung von sozialen Problemen handeln, die in der Situation des Urlaubs notwendig enthalten sind, sondern um solche, die künstlich und zusätzlich hineinmanipuliert werden. Junge Leute sind aber meist klug genug, diesen Unterschied zu bemerken und zu unterscheiden, was die Situation selbst verlangt und was zusätzlich in sie hineinpädagogisiert wird. Der Tourismus ist nun einmal ein Lebensbereich, der relativ frei von sozialen Pflichten ist, und man zerstört seine *spezifischen* Lern- und Erfahrungschancen, wenn man ihn insgeheim doch wieder mit einem System sozialer Pflichten ausstattet, die im Grunde aus anderen pädagogischen Feldern stammen und nur dort ihren Sinn haben. Man kann nicht alles in jeder beliebigen Sozialsituation lernen, und was man lernt, muß den Lernfeldern selbst angemessen sein.
In größeren Projekten ist die Gefahr, daß eine unglückliche Altersgliederung zu den beschriebenen Schwierigkeiten führt, noch am geringsten. Von der Zahl der Teilnehmer her ist die Wahrscheinlichkeit vielmehr recht groß, daß jede Altersstufe ihre spezifischen Interessen und Bedürfnisse organisieren kann. In Kleinprojekten dagegen sollte man konsequenter als bisher nach Maßnahmen für die 15- bis 17jährigen und für die 18jährigen und Älteren unterscheiden. Die Ansprüche an Leitung und Organisation sind durchaus verschieden. Das Bedürfnis nach sinnvoller Organisation und vor allem nach interessanten Programmangeboten ist bei den Jüngeren noch viel stärker vorhanden als bei den Älteren. Das rührt daher, daß in dieser Altersgruppe diejenigen Lernprobleme, die mit dem Übergang von der Kindheit in das Erwachsenenleben zu tun haben, noch besonders belastend sind und verunsichernd wirken, so daß das Bedürfnis nach gezielter und sinnvoller pädagogischer Hilfe hier noch eine große Rolle spielt.

Die gemischt-geschlechtliche Zusammensetzung

Neben der Gruppengröße und der Altersgliederung ist sehr entscheidend, ob in einem Urlaubsprojekt beide Geschlechter vertreten sind oder nicht. Nur für wenige Sonderfälle des programmatisch gezielten Gruppenreisens wird eine gleichgeschlechtliche Reisegruppe sinnvoll sein, zum Beispiel dann, wenn — wie etwa bei Bergtouren — sonst keine angemessenen Unterbringungsmöglichkeiten bestehen; oder wenn eine Jungen- bzw. Mädchengruppe aus dem Bereich der Jugendpflege gemeinsam den Urlaub verbringen will, wird sie in der Regel nicht ausgerechnet dafür Partner des anderen Geschlechts hinzuziehen, wenn diese im normalen Gruppenleben auch keine Rolle spielen.
Aber von solchen Einzelfällen abgesehen werden die Projekte des Jugendtourismus überwiegend von Jungen und Mädchen besucht. Ist die Zusammensetzung der Urlaubsgruppe dagegen eingeschlechtlich — sei es aus grundsätzlichen Erwägungen, sei es aus praktischen Gründen —, so stellen sich sehr bald Konflikte und charakteristische Ersatz-Lösungen ein; denn die Begegnung mit dem anderen Geschlecht und vor allem gesellige Kontakte mit ihm scheinen das einzig wirklich durchgehende Bedürfnis aller bisher beobachteten jugendlichen Reisenden zu sein. Können diese Bedürfnisse nicht in der engeren Reisegruppe befriedigt werden, so wenden sie sich nach außen oder drängen zu Ersatzhandlungen, zum Beispiel zu überhöhtem Alkoholkonsum.

Unter den 160 Teilnehmern eines Gewerkschaftslagers an der Côte d'Azur waren zwar auch Mädchen, aber da die Lagerleitung nichts unternahm, durch gesellige Veranstaltungen die Kontakte zwischen den Geschlechtern zu fördern, wurde ein außerhalb des Lagers gelegener »Twist-Schuppen« zum geselligen Zentrum, in dem Abend für Abend eine Art Eroberungskrieg um das andere Geschlecht stattfand. Dazu heißt es in dem Bericht: »Am dritten Abend steigerte sich der Konflikt zwischen Erwartung und Wunscherfüllung noch mehr. Als ich kurz nach 20.30 Uhr im Twist-Schuppen ankam, saß dort bereits ein Gutteil der Unzufriedenen, vor allem der Jüngeren. Die Älteren kommen nach mir, unter ihnen auch der Professor. Diese Gruppe setzt sich in die Mitte des noch sehr leeren Raumes — voller Zuversicht und mit großen Erwartungen: ›Na, heute gibt es endlich Frauen!‹ — ›Heute sind wir aber nicht um 12 Uhr zu Hause, heute wird durchgemacht‹ usw. Nach 21 Uhr füllt sich das Lokal, jetzt kommen die Franzosen; es ist auch eine Kapelle da. Das Tanzen beginnt. Vom Alter her gibt es unter den männlichen Teilnehmern des Lagers zwei verschiedene Interessenrichtungen: Die Älteren haben die nahezu zwanghafte Vorstellung, sie müßten die Französinnen, die ihnen gleichsam in die Arme fallen sollen, erobern, die Jüngeren sind an den Mädchen aus dem Camp orientiert. Der Verlauf des Abends gleicht jedoch einer Katastrophe, denn bis auf einige wenige wurden alle enttäuscht. Die Jüngeren haben sich mit der Konkurrenz der Franzosen auseinanderzusetzen, die besser und intensiver mit den deutschen Mädchen flirten und von einigen Mädchen auch wohlwollend akzeptiert werden. Die Älteren — sie waren vorher noch am lautstärksten — kommen bei den Französinnen auch nicht zum Zug. Sie ernten fortwährend Körbe. Lediglich zwei Ältere, die sich sofort um zwei Mädchen aus dem Camp bemühten, haben mehr Erfolg. Entsprechend den hochgespannten Erwartungen, die von Stunde zu Stunde mehr enttäuscht wurden, entwickelt sich eine sehr gespannte Stimmung. Konkurrenzsituation. Einige haben noch gar nicht tanzen können, sie werden zum Gespött derjenigen, die immerhin schon einen Tanz geschafft haben. Jeder Aufforderungsversuch wird von der ganzen Gruppe verfolgt und lautstark begutachtet. Erreicht jemand wirklich eine Partnerin, hat diese dann nach einem Tanz bereits genug. Die Reaktion der Gruppe verhindert jegliche Entwicklung eines Kontaktes. Diejenigen, die noch gar nicht getanzt haben, versuchen wiederum, die anderen zu überzeugen, ›daß alles Quatsch ist‹. Es wird sehr viel getrunken« (8/VI/5, S. 32 f.).

Übermäßiges Trinken war überhaupt charakteristisch für dieses Lager. So kam es zum Beispiel zu einer wahren Sauforgie, als an einem Regentag ein Tanznachmittag arrangiert wurde. Das Lager hatte zu wenige Mädchen — was fast schlimmer ist, als wenn gar keine Mädchen da gewesen wären —, und außerdem konnten viele der jüngeren Jungen nicht tanzen. Es war ein schwerer Fehler, daß dieser Tanznachmittag nicht von vornherein als regelmäßige Möglichkeit des geselligen Kontaktes veranstaltet wurde, sondern erst später als Ersatzprogramm für schlechtes Wetter. In dem Lagerbericht heißt es: »Obwohl die Tanzfläche gedrängt voll war, tanzte nur ein Drittel der Anwesenden ständig. Zwei Drittel tanzten überhaupt nicht. Die Französinnen wurden kaum aufgefordert. Ich gab einem Jungen den Tip, er sollte doch auch mal zu den Französinnen gehen. Er sagte: ›Ich war zweimal da, aber bekam jedesmal einen Korb‹. Der Rhythmus der schnellen Tänze war sicherlich derartig anreizend, daß jeder das Äußerste herausholte und zappelte, sich schüttelte, twistete. Die Leute, mit denen wir angereist waren, machten rege mit, tanzten ›comme il faut‹ — die anderen tanzten teilweise auch gekonnt, teilweise aber sehr forciert, um mitzuhalten. Bei letzteren sah die Tanzerei fürchterlich aus. Sie konnten offenbar nicht genau abgrenzen zwischen tanzen und sich sexuell erregen. Das ist deshalb bemerkenswert, weil dieser Tanznachmittag sich nicht auf einen allgemeinen Schmusnachmittag hin entwickelte, sondern die vorherrschende Tendenz darin lag, sich auszutoben. Bei den Jüngeren, die mittanzten, stand das ›Sich-Austoben‹ im Vordergrund, bei den älteren Könnern (wenn man es so mit Noten versehen möchte) wirkte der Tanz ›gekonnt sexy‹ oder ›gekonnt und sexy‹. Bei den jüngeren Nichtkönnern wirkte das Tanzen hilflos. Bei den älteren Nichtkönnern war es ein Krampf: sie wurden von denen, die sie umtanzten, mit verständnislosen Blicken betrachtet.

Der Wein tat seine Wirkung. In einer Musikpause begann man an einigen Tischen Lieder anzustimmen, man begann zu schunkeln, man stieg auf die Bänke und schunkelte dort weiter. Es gelang der Kapelle durch lautstarken Einsatz die Singfreudigen zu übertönen. Sie ließen es auch geschehen. Als man den deutschen Karnevalschlager ›Humba, Humba, täterä‹ in einer Musikpause anstimmte, fanden sich ungefähr 15, die, in einer Schlange marschierend, das Lied auch auf den Lagerplatz tragen wollten und es auch trugen, gesegnet von einer wegwerfenden Handbewegung des Lagerleiters. Sie blieben aber nicht lange, da es draußen regnete. . . .

Um 18 Uhr war der Tanznachmittag beendet. 19.30 Uhr begann der Tanzabend. ›Der Abend verlief ähnlich wie der Nachmittag. Da der Alkoholkonsum auf den ganzen Tag verteilt war und die Unbeweibten noch mehr als die anderen getrunken hatten, schloß der Lagerleiter statt um 23 Uhr schon um 22 Uhr heimlich die Bar. Die Musik spielte bis 22.30 Uhr, öfters unterbrochen von der Aufforderung des Lagerleiters, das Gröhlen zu unterlassen. Ca. 20 Leute gingen nach Ende des Tanzabends in die Klippenbar. Dort wurde sehr viel ungezwungener noch weiter getanzt. Als ich um 23.45 Uhr ins Lager zurückkehrte, war es sehr unruhig. Viele kamen später zurück, viele waren volltrunken und kotzten in der Gegend herum. Treulich war besinnungslos; er hatte allein fast sieben Flaschen Rotwein getrunken, war zu seinem Bungalow getorkelt, hatte Anlauf genommen, und mit dem Kopf die Türe aufzustoßen und war nach Mißlingen

einfach liegengeblieben. Der Gesamteindruck ist heute ziemlich chaotisch. Der Dampf ist etwas abgelassen.
Die Cliquenbildung konnte durch diesen ›Tanztag‹ etwas aufgelöst werden, allerdings nur dort, wo sich Pärchen fanden. Dies änderte sich in den folgenden Tagen nicht. Lediglich der Alkoholkonsum stieg, vor allem in den Männercliquen, die kaum Anschluß an Mädchen gefunden hatten« (8/VI/5, S. 35 ff.). Die Trinkerei steigerte sich noch vier Tage später bei einem Quizabend: »Die Trinkerei an diesem Abend war die bisher größte. Das Quiz verfolgte man durchaus interessiert, es dauerte etwa 1 1/2 Stunden. Hinterher stieg die Stimmung durch den Alkoholkonsum noch beträchtlich. Ringo trank eine Flasche Rotwein in einem Zug aus und mußte sich sofort übergeben. Nahezu volltrunken ließen vor allem die unbeweibten Älteren Schaumweinkorken durch die Gegend spritzen. Sie nahmen die zu öffnenden Flaschen in die gespreizten Beine und ließen mit lautem Grölen den Korken springen.

Gegen 23 Uhr kam es zu leichten Ausschreitungen. Im Schlafbezirk tobten einige, rissen Geländer und Befestigungen ein und schrien laut durch die Gegend. Als ich um 24 Uhr zu Bett ging, war noch keine Ruhe abzusehen« (S. 37).

Daß im Unterschied zu solcher Massenhysterie spontane und informelle Formen der Tanzgeselligkeit ganz anders verlaufen, zeigt derselbe Lagerbericht: »Abends gingen 80 Prozent der Lagerteilnehmer in ein ca. 2 km entferntes Jugendcamp, wo die Band unseres Lagers spielte. Die Zurückgebliebenen saßen zunächst recht deprimiert und verlassen herum, die Atmosphäre war gedrückt. Die Stimmung entwickelte sich langsam, nachdem jemand Tanzplatten aufgelegt hatte. Eine Gruppe von ungefähr 10 Mädchen lehrte sich neue Tanzschritte. Später beteiligten sich auch die Jungen, und die Stimmung lockerte sich auf. Man sprach miteinander, tanzte und trank mäßig. Alle hatten den Eindruck von einem gelungenen Abend« (S. 37).

Ebenso instruktiv ist ein Bericht von einer gemischten Freizeit, bei der die Leitung durchweg Kontakte zwischen den Geschlechtern verhinderte. Nach der Rückkehr von einer Exkursion hängten sich die Mädchen bei den Jungen — in Gegenwart des Leiters — ein. Nach der Rückkehr wurde deswegen die Haustür abgeschlossen. Im Schlafsaal der Jungen spielte sich dann folgendes ab: »Im Schlafsaal war Mum in einer miesen Laune; er meinte, daß doch gar nichts dabei gewesen sei, wenn die Mädchen heute abend bei den Jungen eingehängt gegangen wären. Aber dagegen hätte ›er‹ ja etwas. Er hätte gern mit Pobi noch spazierengehen wollen; aber die Tür sei ja abgeschlossen und der Schlüssel abgezogen. ›Daß die von der Leitung immer etwas dagegen haben

müssen, wenn man mit einem Mädchen geht; da ist doch nichts Schlimmes dabei!‹ Als er dies sagte, saß er auf der Bank an den Bettenden; dann sah er wohl, daß sich die anderen auszogen. Mit der Bemerkung: ›Ach, Scheiße!‹ stand er auf und begann sich ebenfalls auszuziehen. Nach jedem Kleidungsstück, das er abgelegt hatte, ließ er einen deutlich vernehmbaren Furz. Wir anderen Jungen schmunzelten zunächst; das Schmunzeln ging aber bald in ein Lachen und schließlich in Toben über. Wir saßen und lagen auf den Betten und krümmten uns. Für Mum war dies natürlich eine Anfeuerung; er steigerte sich sowohl in der Lautstärke als auch in der Länge. Mir ist es unbegreiflich, woher er diese — echten — Winde nahm.
Unterbrochen wurde Mums Konzert durch (den Leiter), der in den Schlafraum kam und zur Ruhe mahnte. Er sagte auch noch, daß wir noch gründlich durchlüften, dann das Fenster offenlassen, die Fensterläden aber schließen sollten. Dieser letzte Hinweis ging in unserem Lachen unter. (Der Leiter) konnte sich nicht erklären, warum er Anlaß zum Lachen gegeben hatte. Ohne eine Miene zu verziehen, verließ er dann das Zimmer.
Nachdem wir alle ausgezogen waren, in den Betten lagen und das Licht gelöscht war, fing Lam an, laut vor sich hin zu sprechen. Er phantasierte: ›Jetzt bei einem Mädchen sein ...‹ Im Nu — dies war nur das Stichwort — wurden die ärgsten Zoten gerissen« (8/VI/3, S. 54).

Diese Beispiele weisen darauf hin, daß die zwischengeschlechtliche Problematik über weite Strecken eine *soziale* und keine *sexuelle* ist. Die *soziale Anerkennung* als sichtbarer Erfolg der überwundenen Unsicherheit gegenüber dem anderen Geschlecht steht im Mittelpunkt des Interesses, und die offene Sexualisierung der zwischengeschlechtlichen Beziehungen ist nur *ein* möglicher Lösungsversuch. Daher müssen alle geplanten geselligen Veranstaltungen zum Ziel haben, *fortdauernde* Mißerfolgserlebnisse zu verhindern. So wie ein Schüler, der keine Lernerfolge hat, lernunlustig wird und sein Versagen mit allen möglichen Erklärungen vor sich zu vertuschen trachtet, so stellen sich bei Jungen, denen die Mädchen fortwährend die Anerkennung versagen, »Ersatzhandlungen« ein, mit denen sie sich über ihren Mißerfolg Illusionen machen können; denn kein Mensch kann über ein bestimmtes Maß hinaus Mißerfolge vertragen.

Der pädagogische Hauptfehler des eben ausführlich zitierten Gewerkschaftsprojektes bestand also darin, daß die Leitung nicht erkannte, wie lernbedürftig die Teilnehmer im Hinblick auf das andere Geschlecht waren. Aber die möglichen Hilfen, die soziale Anerkennung zu erleichtern, blieben aus.
Bei Mädchen wird Ersatzverhalten sehr viel seltener beobachtet. Vielleicht liegt das daran, daß sie ihrer Geschlechtsrolle sicherer sind als die Jungen; vielleicht hängt dies auch damit zusammen, daß den Mädchen traditionell die passive, abwartende Rolle zugeteilt wurde, so daß sich ihre Mißerfolgserlebnisse stärker in verinnerlichten, nach außen nicht so leicht sichtbaren Reaktionen niederschlagen. Allerdings findet sich in unserem Untersuchungsmaterial kein beweiskräftiges Beispiel dafür, daß diese traditionelle Rollenzuteilung von den Leitern in den Projekten noch planmäßig aufrechterhalten wird.

Was im Untersuchungsmaterial fehlt, findet sich aber in der »Reiseleiterfibel« von Pieter Vervoort, die sich überhaupt durch einen witzig sein wollenden zynischen Autoritarismus auszeichnet. Dort heißt es: »Wenn aus der Gruppe ein Mädchen sich heimlich davonmacht, gar aus dem Fenster steigt und erst am Morgen wieder zurückschleicht ins Bett: Was soll mit ihr geschehen? Welche Strafmaßnahme ist hier angebracht?
Am besten, sich durch Ausfragen und Erzählenlassen nicht zur Mitwisserin machen lassen, auf Tränen und Beteuerungen nichts geben. Ein Mädchen steigt nicht nachts aus dem Fenster, um auf guten Wegen zu wandeln! Eine solche ist im katholischen Jugendferienwerk wohl falsch am Platze. Zumal auch als schlechtes Beispiel für die anderen jungen Mädchen der Gruppe.
Und wenn ein Bursche durchs Fenster klettert? Es steht zu wetten, daß es nicht das erste Mal war, bestimmt nicht das letzte Mal sein würde. Da mag an den folgenden Abenden der Assistent draußen Posten beziehen und dem Nachtschwärmer nachspüren, wohin er geht und was er treibt. Vielleicht ist es nichts Schlimmes, trifft er sich mit einigen Jungen aus dem Dorf an einem Lagerfeuer, ist sein nächtlicher Ausflug ein Abenteuer nach Jungenart. Vielleicht auch ist es nichts Schlimmeres als verbotenes Angeln im Fluß. Einerlei: Der Ferienleiter faßt ihn bei der Heimkehr ab, und ein gehöriges Donnerwetter ist dem Bürschchen gewiß. Obendrein dann noch eine angemessene Strafe: et-

wa für eine volle Woche Entzug des Taschengeldes sowie jeglicher Vergünstigung; und jeden Abend seine Hose und Schuhe beim Ferienleiter abliefern — was später im Alter mal seine köstlichste Ferienerinnerung sein wird.
Das wäre also ein Beispiel von ›Wenn zwei dasselbe tun‹. Und doch nicht gemessen mit zweierlei Maß.« (72, S. 110).

Ein Reiseveranstalter tut also gut daran, das übermächtige Bedürfnis nach Kontakten zum anderen Geschlecht bereits bei der Zusammensetzung seiner Teilnehmer zu berücksichtigen. Nur in diesem Falle hat er die Möglichkeit, dieses Bedürfnis durch ein entsprechendes geselliges Angebot pädagogisch aufzugreifen. In diesem Zusammenhang ist auch wichtig, daß die Gruppe nicht zu klein ist, weil es sonst für die Partnerauswahl zu wenige Variationsmöglichkeiten gibt. Eine unter dem Gesichtspunkt dieses Kontaktbedürfnisses unergiebige Zusammensetzung der Reisegruppe hat also sehr leicht lernfeindliche Wirkungen, weil die Lernbereitschaft durch die erzwungene Unterdrückung dieses Bedürfnisses, durch die dadurch heraufbeschworenen Ersatzhandlungen absorbiert wird.
Auch bei der Frage der gemischt-geschlechtlichen Zusammensetzung handelt es sich natürlich nicht um eine Art Naturgesetz. Die eben genannten Beispiele sind keine *zwingende* Folge, sondern nur eine *sehr wahrscheinliche*. Es gibt auch Beispiele dafür, daß eine eingeschlechtliche Zusammensetzung der Gruppe keinerlei Schwierigkeiten mit sich bringt (vgl. 6). Allerdings handelte es sich hier um ein von zwei jungen Damen geleitetes Zeltlager für junge Männer, und der Bericht läßt vermuten, daß durch die weibliche Leitung die Kontakt- und Prestigebedürfnisse der jungen Männer bis zu einem gewissen Grade befriedigt wurden. Viele Reiseleiter plädieren für eingeschlechtliche Gruppen, weil sie leichter zu leiten seien. Vermutlich ist das richtig, wenn man nur an die Verantwortung gegenüber der eigenen Gruppe denkt: die Aufsichtsprobleme vermindern sich erheblich. Aber man müßte auch überlegen, welche Lernchancen vor allem dann von vornherein entfallen, wenn auch die touristische Umgebung keinen Kontakt zum an-

deren Geschlecht ermöglicht. Immerhin fanden wir in reinen Jungenlagern häufig homosexuelle Praktiken.

Die Zusammensetzung nach sozialen Schichten

In der sozialpädagogischen Arbeit ist es üblich, der Zusammensetzung der Teilnehmer nach sozialen Schichten große Aufmerksamkeit zu widmen. Dabei gibt es verschiedene Positionen. Die einen sehen gerade in der sozialen Inhomogenität der Gruppen eine pädagogische Chance, die sozialen Schranken zu überwinden. Die anderen verweisen darauf, daß mindestens bei Bildungsveranstaltungen die soziale Inhomogenität, die ja weitgehend auch eine solche des Bildungsniveaus ist, ein großes Hindernis darstellt. Gemeinsam aber ist diesen Positionen die Erfahrung, daß auch heute noch verschiedene soziale Schichten verschiedene Freizeitinteressen und verschiedene Lernbedürfnisse haben. Muß man also auch eine pädagogische Theorie des Tourismus unter diesem Gesichtspunkt differenzieren?
In der Tat spielen offensichtlich die verschiedenen sozialen Schichten auch im Tourismus eine unterschiedliche Rolle. Das zeigt sich zunächst darin, daß die touristische Welle die Bevölkerung von »oben« nach »unten« erfaßte. Die Schicht der kleinen und mittleren Bauern sowie weite Teile der Arbeiterschaft sind bis heute noch nicht davon erfaßt. Ferner sind gerade die moderneren Formen des Jugendtourismus, wie Helmut Kentler gezeigt hat, primär eine Sache der kleinen Angestellten und Beamten — mit einem deutlichen Übergewicht der Mädchen und Frauen —, während die organisierten internationalen Begegnungen sowie die sozialen Hilfsdienste offensichtlich primär eine Sache der Oberschüler und Studenten waren und sind.
Geht man vom System des Tourismus selber aus, so dürfte es eigentlich keine Schichtunterschiede geben; denn es ist als ein Marktsystem von sich aus *schichtenunspezifisch*. Allerdings bringen die einzelnen Schichten gegenüber dem touristischen System verschiedene Sozialerfahrungen und

soziale Normen, also verschiedene Dispositionen mit. Sie müssen gleichsam von verschiedenen Voraussetzungen aus mit dem System fertigwerden. Dabei zeigt sich die Unterschicht besonders unsicher. Zwar wünschen 57 Prozent aller befragten jungen Urlauber keine schichtenspezifische Zusammensetzung der Urlaubergruppe, wobei allerdings die mittlere Mittelschicht dominiert. Die oberen Schichten wünschen dagegen deutlich eine Abkapselung gegenüber den Jugendlichen der unteren Schichten (8/VIII/S. 173). Ferner hebt sich die Unterschicht signifikant dadurch ab, daß sie zu 44 Prozent mit Bekannten anreist (Schüler: 16 Prozent); das größere Kontaktbedürfnis von Jugendlichen aus dieser Schicht zeigt sich schließlich auch darin, daß 57 Prozent von ihnen (Beamte: 32 Prozent) die Zahl ihrer Urlaubsbekanntschaften sehr hoch einschätzen (S. 153 und 157).

Man kann also sagen, daß die Anpassungsprobleme — und damit die Lernprobleme — größer werden, je weiter »unten« in der sozialen Schichtung jemand beheimatet ist. Für die pädagogischen Maßnahmen ist dies insofern von großer Bedeutung, als man bei Jugendlichen der unteren Schichten ein besonders großes Kontaktbedürfnis voraussetzen darf, dem andererseits eine ähnlich hohe Kontakt*unsicherheit* entspricht. Sind in einer Urlaubergruppe verschiedene soziale Schichten vertreten, so entstehen dann keine gravierenden Probleme, wenn die soziale Streuung nicht allzu extrem ist, zum Beispiel wenn Arbeiter und Angehörige der unteren Mittelschicht zusammen sind.

Der Komfort

Jedermann weiß, daß persönliches Wohlbefinden von einem bestimmten Niveau des Lebenskomforts abhängt, das heißt von einer bestimmten materiellen Ausstattung unseres Lebens. Wir haben schon im ersten Teil des Buches auf den Zusammenhang hingewiesen, der zwischen höherem Reichtum und Luxus einerseits und differenzierteren Möglichkeiten des Menschseins andererseits besteht. Unsere junge Generation wächst in eine Welt des steigenden Komforts hinein und muß lernen, diese neuen Möglichkeiten zu nutzen. Nun gibt es in der sozialpädagogischen Tradition eher die umgekehrte Meinung, daß nämlich gerade junge Leute lernen müßten, unter »einfachen« äußeren Lebensbedingungen zu existieren, damit sie später die »komplizierteren« beherrschen könnten. Diese Ansicht ist zwar »logisch« einleuchtend, aber nicht »psychologisch«. Nicht immer und unter allen Umständen ist das Einfache die notwendige Vorstufe, um das Kompliziertere zu verstehen. Einen anderen Akzent hat diese Meinung, insofern oft das »Einfache« als das »Natürliche« gilt, und »natürlich« leben gilt dann als identisch mit »glücklich« leben. Diese Romantik übersieht aber, daß auch der einfache Lebensstil kein natürlicher ist, sondern ebenfalls ein »kultureller«: es gibt überhaupt nur »kultivierte« Lebensformen, das sind solche, die die natürlichen umgestaltet haben, und die Unterschiede zwischen ihnen beruhen nicht darauf, daß die einen der Natur näherstünden als die anderen. Die Unterschiede zwischen dem Wandern und der Flugreise zum Beispiel beruhen nicht darauf, daß das Wandern der Natur näher ist, sondern darauf, daß die gleichen materiellen Bedingungen der modernen Kultur verschieden arrangiert wurden.

Wir haben schon im ersten Teil dieses Buches darauf hingewiesen, wie problematisch eine anthropologische Betrachtung in der Pädagogik ist, die den Menschen abstrakt, das heißt ohne Berücksichtigung seiner konkreten Lebensbedingungen sieht. So wird auch der Komfort, das Ensemble der materiellen Lebensbedingungen, leicht als unwesentlich, als »bloß äußerlich« betrachtet, als etwas, das für das Menschsein des Menschen keine konstitutive Bedeutung habe. Aber in Abwandlung eines bekannten Sprichwortes könnte man sagen: »Sage mir, mit *was* du umgehst, und ich sage dir, wer du bist!« Tatsächlich sind nämlich die materiellen Dinge, mit denen wir uns umgeben, unsere

»Umwelt«, ohne die wir uns gar nicht verstehen könnten. Ein Mensch, zu dessen jederzeit erreichbarem Komfort ein Badezimmer gehört, ist eben ein anderer als der, der nicht darüber verfügen kann. Die Unterschiede können so gravierend sein, daß die beiden kaum noch miteinander kommunizieren können. Und dies verweist auf den sozialen Aspekt der Sache: Der Stand der materiellen Lebensbedingungen hat unmittelbare Rückwirkungen auf das kulturelle Niveau unserer sozialen Beziehungen.
Wenn wir hier also den Komfort als einen Faktor des pädagogischen Feldes betrachten, so nicht nur deshalb, weil unsere Gesellschaft nun einmal eine solche des steigenden Komforts ist und die Pädagogik sich nicht aussuchen kann, in welche Welt sie junge Leute einführen will; vielmehr gehen wir auch davon aus, daß der Mensch sich mit den Dingen, mit denen er sich umgibt, und mit den Bedingungen, die er sich schafft, sich zugleich seine eigene Umwelt und damit sich selbst gestaltet, wobei es verhältnismäßig gleichgültig ist, daß er sich die Dinge und Bedingungen *kaufen* kann und muß. Je reicher und differenzierter diese so geschaffene Umwelt ist, um so reicher und differenzierter kann persönliches und soziales Leben sich entfalten.
Wenn wir hier wieder unseren Leitgesichtspunkt des Lernens in den Vordergrund stellen, so gilt es auch hier, vor dogmatischen Urteilen nach der einen oder anderen Richtung hin sich zu hüten. Keineswegs steigt die jugendliche Lernfähigkeit einfach mit dem materiellen Komfort, und keineswegs sind »einfache Lebensverhältnisse« von vornherein lernfeindliche. Eine Pfadfindergruppe zum Beispiel, die den reduzierten Komfort eines Zeltlagers richtig gelernt hat und beherrscht, hat eben damit auch gelernt, persönlichen und geselligen Stil zu entwickeln, einen bestimmten Stil, der unter anderen touristischen Bedingungen keineswegs in dieser Weise einzuhalten ist. Niemand kann ernstlich glauben, daß gelernte Pfadfinder primitivere Menschen seien als diejenigen, die auch in jungen Jahren schon ein Hotel vorziehen. Aber auch die Umkehrung gilt natürlich nicht ohne weiteres. Problematisch allerdings wird die

Sache dann, wenn man die komplizierte Zeltlagerkultur — die im psychologischen Sinne nämlich gar nicht »einfach« ist — auf Menschen überträgt, die nicht gelernt haben, sich darin zu bewegen. Mit anderen Worten: Problematisch wird die Sache dann, wenn die Zeltlagerkultur ideologisiert wird, das heißt wie die »Gemeinschaft« aus den ihr gemäßen sozialen Zusammenhängen herausgelöst und als Wert verallgemeinert wird. Dann hat das, was ursprünglich durchaus komplizierter kultureller Stil ist, nur noch barbarisierende Wirkungen.
»Komfort« hat unter diesem Gesichtspunkt des Lernens zwei verschiedene, allerdings miteinander eng zusammenhängende Aspekte: es geht um den privaten Lebenskomfort und um den Geselligkeitskomfort.

Der private Komfort

Die Komfortbedürfnisse auch junger Menschen sind unterschiedlich. Sie hängen von vielen Faktoren ab, nicht zuletzt von dem, was in der jeweiligen sozialen Schicht darunter verstanden wird. Diese Bedürfnisse sind also *»geschichtliche«* und somit veränderliche Bedürfnisse. Die schon wiederholt herangezogene Pfadfinderei ist zum Beispiel weitgehend beschränkt auf eine bürgerlich-kleinbürgerliche soziale Schicht.
Das Komfort-Bedürfnis dient in erster Linie dazu, die eigene Privatheit zu schützen. Die Vorstellungen darüber können durchaus verschieden sein. Der eine kann längere Zeit überhaupt nur in einem Einzelzimmer existieren, ein Fall, der bei Jugendlichen recht selten ist; der andere ist durchaus geneigt, sein Zimmer mit einer oder gar mehreren Personen zu teilen. Andere wieder, wie die Pfadfinder, können zu mehreren Personen in einem Zelt leben, ohne daß jemand das Gefühl haben muß, in seiner Privatheit belästigt zu sein.
Wenden wir unseren Blick weg von den Sonderfällen hin zu normalen Situationen des modernen Jugendtourismus,

so kann als erste Regel gelten: Die mit den verschiedenen Wohnkomfortstufen (Zelt, Bungalow, Jugendhotel, Hotel) verbundenen Erwartungen dürfen nicht enttäuscht werden. Ein Jugendhotel darf keine vier und mehr Betten in einem Zimmer haben wie eine Jugendherberge; ein Bungalow darf nicht ein so enger Holzschuppen sein, daß alle anderen ins Bett kriechen müssen, damit einer Platz zum An- und Auskleiden hat. Zum Begriff »Hotel« gehört Wasser im Zimmer; vielleicht ist man geneigt, hier bei einem »Jugendhotel« Abstriche zu machen. Aber auch zu einem Jugendhotel gehört genügend Platz zum Unterbringen der mitgebrachten Kleidung. Werden die mit solchen Kategorien verbundenen Erwartungen enttäuscht, so reagieren Jugendliche mit Recht affektiv, und diese Affektivität überträgt sich auf alle möglichen Personen und Objekte. Affekte aber sind immer lern- und erfahrungsfeindlich.

Wenn von der Unterbringung in einem »Bungalow« an der Côte d'Azur die Rede ist, erwarten junge Mädchen sicher nicht folgendes: »Die Betten mußten wir etappenweise machen, gleichzeitig war unmöglich. Beim nachfolgenden Umziehen stellte die über mir Liegende fest, daß man sich mit der Technik des Fensters erst auseinandersetzen mußte (es war eine Luke etwa 50 mal 50 cm), da es nach außen zu öffnen war und herunterhing. Vorhang gab's keinen, man konnte reinsehen, und die beiden anderen schimpften. Als man sich dann beim Anziehen gegenseitig auf die Füße trat, fanden es die beiden schon gar nicht mehr so besonders: ›Viel zu klein, gar kein Platz für die Kleider, die Koffer kann man nicht einmal unter die Betten schieben‹. ›Und nicht einmal Licht ist hier drin, wie sollen wir abends nur hier drin zurechtkommen?‹ Also fürs erste recht große Enttäuschung« (8/VI/5, S. 17).
Im gleichen Lager wird um 24 Uhr das Licht gelöscht. Wer von den Mädchen danach noch zur Toilette wollte, mußte im Dunkeln einen steilen Abhang hinunter. Die Lagerwache leuchtete jeden an, um »Spät-Heimkehrer« zu entlarven und zum Tischdienst zu verdonnern. Der Weg zur Toilette war geradezu unfallträchtig: »Ich gelangte, ohne von nächtlicher Lagerwache bemerkt zu werden, in meinen Bungalow. Als ich kurz darauf noch einmal zur Toilette wollte, mit Nachthemd und Nylon-Regenmantel bekleidet, scheiterte ich irgendwie auf dem Weg abwärts, der in völliger Dunkelheit an der Terrasse vorbeiführt,

rutschte aus und setzte mich hin. Sofort erstrahlte aus dem überdachten Teil der Terrasse ein Lichtkegel, der aber rasch wieder abgeblendet wurde. Ich konnte nicht erkennen, wer es war. Mir wurde nicht geholfen, aber die kurze Beleuchtung der Unfallstätte reichte mir aus, um meine Schuhe wiederzufinden, und ich setzte meinen Weg zum WC fort. Auf dem Rückweg sagte ich in Terrassenhöhe, daß man mir nun ja auch hochleuchten könnte. Das tat man anonymer- und schweigsamerweise bis vor meine Bungalowtür« (8/VI/5, S. 42).
Der Begriff »Hotel« wird gewiß stark strapaziert, wenn es in einem Bericht heißt: »Ein vielversprechender Werbetext hatte viele ins Jugendhotel gelockt. Was sie vorfanden, war ein Hotel im Stil einer Jugendherberge. (Zitat eines Teilnehmers: ›Nach dem Prospekt hatte ich ein Grand-Hotel erwartet, das hier ist doch nichts anderes als eine Jugendherberge‹.) Der angepriesene Klubraum war kein Klubraum, sondern ein Raum mit Sesseln zum Sitzen. Es gab weder Handtücher, Tischtücher, Servietten, die Gäste wurden zum Abtrocknen aufgefordert« (11/II/S. 27).

Ferner sollte die Art der Unterbringung der hauptsächlichen Ferienbeschäftigung »angemessen« sein. Ist das Urlaubsprojekt überwiegend sportlich orientiert — Tauchen oder Segeln — so ist ein Zeltlager oder eine einfache Bungalow-Siedlung durchaus angemessen. Die gleiche Unterbringungsart ist dagegen für ein Projekt an der Côte d'Azur, aus dem unsere Bungalow-Beschreibung stammt, in der Umgebung des dortigen luxuriösen Erwachsenentourismus unangebracht. Allerdings kann ein Zeltlager oder Bungalow-Dorf auch einigermaßen luxuriös eingerichtet sein (vgl. 12). »Stil« hat immer etwas mit der »Angemessenheit« einer Verhaltensweise zu tun. So wie man bei einer Hausparty, bei einem Theaterbesuch oder beim Baden nicht in der gleichen Kleidung erscheint, so richtet man sich auch beim Urlaub auf die touristische Umgebung ein, die man wählt. Und der Veranstalter einer Reise verhindert bei Jugendlichen ein Stilgefühl, wenn er die Forderung nach Angemessenheit der Unterbringung im Hinblick auf die touristische Umgebung nicht ernst nimmt, und er unterdrückt dann eine wichtige soziale Lernmöglichkeit.

So beklagt sich ein Mädchen zu Recht über das primitive Bungalow-Dorf, das wir schon beschrieben haben: »Wenn man das gewußt hätte, dann hätte man sich doch ganz anders eingerichtet. Schau mal, ich habe fast nur bessere Sachen mit. Und die kann man ja nicht einmal auspacken, erstens ist da gar kein Platz und außerdem werden die so schmutzig.« Sie hatte sich alles ganz anders vorgestellt: »Ich dachte, das seien größere Steinbungalows, wo man vielleicht auch zu vieren oder fünfen ist, aber ordentliche Schränke hat und einen Tisch und eine Toilette. Warmes Wasser scheint es ja nirgends zu geben. Und dann immer der Weg da runter zu den Toiletten. Na ja, vielleicht wird's doch noch ganz schön« (8/VI/5, S. 41). Dieses Mädchen hatte zu Recht das Gefühl, mit dem Begriff »Bungalow« vorsätzlich getäuscht worden zu sein.

Drittens muß man sich klar darüber sein, daß die Unterbringung, die »Ferienwohnung«, wesentlich ein Schutz der Privatheit vor den Augen der Öffentlichkeit ist. Die Ferienwohnung, auch wenn man sie mit anderen teilt, muß nicht nur des Nachts, sondern auch jederzeit am Tage die Möglichkeit des Rückzugs vor den anderen bieten. Das bedeutet zunächst einmal, daß nur in wenigen begründeten Ausnahmefällen — etwa die Berghütte bei Bergtouren — der Massenschlafsaal als Urlaubsunterkunft vertretbar ist. Normalerweise sollten nicht mehr als drei Jugendliche einen Raum teilen müssen. Geschieht dies nicht, so werden die Jugendlichen einem permanenten Angriff auf ihre Intimität ausgesetzt. Diesem Angriff erliegen sie über kurz oder lang, indem ihr Verhalten zunehmend primitiver wird. Eine widerliche Schlafraum-Sexualität ist — wenigstens bei Jungen — die fast notwendige Konsequenz, die jedem, der in der Jugendarbeit tätig ist, nur allzu gut bekannt ist. Und ohne Frage hemmt oder verhindert eine solche Atmosphäre lernträchtige Beziehungen zum anderen Geschlecht. Die Sexualisierung des Klimas wäre nicht größer, sondern eher geringer, wenn man in Massenschlafsälen Jungen und Mädchen zusammen übernachten ließe. Dies ist natürlich kein Vorschlag, aber er läge durchaus in der »Logik« derjenigen, die ihre Gemeinschaftsideologie bis in den Schlafraum ausdehnen und nicht einsehen wollen, daß die beste Voraussetzung dafür, das andere Geschlecht als bloßes Sexualobjekt zu sehen, die ist, die Achtung vor der

eigenen Intimität zu streichen, und dies kann man durchaus sozial organisieren.
Übrigens hängt die Garantie der persönlichen Intimität keineswegs allein davon ab, ob man in guten Hotelzimmern wohnt oder nicht. Daß man auch ein großes Zeltlager entsprechend organisieren und strukturieren kann, zeigt ein Projekt aus unserem Untersuchungsmaterial: Eine Taucherfreizeit wurde so organisiert, daß die Unterbringung in geräumigen Vier-Mann-Zelten erfolgte, in denen Kochgelegenheiten zur Verfügung standen. Es gab keine Gemeinschaftsverpflegung, sondern jedes Zelt kochte für sich nach einem vorher ausgearbeiteten Menü-Plan. Auf die positiven geselligen Wirkungen dieser Organisation wollen wir noch zurückkommen.
Aus dem Gesichtspunkt, daß die Ferienwohnung wie die heimatliche Wohnung wesentlich dem Schutz der eigenen Intimität dient, folgt auch, daß man den Jugendlichen, so weit es die Bedingungen erlauben, auch gestatten muß, ihre Zimmerpartner auszuwählen, wie zufällig die Maßstäbe für diese Auswahl auch sein mögen. Sehr oft sind es die ersten Kontakte bei der Anreise, die dazu führen. Aus der Art, wie ein Reiseleiter solche Wünsche ernst nimmt, kann ein Jugendlicher sehr wohl schließen, ob er überhaupt ernst genommen wird.

Wenn man mit uns der Meinung ist, daß die Mißachtung der jugendlichen Intimität ein charakteristisches Zeichen für eine autoritäre erzieherische Haltung ist, so ist folgendes Beispiel einer Betten-Verteilung sehr instruktiv: »Der Reiseleiter (sinngemäß): ›Es können zweimal vier Mädchen, zweimal fünf Mädchen und zweimal fünf Jungen zusammen schlafen. Wer möchte mit wem zusammen sein?‹ Teba führte dann die Vierer- und Fünfergruppen — jeweils getrennt, zuerst die Mädchen — in den ersten Stock. Dort warteten dann ein Zehner- und ein Achterschlafraum auf die Mädchen und ein Zehnerschlafraum auf die Jungen.
Sowohl von den Mädchen als auch den Jungen wurde dieses Vorgehen als Irreführung empfunden. Im Freizeitprospekt war die Unterbringung nicht erwähnt worden; im Bus hatte (der Reiseleiter) die Frage, wie wir denn untergebracht seien, mit

›zu viert oder zu fünft‹ beantwortet, und auch die Einteilung war noch so vorgenommen worden. (Der Reiseleiter) merkte offensichtlich, daß die Verheimlichung der tatsächlichen Größe der Schlafräume als Irreführung empfunden wurde, denn als ich in einem Gespräch am Nachmittag versuchte, seine Meinung dazu zu erfahren, meinte er: ›Wir haben nicht gelogen; wir haben ja nur gesagt, daß jeweils vier oder fünf Teilnehmer bzw. Teilnehmerinnen zusammen schlafen würden, und das stimmt ja auch: auf jeder Seite eines Schlafraumes schlafen jeweils nur vier oder fünf‹. Die Teilnehmer aber hatten sich nach seiner Ankündigung Vier- bzw. Fünf-Bettzimmer vorgestellt, so daß das Überziehen der Matratzen und Decken mit der mitgebrachten Bettwäsche und das sonstige Einräumen (die Koffer konnten wegen Schränkemangels nicht geleert werden) unter allgemeiner Unzufriedenheit geschah« (8/VI/3, S. 30).

Viertens gehört in den Rahmen des privaten Komforts auch der Service für die An- und Abreise. Es hat sich herausgestellt, daß alle Reiseformen anstrengend sind. Selbst die Flugreise — zweifellos die schnellste Überwindung großer Entfernungen — ist im Charterbetrieb durch unvorhergesehene Ereignisse wie größere Wartezeiten auf den Flugplätzen und dadurch, daß die Flüge meist nachts stattfinden, beschwerlich. Dennoch sind natürlich die Strapazen bei einer Busreise am größten, bei der Flugreise am geringsten. Manchmal scheinen die Veranstalter anzunehmen, daß sie sich bei Jugendlichen einen mangelhaften Service leisten könnten, daß es hier nicht so genau darauf ankomme. Aber es gibt keinen Grund, junge Leute in diesem Punkt anders zu behandeln als Erwachsene. Die ohnehin fragwürdige Vorstellung von »Jugendgemäßheit« darf nicht auch noch zu einem Alibi für schlechte Geschäftsführung werden.

Ein extrem negatives Beispiel ist die Bus-Anreise zu dem schon mehrmals zitierten primitiven Bungalowdorf an der Côte d'Azur. Der Bus fährt den ganzen Tag mit zwei halbstündigen Pausen; mehr ist nicht möglich, weil man um 22 Uhr in Lyon in der Jugendherberge sein muß zur ersten Übernachtung. »Um 22.15 Uhr trifft der Bus in Lyon ein. Die Jugendherberge ist sehr weit außerhalb. Verärgert werden die Teilnehmer, als sie

merken, daß sie nichts mehr zu essen bekommen. Sie dürfen kein Restaurant aufsuchen — die Nachtruhe in der Herberge könnte gestört werden.« Ohne Frühstück geht es um 5 Uhr weiter, erst um 7.30 Uhr ist Frühstückspause bei einer Tankstelle mit Frühstücksraum, einem sehr ungemütlichen Raum, mit dem die Teilnehmer sehr unzufrieden sind. (8/VI/5, S. 13 ff.). Die Rückfahrt ist genauso mörderisch. Die Fahrer »bemühten sich nicht im geringsten, den Teilnehmern in irgendeiner Weise entgegenzukommen. Sie kündigten keine Pause an, Essenszeiten blieben unbekannt, sie fuhren nur« (S. 48).
Ganz anders dagegen die Anreise zur Taucherfreizeit. Auch sie ist anstrengend, aber die Reiseleitung hat längere Pausen an besseren Orten geplant, nutzt die Zeit im Bus zu Informationen und für die Verteilung der Zeltplätze. Hier beginnt der Urlaub also nicht erst am Ferienort, sondern bereits mit dem Betreten des Reisebusses (8/VI/2, S. 15 ff.).

Ferner verdienen die am Urlaubsort selbst gewährten Dienstleistungen besondere Beachtung. Da geht es vor allem um zwei Probleme, um die festen Mahlzeiten und um den »Tischdienst«. Jedermann ist klar, daß ein jeder Verpflegungsbetrieb auf die Einhaltung bestimmter Essenszeiten angewiesen ist. Ein Restaurant, in dem man zu jeder Tages- und Nachtzeit essen kann, muß die Preise entsprechend hoch veranschlagen. Insofern kommt präzise Organisation der Mahlzeiten bis zu einem gewissen Grade den Finanzen der Teilnehmer zugute. Aber jeder Restaurantbetrieb kennt einen bestimmten zeitlichen Spielraum für das Einnehmen der Mahlzeiten. Vor allem für das Frühstück ist das sehr wichtig. Auffallend an unserem Material ist nun, daß das Frühstück nicht nur relativ früh eingenommen wird (zwischen 7.30 und 8.30 Uhr), sondern daß auch oft alle zur selben Zeit erscheinen müssen (wer später kommt, kriegt nichts mehr). Diese strenge Gebundenheit an den Tagesbeginn ist eine schlechterdings urlaubsfeindliche Maßnahme, und kein erwachsener Tourist würde sich das bieten lassen. Gewiß, in manchen Einrichtungen mag das nicht zu umgehen sein. Aber dann kann man wenigstens den Beginn des Frühstücks auf eine dem Urlaub angemessene Zeit festsetzen. Vor allem in südlichen Ländern führen die frühen Frühstückszeiten dazu, daß niemand richtig ausschlafen kann, denn wegen der klimatischen Verhältnisse spielt sich das Leben dort nun einmal bis spät in die Nacht hinein ab.

Klagen darüber finden sich häufig: »Während der gesamten zwei Wochen konnte man sich nie richtig ausschlafen, da die Essenszeiten streng eingehalten werden mußten« (8/VI/1, S. 50). Von dem schon genannten Jugendhotel heißt es: »Auch die Frühstückszeit (8.30 Uhr) gab Anlaß zur Kritik. In jeder Pension und in jedem Hotel gibt es wenigstens eine einstündige Spanne. Viele der Jugendlichen wollten im Urlaub ausschlafen und mußten dann das Frühstück auslassen. Sie müssen im Alltag meist sehr früh anfangen, und so ist im Urlaub der etwas beweglichere Tagesanfang besonders wichtig« (11/II/S. 72).

Ein zweiter wichtiger Gesichtspunkt ist die Mithilfe beim »Küchendienst«. Auch in dieser Frage mag es berechtigte Ausnahmen geben. Aber prinzipiell ist ein Urlaub nicht dazu da, selbst noch Dienstleistungen pflichtgemäß zu vollbringen.

Ein extrem negatives Beispiel ist auch hier wieder das Bungalowdorf, wo zudem noch Küchendienst als Strafe für zu spätes Heimkommen angesetzt wurde. In dem Bericht heißt es: »Gegenüber dem Tischdienst, den täglich immer zwei andere an jedem Tisch versahen, der relativ selbstverständlich gehandhabt wurde und der nicht mehr als eineinhalb Stunden in Anspruch nahm, war der Küchendienst ›der schwarze Ferientag‹. . . .Der Küchendienst begann nach dem Frühstück um etwa 8.30 Uhr. Die etwa zehnköpfige Mannschaft hatte sich zunächst dem Frühstücksgeschirr zu widmen, wie der Koch Ferdinand informierte. Nur wenige fanden sich jedoch pünktlich an den Freiluftspülbecken ein, neben denen sich eifrige Wespen über Abfalltonnen tummelten.
Man hatte sich relativ schnell für irgendeine der in Aussicht stehenden Tätigkeiten entschlossen. Ein Teil griff sich sofort ein Geschirrtuch und harrte der folgenden Dinge (ich hatte mich für Spülen entschlossen). Das Spülen schien am unbeliebtesten zu sein: ›Ich hole mir doch keinen krummen Rücken!‹, bemerkte einer, als er frotzelnd zum Spülen aufgefordert wurde. Die Becken lagen wirklich sehr tief. Die Spülanlage war aber durch Matten gegen die Sonne geschützt. . . .

Die Essensvorbereitungen (Schälen oder ähnliches) füllten danach fast die Restzeit bis zum Mittagessen. Manchmal blieb bis zum Mittagessen auch eine Stunde Freizeit, selten aber mehr. Die ganz Unlustigen hatten sich nach ein paar Handgriffen ohnehin sofort verdrückt, jedenfalls nahm die Zahl der Küchendienstler mit fortschreitender Zeit mehr und mehr ab. Einer ging, ohne ein Wort zu verlieren. ... Ein anderer begründete seinen Abgang mit großem Durst. ... Im Laufe des Vormittags war er nicht mehr zu sehen. Wieder zwei andere blieben zwar, aber sie verhielten sich demonstrativ passiv: ›Ich bin doch nicht blöd und mach in den Ferien Spülmädchen!‹ ›Die können mich mal!‹ Sie beschäftigten sich mit Zeitunglesen oder Witzeleien über Ferdinand....

Oft hörte ich Bemerkungen wie diese: ›Ich würde gern DM 20,— mehr zahlen, wenn's besseres Essen und keinen Küchendienst gäbe!‹ — ›Ausgerechnet am vorletzten Tag muß ich Küchendienst machen!‹ (In diesem Falle war die Enttäuschung besonders groß, weil man gehofft hatte, wegen der Strafküchendienste nicht mehr dranzukommen) ›Ja, Glück muß man haben und gerade dann zum Küchendienst kommen, wenn es regnet!‹« (8/VI/5, S. 44 f.).

Der Geselligkeitskomfort

Schon mehrfach ist deutlich geworden, welche überragende Bedeutung die Geselligkeit im Urlaub hat, bei jungen Leuten vor allem die gemischt-geschlechtliche Geselligkeit. Das Niveau solcher Geselligkeit, ihr »Stil«, hängt zwar nicht nur, aber doch entscheidend davon ab, unter welchen materiellen Bedingungen sie stattfinden kann. Unser Untersuchungsmaterial legt den Verdacht nahe, daß solche Überlegungen bei den Veranstaltern kaum eine Rolle spielen; denn in fast allen untersuchten Projekten sind die äußeren Randbedingungen für Geselligkeit mehr oder weniger unbefriedigend.

Jedermann muß einleuchten, daß unsaubere und unfreundliche Speiseräume, die außerdem vielleicht noch der einzige Gemeinschaftsraum sind, nicht dazu anregen, aus der Mahlzeit eine gesellige Veranstaltung zu machen: das Essen wird vielmehr zwangsläufig zu einer physisch notwendigen Unterbrechung angenehmerer Tätigkeiten. Werden im Haus nur zwei oder drei billige alkoholische Getränke angeboten, noch dazu in unfreundlichen Räumen und in lieblosem Self-Service, darf sich niemand mehr wundern, daß der Genuß alkoholischer Getränke ungesellige Formen annimmt: Saufen ist immer jene Form des Trinkens, wo Geselligkeit in Autismus umschlägt. Gibt es nur einen einzigen Raum innerhalb eines Projektes, der zugleich als Speiseraum, als Ort der Geselligkeit und vielleicht sogar noch als Ort für private Beschäftigungen (zum Beispiel Briefe schreiben) herhalten muß, weil der Schlafraum wegen seiner Primitivität keine private Funktion haben kann, darf man sich nicht wundern, wenn die Geselligkeit demoralisierende Formen annimmt. Auch für diese Ebene des Komforts gilt die ästhetische Kategorie der »Angemessenheit«.

Die wichtigsten geselligen Inhalte im Urlaub sind die Mahlzeiten, das Tanzen und das informelle Gespräch. Für das Gespräch ist wichtig, ob es kleine Räume gibt, die relativ nicht-öffentlich sind. In einem großen, meist über-akustischen Speisesaal kann kein Gespräch zustande kommen. Eine hauseigene kleine Bar mit einem differenzierten Getränkeangebot ist da schon angebrachter. Ist das Projekt einbezogen in eine normale touristische Umgebung, gibt es meist nette kleine Lokale, die auch diesen Zweck erfüllen. Ein Reiseleiter tut gut daran, von Anfang an seine Teilnehmer über solche Lokale zu informieren, am besten dadurch, daß er sie mit kleinen Gruppen seiner Teilnehmer besucht. Bestehen in der unmittelbaren Umgebung solche Möglichkeiten nicht, so *muß* der Veranstalter sie in seinem eigenen Projekt einrichten, und dies nicht nur dann, wenn das Wetter schlecht wird.

Das gemeinsame Essen gehört ebenfalls zu den geselligen Veranstaltungen. Meist überprüft man bei der Planung nur, ob das Essen gut ist. Aber in welchen Räumen wird es eingenommen? Wie sehen die Tische und Stühle aus? Welche Tischgruppierungen sind möglich? Wird das Essen »ausgeteilt« und »empfangen«, oder ist der Vorgang richtiger als »Essen fassen« zu beschreiben, wie bei der Fütterung von Raubtieren? Verlaufen die Mahlzeiten immer in der gleichen Weise, oder gibt es einzelne Höhepunkte, »Festessen«? Welche Tischsitten gibt es bzw. spielen sich ein? Zweifellos setzen die Kosten für Variationen deutliche Grenzen, aber innerhalb fast jeder Kostenvariation sind Differenzierungen möglich, wenn man sie will und einige Phantasie darauf verwendet.

Es wurde schon erwähnt, daß in der Taucherfreizeit am Mittelmeer jedes 4-Mann-Zelt nach einem vorher geplanten Menü-Plan kochte, und zwar so, daß jeder abwechselnd die Rolle des Kochs übernahm. »Für jeden Tag der Freizeit wurde ein Menü-Plan mit genauen Anweisungen für den Koch aufgestellt und vervielfältigt. Wir bringen ein zufällig herausgegriffenes Beispiel:

9. Tag

Frühstück: Butter — Brot — Milch — Marmelade

Mittag: Fischplatte
Thunfischsalat — Ölsardinen — Hering in Sahne — Bierschnittchen — Heringsfilets in Remoulade, mit Gurken auf die Teller garnieren.
Erdbeerquark: Erdbeeren vom Saft trennen. Saft mit Wasser auf genau 1 Liter Flüssigkeit strecken. Pulver in den Saft rühren. Erdbeeren zum Garnieren nehmen.

Abend: Erbswurstsuppe — saure Nieren — Spaghetti — Salat: Suppe genau nach Kochvorschrift. Gewürzkräuter hineingeben.
Saure Nieren heiß machen — können mit etwas Rotwein noch verfeinert werden.
Spaghetti in viel Wasser kochen, abschütten und mit 2 Eßlöffeln Öl übergießen und gut durchschütteln.
2 Stock Salat gut putzen und waschen (dreimal).
Salattunke: 2 Eßlöffel Öl, 2 Kaffeelöffel Essig, Salz, eine Prise Zucker, Maggi und 2 Eßlöffel Milch gut durchschütteln. Salat hineingeben und gut vermengen.

Die Rezepte für einen Tag waren immer zusammen auf einem Blatt. Der noch freie Platz wurde zu einer kurzen Fußnote benutzt: Hinweise zum Essenanrichten, für das Lagerleben usw.

Wir bringen im folgenden einige Beispiele von verschiedenen Tagen:
»... Man ißt auch mit den Augen! Nett angerichtet — auch im Urlaub — schmeckt alles viel besser.
Hast Du schon nach Hause geschrieben? Bei der Auswahl Deiner Postkarten — ein wenig Geschmack — es gibt wirklich gute Fotos — allerdings sind diese nicht immer gerade schön bunt! ...
Denke daran: Das Material, das wir Dir anvertraut haben, ist für jede Zelteinheit etwa 1 000 DM wert. Nach Dir wollen es auch noch andere benutzen« (8/VI/2, S. 11 f.).

Auf diese Weise wurde das gemeinsame Essen mit anschließendem »Klönen« vor dem Zelt oder ausgiebigem Kaffeetrinken zur wichtigsten geselligen Kommunikation des Lagers. — In einer Pension kommt eine gewisse Eßkultur nicht zuletzt dadurch zustande, daß die Wirtin jeweils die Getränke und die Vorspeisen nicht festsetzt, sondern von Tisch zu Tisch geht, um die Wünsche zu notieren. Obwohl es hier keinen Tischdienst und Küchendienst gibt, honorieren die Jugendlichen diese freundliche Geste, indem sie unaufgefordert abdecken, obwohl die Besitzerin sagte: »Ihr sollt hier Ferien machen, nicht arbeiten« (6/VI/4, S. 79 bzw. 82).

Ähnlich wichtig sind die Bedingungen für das Bedürfnis nach gemeinsamem Tanz, verbunden vielleicht mit Spielen und Gesprächen mit wechselnden Partnern. Für eine gelungene Geselligkeit dieser Art sind zwei Grundbedingungen unabdingbar: Vom Raum war schon die Rede. Aber auch die Musik kann nicht »irgendeine« sein. Eine richtige Kapelle ist selten zu beschaffen; aber Plattenspieler können überall sein, und die Platten müssen nicht unbedingt so abgespielt sein, daß außer dem Rhythmus nichts mehr zu verstehen ist.
Wir haben dem Problem des materiellen und Dienstleistungskomforts bewußt etwas ausführlicher Raum gegeben, weil dieser Gesichtspunkt fast durchweg sträflich vernachlässigt wird; denn solange hier nicht gewisse Minimalbedingungen erfüllt sind, haben pädagogische Überlegungen und Maßnahmen nicht die geringste Chance. Manche Veranstalter versuchen offenbar, ausgerechnet hier rigoros zu sparen. Aber die Frage des Komforts ist nur zum Teil auch eine Kostenfrage, zum größeren Teil dagegen eine Frage

der dilettantischen und phantasielosen Organisation, verbunden oft mit unehrlichen oder zumindest mehrdeutigen Informationen vor der Reise. Pädagogisch bedenklich ist dies nicht nur deshalb, weil gerade durch die Ignoranz Enttäuschungen, Affekte und Vorurteile hervorgerufen werden, sondern weil man wenigstens bei einigen der zitierten Fälle ganz einfach von einer Mißachtung der jugendlichen Persönlichkeit sprechen muß. Wegen der Bedeutung dieses Faktors erscheint es uns sinnvoll, für den »normalen« Jugendtourismus folgende Minimalbedingungen zum Komfort aufzustellen:

1. Die Jugendlichen müssen vorher genau über das Maß an Komfort sowie über ihre Pflichten am Urlaubsort informiert werden.
2. Die Frühstückszeit muß entweder variabel gehalten oder so spät angesetzt werden, daß Ausschlafen gewährleistet ist, in südlichen Ländern also nicht vor 9 Uhr.
3. Nicht mehr als drei bis höchstens vier Personen sollen einen gemeinsamen Schlafraum haben, der genügend Schrankraum enthält sowie einen Tisch und Stühle.
4. Falls die unmittelbare Umgebung keine geeigneten und preiswerten Lokale für informelle Geselligkeit und Tanzen aufweist, muß das Projekt außer dem Speiseraum noch mindestens einen Raum für Geselligkeit haben.
5. Ein Projekt muß einige Heimspiele und einige Geräte für Spiele im Freien zur Verfügung haben (Boccia, Federball usw.).

Unterhalb dieser Forderungen sollte eigentlich eine Urlaubsveranstaltung für Jugendliche unterbleiben. Dies sind, wie gesagt, nur *Minimalbedingungen.* Darüber hinaus ist es nützlich, sich an dem zu orientieren, was für eine mittlere gepflegte Hotel-, Restaurant- und Tanzcaféatmosphäre konstitutiv ist. Schließlich sind dies ja auch jene außerfamiliären Geselligkeitsformen, in die junge Leute eingeführt werden sollen.

Gemäß unserem Grundsatz, den jugendpflegerischen Tourismus nicht gesondert zu betrachten, gilt dies natürlich auch für ihn. In einem im Jahre 1962 erstatteten Bericht über in süddeutschen Jugendherbergen durchgeführte Ferienmaßnahmen heißt es: »Der größte Bedarf an Jugendherbergen für Erholungsfreizeiten ist in den Sommerschulferien. In dieser selben Zeit werden die Jugendherbergen aber auch von anderen Gruppen und Einzelwanderern für ein bis zwei Nächte in Anspruch genommen. ... Es ist nicht zu verantworten, daß die Herbergseltern, um immer mehr Möglichkeiten zu schaffen, alle sonst noch verfügbaren Betten in die Zimmer hineinschieben. Diese Zustände werden besonders dann unerträglich, wenn in solchen Häusern Gruppen eine Erholungsfreizeit von 14 Tagen oder drei Wochen durchführen wollen. Durch die Überbelegung und die damit verbundene starke Unruhe ist eine Erholung unmöglich.

Zu beanstanden ist ferner, daß viele Herbergen, die in den Schlafräumen Schränke haben, diese in der Hauptsaison entfernen, um mehr Betten aufstellen zu können. Das führt dann besonders bei Erholungsfreizeiten zu einer nicht zu verantwortenden Unordnung. Die Mädchen, die meist eine erstaunliche Anzahl von Kleidungsstücken bei sich haben, hängen notgedrungen die Kleider an die Betten und Wände. Man fällt über offene Koffer, die zumeist eine ›herrliche‹ Unordnung demonstrieren. Viele Gegenstände liegen auf den Betten. Von einer Beachtung hygienischer Grundsätze kann keine Rede mehr sein, besonders auch, weil in solchen Räumen kaum noch geputzt werden kann oder diese sogar noch zum Trocknen für nasse Bekleidungsstücke dienen müssen.

Eine weitere Schwierigkeit, die die Durchführung von Erholungsfreizeiten in süddeutschen Jugendherbergen unmöglich macht, besteht darin, daß keine genügenden Aufenthaltsräume vorhanden sind. In keiner der besichtigten Jugendherbergen, in denen Freizeiten durchgeführt wurden, hatten diese Gruppen einen Tagesraum für sich. Die Mahlzeiten wurden schichtweise in zwei Gruppen eingenommen« (9, S. 46 f.).

Das Angebot

Die eben beschriebenen materiellen Bedingungen des Jugendurlaubs sind in gewisser Weise auch schon Angebote. Wenn ein Projekt über einen gemütlichen geselligen Raum verfügt, in dem es gute Musik und verschiedene Getränke gibt, dann wird sich dort auch eine Tanzgeselligkeit entwickeln, ohne daß sie eigens organisiert werden muß. Aber unter »Angebot« versteht man normalerweise das, was die Veranstalter am Urlaubsort selbst tun. Man denkt in erster Linie an das »Programm«. Während »Komfort« die materiellen Bedingungen im weitesten Sinne bezeichnet, die für die Urlauber und die Reiseleiter im wesentlichen vorgegeben sind, ist »Angebot« das, was die Veranstalter in dieser Situation tun. Dabei kann man drei Ebenen des Angebotes unterscheiden: Eine Urlaubsfreizeit kann einen sachlich orientierten geselligen Schwerpunkt haben, zum Beispiel Tauchen, Schwimmen, Fremdsprachenkurse oder ein Arbeitsprojekt. Dies ist nicht immer der Fall, aber wo es eine Rolle spielt, scheinen die Kommunikationsprobleme sich erheblich zu vermindern. Zweitens geht es um die Geselligkeit zwischen den Geschlechtern, vor allem — aber nicht ausschließlich — um den Tanz. Drittens geht es um die Erschließung der touristischen Umwelt.

Unsere Untersuchungen lassen den Schluß zu, daß im Urlaub Lernen überhaupt nur durch die interessante Kommunikation mit interessanten Partnern geschieht. Lernen geht hier gewissermaßen immer nur auf dem Weg über Geselligkeit vor sich; vielleicht ist dies der bedeutsamste Unterschied zur Schule und zu anderen geplanten Bildungsmaßnahmen. Dies hat für alle Urlaubspädagogen eine wichtige Folge: Wenn es so ist, daß sich im Urlaub Lerninteressen primär am Partner und erst sekundär an der »Sache« entzünden, dann ergibt sich daraus eine eigentümliche Verschränkung von Partner und Sache. Man kann nämlich nicht mehr alles für alle veranstalten; möglicherweise wechseln der oder die Partner, je nachdem, um welche »Sache« es sich handelt. Nicht unbedingt ist das Mädchen, mit dem man gerne tanzen möchte, auch das, mit dem man sich gerne bei einem Glas Wein unterhält, ins Theater geht oder eine Exkursion macht. Diejenigen Reiseleiter also, die alles, was sie für wichtig halten, mit der ganzen Gruppe machen möchten, »weil wir doch alle eine Gemeinschaft sind«, zerstören damit vielleicht die durchaus vorhandene Lernbereitschaft. Wenn ein Reiseleiter etwas unternimmt, was ihn selbst interessiert, was er nicht nur »für die anderen« für »pädagogisch« hält, dann tut er dies besser mit einer kleinen Gruppe spontan Interessierter, wobei sich der Erfolg vielleicht in der ganzen Gruppe herumspricht und auch das Interesse der vorher nicht Interessierten mobilisiert. Wir kennen in unserem ganzen Material kein Beispiel dafür, daß ein wirklich sachkundiges Angebot, von einem kontaktfähigen Menschen vorgetragen, kein Interesse mobilisiert hätte.

Damit sind wir bei einer wichtigen Faustregel für Programme angelangt: *Kein Programm sollte »verbindlich« sein.* Ausnahmen können nur dort gelten, wo — wie bei einer Bibelfreizeit oder einer Hobby-Freizeit — die Teilnehmer sich dazu von vornherein bereiterklären. Die Freiwilligkeit des Mitmachens an einem Programm ist konstitutiv für den Urlaub. Das ist aber nur die negative Seite. Andererseits gilt nämlich, daß ein differenziertes Angebot die Voraussetzung dafür ist, daß sich im Urlaub überhaupt Gruppierungen bilden und immer wieder verändern können. Nur von einem differenzierten Programm her — auf das die Reisegruppe dann entsprechend differenziert reagiert — können sich interessante und lernträchtige Sozialstrukturen im Urlaub entwickeln.

Die sachlich orientierte Geselligkeit

Wichtig ist, daß nicht irgend etwas Beliebiges im sachlichen Mittelpunkt einer Urlaubsfreizeit steht, sondern etwas, das mit der Landschaft, in die gereist wird, in einem einleuchtenden Zusammenhang steht. Es ist einleuchtend, daß man in Frankreich Französisch-Kurse macht und am Mittelmeer Taucherfreizeiten. Aber es ist nicht einleuchtend, daß man ins Gebirge fährt und einen »Bildungsabend« über die »bösen« Illustrierten macht, von denen jeder ein Exemplar mitbringen mußte (8/VI/3, S. 35). Wichtig ist ferner, daß der sachliche Anspruch auch hoch genug ist. Wer ein Hobby lernen will, weiß, daß er dafür konzentriert lernen muß, und nichts ist gefährlicher, als das Interesse an einer Sache in »Beschäftigungstherapie« zu verbiegen. Vielfach trifft man auf die Meinung, im Urlaub dürfe keinerlei Leistungsanspruch gestellt werden. Aber jedes Lernen hat etwas mit Leistung zu tun, das heißt mit einem gewissen Energieaufwand. Die Frage ist nur, ob junge Leute das *Objekt* einer Leistung im Urlaub akzeptieren — was sie etwa durch die Anmeldung zu Hobby-Freizeiten tun — und ob ihre Leistungsfähigkeit geschickt und rentabel gefördert wird.

Ein schlechtes Beispiel wird aus dem schon mehrmals zitierten Jugendhotel berichtet: »Ein Angebot des Programms war recht attraktiv: Segeln. Leider verlor das Angebot dadurch seine Attraktivität, daß es von einem Mitglied der Haus-Band gehandhabt wurde, das kurzerhand zum Segellehrer ernannt wurde. Der junge Mann ging mit ziemlicher Wurstigkeit an seine Aufgabe heran: ›Ob die was lernen oder nicht, ist mir egal. Hauptsache, die kommen mal aufs Wasser und können mal ein bißchen an der Fockleine ziehen.‹ Dementsprechend ›gestaltet‹ er seinen Unterricht. Eines Tages erboste mich die Sache so, daß ich ihn im Beisein einiger Teilnehmer zur Rede stellte. Er verteidigte sich so gut er konnte, und erklärte, die Sache sei auch für ihn noch sehr neu und er würde das beste daraus machen wollen. Einen Tag später setzte er sich an meinen Tisch und erläuterte mir seine Situation mit der Einleitung: ›Wie ich höre, sind Sie Pädagoge. Jetzt sagen Sie mir nur, wie soll ich das mit dem Segeln machen.‹ Es war nämlich so, daß er seitens der Hotelleitung keinen Plan für die Aktion Segelschule mitbekommen hatte« (11/II/S. 7 f.).
Ganz anders die Taucherfreizeit am Mittelmeer. Man trifft sich in Cannes mit einem sehr bekannten französischen Tauchlehrer, der zweimal acht Mann in größere Tiefen von 32 und 26 m mitnimmt. Gerade die Begegnung mit diesem Fachmann und seiner sachkundigen Führung hat offensichtlich Begeisterung für das Tauchen erweckt, und zwar nicht nur für seine sportliche Seite, sondern auch für seine naturwissenschaftliche Seite. Nun wird auch die Landschaft »über dem Wasser« interessierter betrachtet (8/VI/2, S. 31 f.).

Die überragende Bedeutung der gemischt-geschlechtlichen Geselligkeit ist schon mehrmals betont worden. Ihre Kultivierung und Variation gehören an die erste Stelle eines jeden Reiseprogramms. Das heißt zunächst einmal, daß die Reiseleitung das Bedürfnis nach Tanz ernst nehmen muß und nicht zum Vehikel für andere, ihr »pädagogischer« erscheinende Programme machen darf.

In einer Freizeit wird spontanes Tanzen verboten: »Nach dem Nachmittagskaffee wird der Regen immer stärker. So bleiben die meisten im Aufenthaltsraum. ... Gegen 17 Uhr legte Febe verschiedene Schlagerplatten, die alle von ihr mitgebracht worden waren, auf. Joy war der erste, der ein Mädchen zum Tanzen bat: ›Komm, wir probieren mal!‹ Einige weitere Paare begannen zu tanzen. Herr Thorn (der Leiter) kam dazu und untersagte in freundlichem Ton das weitere Tanzen; er verwies auf die Tanzabende, die wir miteinander haben würden« (8/VI/3, S. 33). In derselben Freizeit wird an einem Abend spontanes Tanzen wiederum unterbrochen: Der Leiter »hatte eine Platte der evangelischen weiblichen Jugend geholt. ... Er unterbrach das Abspielen der Schlager-Tanzplatten und ordnete für alle Volkstanz an. Die tanzenden Paare waren enttäuscht und wenig begeistert von dieser Idee. Es meldete sich zunächst kein Paar, mit dem die Figuren hätten gezeigt werden können, obwohl einige Jungen und Mädchen dabei waren, die die aufgelegte Platte, einen amerikanischen Volkstanz, schon kannten« (8/VI/3, S. 38 f.).

Das Tanzbedürfnis kann der Pädagoge nicht beliebig manipulieren und in etwas anderes transformieren. Zweifellos ist der Tanz eine erotisch-durchtönte Form der Beziehung zum anderen Geschlecht, und dies wußte der eben genannte Leiter ganz genau. Sein Volkstanz-Angebot hatte offensichtlich den Hintergedanken, einen Tanz ohne Erotik anzubieten, und die jungen Leute fühlten das und widersetzten sich mit Recht.
Der Pädagoge kann in einer Freizeit das Paartanzen als die »öffentlichste« Form der erotischen Begegnung nicht abschaffen, sondern nur verbessern: indem er den Nicht-

tänzern das Tanzen beibringt oder den Tänzern neue interessante Figuren zeigt; oder indem er bessere Musik zur Verfügung stellt.
In einer Urlaubsfreizeit muß das Tanzen von Anfang an jederzeit spontan möglich sein, und nicht erst dann, wenn es vom Programm her vorgesehen ist oder wenn einem bei Regenwetter nichts anderes mehr einfällt. Sonst werden diese Veranstaltungen meist verkrampft und zu einem Ventil für aufgestaute Aggressionen. Für denjenigen Leiter, der »höhere« Ambitionen hat, bleibt noch genug: die durchschnittliche spontane Geselligkeit gelegentlich in variierte Formen zu bringen, etwa in die Form der Geburtstagsparty, der Strandparty, des Festballs nach einem Festessen usw. In einer Gruppe, deren gesellige Bedürfnisse sich ohne großen Widerstand entfalten können, wird man bei einigem Geschick Begeisterung dafür erwecken können.
In fast allen Fällen bleiben die jugendlichen Touristen beim Tanzen »unter sich«, das heißt eine Begegnung mit jungen Einheimischen kommt nicht zustande, obwohl sie doch gerade hier so nahe läge. Dabei spielt natürlich die Angst der Reiseleiter eine Rolle, das »deutsche Fräuleinwunder« könne gerade die falschen jungen Männer für ihre Mädchen anlocken. Diese — gelegentlich nicht ganz unberechtigte — Angst führt vielfach zu einem sehr massiven Vorurteil gegenüber den südeuropäischen Männern, und mancher Reiseleiter ist froh, daß seine Mädchen »von den Italienern nichts halten«. Es ist eigentlich erstaunlich, daß uns so wenig Beispiele für eine gesellige Einbeziehung der einheimischen Jugend bekannt wurden; die mit öffentlichen Mitteln geförderte »internationale Verständigung« scheint nur im Rahmen einer »pädagogischen Provinz« zu erfolgen, so nämlich, daß man ausländische Gäste zwar gern in ein eigenes Lager aufnimmt, sie dann aber ebenso wie die deutschen Teilnehmer von persönlichen Kontakten nach außen hin abschließt. Gäbe es in vielen touristischen Gegenden nicht einheimische Jugendgruppen, die gern zu einem Tanz eingeladen würden und vielleicht sogar ab und zu die Vermittler spielen würden zum Verständnis der

touristischen Umwelt? Man kann den zum Teil mit Mitteln für die internationale Verständigung geförderten Jugendreiseorganisationen den Vorwurf nicht ersparen, daß sie sich über eine der nächstliegenden Möglichkeiten dieses Zieles offensichtlich kaum Gedanken gemacht haben.
Oft sind gute Lokale in der Umgebung geeignete Kontaktstellen zum Kennenlernen einheimischer Jugendlicher, wie man überhaupt grundsätzlich die geselligen Möglichkeiten außerhalb des eigenen Projektes wahrnehmen sollte, wenn sie bessere Bedingungen aufweisen. Schließlich kommt es nicht auf »die Gemeinschaft« an, sondern darauf, daß alle möglichst viel auf möglichst angenehme Weise lernen.

Der Leiter einer Freizeit am Gardasee verkündet nach dem Abendessen, daß er zum Tanzen in ein benachbartes Lokal gehen wolle. Etwa die Hälfte will sich ihm anschließen. Aber vorher gibt er noch eine entsprechende Information: »Ich halte es für angebracht, euch in diesem Fall über die Tanzsitten in Italien aufzuklären: In Deutschland ist es üblich, daß das Mädchen dem Mann, der es zum Tanzen auffordert, folgt, oder es darf, wenn es ablehnt, den ganzen Tanz über mit keinem anderen tanzen. Ebenso ist es nicht üblich, daß der Mann, wenn er einen Korb bekommt, mit anderen Mädchen tanzt. Hier aber ist es so: Das Mädchen darf ablehnen, einmal, zweimal, dreimal, und dann den Partner wählen, der ihr am meisten zusagt. Das hat allerdings Folgen!« Hier Heiterkeit in der Gruppe und Zwischenrufe. ... (Leiter): »Und seid nicht erstaunt, wenn die Italiener euch nicht an den Platz zurückbegleiten« (8/VI/4, S. 84).

Auf die Art und Weise der öffentlichen Beziehungen zwischen Männern und Frauen in südlichen Ländern hat ein großer Jugendreisedienst humorig und informativ in einem »Offenen Brief an ein junges Mädchen mit südlichen Reiseplänen« aufmerksam gemacht (Jahrbuch für Jugendreisen und internationalen Jugendaustausch 1960/61, S. 229).

Die Erschließung der touristischen Umwelt

Im Grunde hat jeder Mensch den Wunsch, das Land, in das er reist, auch kennenzulernen. Selbst in den pervertierten Formen des »Souvenir-Rummels« und der genormten »Sehenswürdigkeiten« scheint dieses Bedürfnis noch durch. Auch das Klischee könnte nicht existieren ohne das Bedürfnis, das es entstellt befriedigt.

Es ist oft und zu Recht darauf hingewiesen worden, daß der organisierte Tourismus die Landschaft, die er überfalle, verforme, entstelle, entfremde. Der Beispiele dafür gibt es genug. Aber es kommt eben doch auf die Unterschiede an. Manches spricht dafür, daß es sich hier um Erscheinungen des »touristischen Frühkapitalismus« handelt: verträumte Bauerndörfer mit einigen Hotels in prestigegewährenden südlichen Gegenden werden entdeckt, erlauben gute Kalkulationen und werden überschwemmt. Ein Beispiel aus unserem Material dafür ist jenes spanische Fischerdorf, das nur elf einheimische Einwohner hat und in dem neben zahlreichen anderen Feriengästen 160 Jugendliche eines Jugendreisedienstes ihren Urlaub verbringen. (11/I) Hier gibt es nichts mehr zu »entdecken« außer touristischem Rummel. Das Gegenbeispiel ist die Freizeit am Gardasee, selbstverständlich einbezogen nicht nur in eine schöne Landschaft, sondern auch in ein differenziertes Fremdenverkehrsgewerbe mit solider Tradition (8/VI/4). Oder auch jene Zeltfreizeit in einem Dorf an der nordspanischen Küste, wo die Kontakte zu den einheimischen Fischern sich von selbst ergaben (6). Viele Beispiele sprechen also dafür, daß die touristische Welle die Landschaft verändert, in die sie einbricht. Und damit verändern sich auch die Menschen. Die Fischer eines spanischen Küstendorfes sind nach drei oder vier Jahren nicht mehr die gleichen wie vorher. Sie werden in die »Modernität«, die der Tourismus ausstrahlt, einbezogen. Diese Veränderung der einheimischen Menschen ist es, die nicht zuletzt die Klagen über die »touristische Verschandelung« auslöst. Manch verdecktes Interesse spielt dabei eine Rolle: der »gute, alte Fischer« des touristischen Frühkapitalismus war nicht nur wegen seiner »einfachen, natürlichen Sinnesart« beliebt, sondern auch deshalb, weil er das Geschäft noch nicht begriff, das sich ihm anbot. Als er das dann begriff, nahm er höhere Preise und wurde zurückhaltend mit kostenlosen

Dienstleistungen: das Gerede von der »touristischen Verschandelung« hat viel vom Protest der »Herrschaft« an sich, deren Dienstboten auf ihre Rechte zu pochen beginnen. In den touristischen Gegenden, die gerade entdeckt werden, hat die touristische Welle wenigstens *ein* wenn auch unbewußtes Ergebnis der »Völkerverständigung« gehabt: sie hat die Menschen auf den Gedanken gebracht, daß Armut und Ausbeutung kein Schicksal sind, sondern abänderbar.

Aber dieser Gesichtspunkt gibt für die pädagogische Betrachtung natürlich wenig her. Er soll uns nur vor falscher Schwärmerei schützen. Wenn wir hier von der Entdeckung der touristischen Umwelt sprechen, so meinen wir natürlich diejenige Umwelt des Gastlandes, die durch den Tourismus mit hergestellt wird. Und das Bewußtsein davon, was der moderne Tourismus für die unterentwickelten Gebiete ökonomisch und gesellschaftlich bedeutet, ist das erste, was auch dem jugendlichen Touristen klarwerden muß, sonst kann er die ihn umgebenden Menschen und ihre Probleme gar nicht verstehen.

Es ist leider höchst charakteristisch für den Jugendtourismus, daß man unter der »touristischen Umwelt« nie die Menschen und ihre sozialen Probleme — also ihre geschichtlich-gesellschaftlichen Verhältnisse — versteht, sondern immer nur landschaftliche und kulturelle Sehenswürdigkeiten. Im Begriff der »Exkursion« kommt diese Beschränkung zum Ausdruck. »Exkursionen« richten sich — wie unser Material zeigt — vorzugsweise auf »tote« Objekte der touristischen Umgebung, das heißt auf solche, die keinen lebendigen Bezug mehr zu den Problemen des Gastlandes haben. In diesem Begriff haben die Kulturvorstellungen der »klassischen« Bildungsreise überlebt: kulturelle und landschaftliche Objekte, zum »Bildungsgut« versteinert, die ihres geschichtlich-relativen Ortes und ihrer sozialen Funktionen entkleidet sind.

Die Reaktionen der Jugendlichen auf solche Exkursionen sind ambivalent: einerseits gehören die Sehenswürdigkeiten zum »Prestige«, das man in Form von Fotos und Sou-

venirs mit nach Hause bringen kann. Andererseits verfügen die meisten Jugendlichen gar nicht über den kulturellen Bildungshorizont, der ihnen kulturgeschichtliche Phänomene interessant machen könnte. Was »Barock« ist, kann man nicht ohne erhebliche Vorkenntnisse durch die Besichtigung von zwei Kirchen lernen.
Vielleicht ist es einstweilen nur in wenigen Sonderfällen möglich, die Begrenzung der traditionellen Exkursionen durch gezielte Programme zu überwinden. Immerhin ist noch nicht erwiesen, daß junge Leute nicht auch für typische Industriebetriebe in ihrer touristischen Umgebung zu interessieren wären. Solange jedenfalls die Veranstalter sich nicht bemühen, Kontakte zu den Einwohnern herzustellen, tragen sie selbst zur Aufrechterhaltung des »Klassengegensatzes« zwischen Touristen und Einheimischen bei. Noch so gute »Exkursionen« werden daran nichts ändern. Denn auch hier gilt, was wir schon allgemein gesagt haben: Im Urlaub entstehen Lernmotive an *Menschen* und erst sekundär an Sachen.

Auf die Frage: »Hätten Sie gern mehr Kontakt zu Einheimischen gehabt?« antworteten in unserer Befragung 49 Prozent positiv; 30 Prozent lehnten mehr Kontakte ab, 21 Prozent ist diese Frage gleichgültig (8/VIII, S. 186). Dabei ergeben sich deutliche Unterschiede zwischen Jungen und Mädchen: 41 Prozent der Mädchen lehnten weitere Kontakte ab, aber nur 20 Prozent der Jungen. Interessant ist ferner, daß von denjenigen, die weder Kontakte zu außenstehenden Touristen noch zu Einheimischen hatten, sogar 69 Prozent mehr Kontakte zu den Einheimischen wünschten und nur 12 Prozent nicht (8/VIII, S. 203, Tab. 233). Zweifellos muß auch hier die unverbindliche Meinung nicht schon bedeuten, daß man die Gelegenheit auch tatsächlich nutzen würde. Aber selbst von denjenigen, die Kontakte zu Einheimischen und außenstehenden Touristen hatten, wünschten noch 51 Prozent »mehr Kontakte« zu den Einheimischen.

Was die Exkursionen selbst betrifft, so hängt ihr pädagogischer Ertrag davon ab, inwieweit sie sich vom üblichen Sight-Seeing abheben. Zwei gute Beispiele dafür finden sich im Catania-Bericht von Helmut Kentler.

Eine Besichtigung der Stadt Syrakus leitete ein einheimischer Kunstwissenschaftler, »Professor Franco«: »Als dieser Franco in den Bus stieg, wurde er noch einmal als ›Professor Franco‹ vorgestellt. Er aber wehrte ab: ›Nennen Sie mich einfach Franco! Ich freue mich, daß Sie in meine schöne Heimatstadt gekommen sind! Ich werde Ihnen alles zeigen.‹ Franco war in jeder Hinsicht ein Original. Genau der richtige Mann, um eine solche Reisegesellschaft zu führen. Obwohl er diese Führungen jede Woche einmal macht, war es, als mache er sie mit uns das erste Mal: er ist ganz bei der Sache, entdeckt mit uns alle Sehenswürdigkeiten noch einmal, hat reizende Anekdoten parat, und er hat ein großes Verständnis für die Mentalität dieser jungen Leute. Er war auch durchaus persönlich engagiert: mit Kennerblick hatte er sofort das schönste Mädchen erspäht, nahm neben ihm Platz und erklärte: ›Ich bin Ästhet!‹ Damit hatte er bei den Jugendlichen gleich gewonnen« (7, S. 24). Der Erfolg dieses Mannes beruhte auf zwei Tatsachen, die immer zu einer erfolgreichen Exkursion gehören: er war »Fachmann« für das, was er zeigte, und hatte es sich nicht nur »angelesen«, um Touristen damit zu unterhalten; zweitens war er überdurchschnittlich kontaktfähig und fand den richtigen Ton für seine Gruppe.

Das zweite interessante Beispiel für eine gute Exkursion ist eine Ätna-Besteigung. Auch hier war es der — wenn auch anders geartete — Leistungsanspruch, der nachhaltig wirkte: »Wie kam es, daß gerade die Ätna-Exkursionen zu einem besonderen Erlebnis wurden? Es war einmal der Seltenheitswert (die Exkursionen fanden im Höchstfall alle 14 Tage statt); man empfand die Teilnahme als eine gewisse Auszeichnung (Man traut mir zu, daß ich nicht schlapp mache!). Erstaunlich war die Einsicht der jungen Leute: Niemand war gekränkt, der zurückgewiesen wurde, man sagte vielmehr schon von sich aus: ›Ich habe Herzbeschwerden, ich kann Höhenluft nicht vertragen, oder man fragte von sich aus die anderen ›Meinst Du, daß ich mir das zutrauen kann?‹ und war nicht beleidigt, wenn man ein ›Nein‹ zur Antwort bekam. Die Auswahlkriterien — die zu erwartenden Anstrengungen und Schwierigkeiten — wurden augenscheinlich für sachlich und objektiv genug gehalten, um sich ihnen zu beugen. Vor allem aber war man stolz auf das Erleben der eigenen Leistungsfähigkeit. Die Tour war anstrengend; sie beanspruchte je nach Wetter und Tätigkeit des Berges alle Kräfte, und das mußte für diese jungen Menschen, die sonst so in die Watte der Zivilisation verpackt sind, etwas Besonderes sein. Wichtig und entscheidend war schließlich das Erlebnis von Kameradschaftlichkeit und Gemeinschaft. In der kleinen, überschaubaren Gruppe ist jeder auf den anderen angewiesen, und diese gegenseitige Abhängigkeit wurde genossen. Eine kleine Episode ist charakteristisch: In der Ätna-Hütte wurde eine regelrechte Bergsteigerausrüstung empfangen; nun fehlten einem Mädchen und einem Jungen die passenden Schuhe; darauf gab der Junge seine derben Halbschuhe dem Mädchen, dem diese gut paßten, und er selbst zog ein Paar Bergschuhe an, die ihm viel zu klein waren, so daß er sich Blasen lief; die ganze Tour über und auch später noch freute er sich daran, daß dieses Mädchen dank seiner Schuhe mitkommen konnte. Er freute sich nicht an seiner Opferbereitschaft, sondern vor allem daran, ›was man schaffen kann, wenn Leute zusammenhalten‹« (7, S. 26 f.).

Führungsstile und Beziehungen zwischen Leitung und Gruppe

In den bisherigen Kapiteln war auch immer schon von dem die Rede, was die »Erzieher« — die Reiseleiter — tun. Aber im Vordergrund standen doch die äußeren und materiellen Faktoren des »Erziehungsfeldes Tourismus«. Das hatte seinen guten Grund. Auf diese Weise wollten wir demonstrieren, daß der Erzieher — nämlich das, was er denkt, kann und meint — nur *ein* Faktor unter mehreren anderen ist. Indem wir die äußeren Voraussetzungen verhältnismäßig ausführlich darstellten, wollten wir der Gefahr begegnen, daß der Reiseleiter Erwartungen an sich stellt, die er nicht einlösen kann. Daß man seine Reiseleiter möglichst gut ausbilden müsse, ist inzwischen fast allen Veranstaltern klargeworden. Weniger klar ist vielen von ihnen allerdings, daß eine gute Ausbildung nutzlos sein kann, wenn die Verhältnisse den pädagogischen Intentionen nicht entsprechen. In dem oft gehörten Satz, alles komme auf den Reiseleiter an, wenn der »gut« sei, könne nichts mehr schiefgehen, steckt zuviel Illusion. Dies wollten wir deutlich machen.

Auf einem Ausbildungskursus für Kinder- und Jugendreiseleiter werden Konfliktfälle aus der Praxis geschildert und die Teilnehmer gebeten, ohne Namensangabe auf einen

Zettel zu schreiben, wie sie in der gleichen Situation am Ferienort gehandelt hätten. Daß die Antworten höchst unterschiedlich ausfallen, war zu erwarten, zumal es gerade für die Beziehung von Leitung und Gruppe in den Ferienmaßnahmen weder eingeübte Verhaltensweisen noch gar »Patent-Lösungen« gibt, die aus anderen Erfahrungsbereichen unmittelbar übertragbar wären. Daß die Antworten auf den Zetteln die Wirklichkeit nicht einfangen können, weil sie zum Beispiel Tonfall und Gestik des Reiseleiters, seine Gesamtbeziehung zur Gruppe, die Stellung des Konfliktfalles im Normalgeschehen des Urlaubs nicht berücksichtigen, war ebenfalls klar. Dennoch wird aus den zu Recht sehr unterschiedlichen Antworten etwas deutlich: Weil die Vorstellung über die Jugendlichen, mit denen die Reiseleiter reisen, sehr verschwommen ist und weil die Bedeutung des Urlaubs für die Wirklichkeitserfahrung der jungen Menschen ihnen sehr unklar ist, sind ihre pädagogischen Grundsätze und ihr daraus resultierender Führungsstil der touristischen Wirklichkeit nicht angemessen. Unser Untersuchungsmaterial gibt reichhaltig Auskunft darüber, wie unglücklich häufig die Beziehung von Leitung und Gruppe gestaltet wird, wie sehr die Interaktion der Gruppenmitglieder durch den jeweiligen Führungsstil geprägt wird, welche Form die Beziehung zur Umwelt annimmt und wie etwa durch bestimmte Sanktionen und »pädagogische Grundsätze« gerade das verhindert wird, was wir das »Lernen als Wirklichkeitserfahrung« genannt haben: nämlich die neue Erfahrung mit sich selbst, mit anderen und mit Sachverhalten.

In einem Ausbildungskurs wird folgender Fall diskutiert: »Obwohl die Nachtruhe um 23 Uhr vereinbart ist, kommt ein 19jähriger junger Angestellter am ersten Abend des Urlaubs um 2 Uhr nachts angetrunken, aber noch in der Lage, aufrecht zu gehen und zu sprechen, ins Hotel zurück«. Ein 21jähriger angehender Reiseleiter will den Fall so lösen, daß er den Delinquenten zur Ausnüchterung auf eine harte Bank in den Aufenthaltsraum legt, um ihn am nächsten Tag zur Rede zu stellen. Abgesehen einmal von der pädagogischen Bewertung dieser Maßnahme ist hier einfach die Einschätzung der Wirklichkeit falsch. Ein 19-jähriger Angestellter, der für seine Reise in den Süden den angemessenen Preis von 500 DM bezahlt hat, wird sich eine solche Behandlung wohl kaum gefallen lassen, schon gar nicht von einem Reiseleiter, der kaum älter als er selbst ist. Und *wenn* er sich das gefallen läßt, was nach unserem Material leider mit einer großen Wahrscheinlichkeit zu erwarten ist, dann müßte man ihn davon erst einmal abbringen. Vor einer solchen Maßnahme müßte sich der Reiseleiter mindestens die Frage stellen, ob die Festlegung des Zapfenstreiches auf 23 Uhr beim Urlaub mit jungen Erwachsenen im Süden nicht ohnehin unzweckmäßig ist. Daß ein nur Angetrunkener, der, wie der Fall impliziert, sich noch »hotelgemäß« verhalten kann, zur Ausnüchterung auf eine Bank in den Aufenthaltsraum gelegt werden soll, wird vermutlich schon am Protest des Wirtes scheitern, der sicherlich zu Recht annimmt, daß er bei diesen Maßnahmen in wenigen Tagen einen großen Teil der jugendlichen Urlauber in seiner Hotelhalle beherbergen muß. Außerdem wäre eine gute Lernchance verpaßt: vielleicht konnte der 19jährige gar nicht wissen, wieviel er vertragen kann.

In einem anderen zur Lösung vorgelegten Fall soll ein 12-jähriges Mädchen, das durch zweimaliges Schwätzen den Einführungsvortrag stört, entweder bereits bei der zweiten Verwarnung nach Hause geschickt werden oder nach vorne kommen und den gesamten Einführungsvortrag wiederholen, da es das ja offensichtlich besser könne als der Ferienleiter. Sehen wir einmal davon ab, daß Kinder gegen Ironie wehrlos sind, so ist es doch überraschend, daß sich in dem ganzen Kursus nur wenige Antworten finden, die ein zweimaliges Schwätzen deshalb übergehen, weil es den Vortrag eines Erwachsenen wohl kaum ernsthaft stören kann und weil die Gründe für diese kindliche Unruhe ohnehin auf der Hand liegen. Auch hier muß man sich fragen: Welche Sanktionen werden eigentlich verhängt, wenn im Verlaufe des Urlaubs ernsthaftere Konflikte als das Schwätzen auftreten? Zu den pädagogischen Vorzügen der touristischen Jugendreise gehört, daß Schlagen und Essensentzug untersagt sind. Zum Rollenverständnis des Ferienleiters gehört wohl auch seine Überlegung, was wohl aus einem Reiseunternehmen unter heutigen Marktbedingungen werden würde, das den Eltern aus den eben geschilderten Disziplinarentscheidungen heraus ihre Kinder nach wenigen Tagen wieder ins Haus bringen würde.

Die Art der Umwelterfahrung wird in den Wissenschaften, vornehmlich in der Psychologie, Soziologie und Biologie, für das Schicksal und Verhalten von Menschen als zunehmend bedeutsam herausgestellt. Wir wissen auf der einen Seite, daß unter gewissen Umständen durch Eltern oder Lehrer bedingte Umwelterfahrungen in besonderen Situationen zu lang andauernden Schäden oder Lernhemmungen führen können, auf der anderen Seite aber ist deutlich geworden, daß durch geeignete Erziehungstätigkeit — sei es von Lehrern, Eltern oder wie in unserem Fall durch Reiseleiter — vorhandene seelische Beeinträchtigungen gemindert werden können. Das kann damit beginnen, daß ein Jugendlicher im Urlaub erfährt, daß es nicht zu seinem naturgegebenen sozialen Schicksal gehört, daß er sich in einem komfortablen Hotel nicht bewegen kann, sondern daß man die dafür notwendigen Spielregeln durchaus erlernen kann; oder daß ein Mädchen im Umgang mit Gleichaltrigen erkennt, daß man an die wie auch immer eingebildete »Häßlichkeit« nicht gebunden ist, sondern durch den Gebrauch einiger Kosmetika Abhilfe schaffen kann.

Kehren wir zu unserer Grundannahme zurück, daß den Urlaub pädagogisch betrachten heißt, ihn als eigentümliches Lern- und Erfahrungsfeld zu betrachten, als ein Feld, das durch die Faktoren Sozialsituation, Komfort, Angebot und die Beziehungen zwischen Leitung und jugendlichen Gästen konstituiert wird. Wir fragen also nicht nach dem schlechthin besten Führungsstil für den Urlaub, um eine strategische Maßnahme zu entwickeln, mit deren Hilfe der Urlaub der jungen Menschen von vornherein durchgeplant werden könnte, sondern nach einem Modell der Beziehung

von Leitung und Gruppe, das für den Reiseleiter und die Jugendlichen die unterschiedlichsten Erfahrungen zuläßt. Dieses Modell freilich kann nicht konstruiert werden, es muß in der tatsächlichen Beziehung gegeben sein. Der Führungsstil muß in einem bestimmten Verhältnis zur Rolle des Erziehers stehen; ein Vater kann eben anders handeln als ein Lehrer oder ein Ferienleiter, weil er gegenüber den jungen Menschen eine andere Rolle spielt. Das »Rollen-Ensemble« des Reiseleiters ist das Modell, in dem sich das Verhältnis von Leitung und Gruppe konstituiert, aus dem heraus dann die den jeweiligen Situationen angemessenen Führungsstile entwickelt werden können.
Wir hatten bereits darauf hingewiesen, daß es für den pädagogischen Bereich keinen patentierten Führungsstil gibt. Zu Recht ist deshalb häufig etwas gegen den Begriff »demokratischer Führungsstil« eingewendet worden, wenn er als Allheilmittel gegen andere Führungsstile angeboten wurde, also etwa gegen den Stil des »Laisser faire« oder den »autoritären Führungsstil«. Im pädagogischen Feld können praktisch alle Führungsstile je nach Situation ihren guten Sinn haben. So wie sich der Stil des »Laisser faire« in Experimentiersituationen häufig anbietet, so wird man kaum abstreiten können, daß der autoritäre Führungsstil in Momenten der Gefahr zu Recht angewandt wird. Daß ein Lehrer freundlich mit seinen Schülern umgeht, hat *allein* sehr wenig mit Demokratie zu tun. Demokratisches Verhalten scheint uns vielmehr die Fähigkeit zu sein, als Erzieher oder hier als Reiseleiter die Vielfalt der Rollen mit ihren jeweiligen besonderen Bedingungen zu bewältigen. Durch den den Jugendlichen verdeutlichten Wechsel der Rollen sollen sie erkennen, daß soziale Verhaltensmuster nicht vorwiegend auf dem Verhältnis der Über- und Unterordnung basieren. Die Zunahme demokratischer Lebensformen und der damit verbundene Wandel der sozialen Beziehungen läßt es heute zwar kaum mehr zu, innerhalb der Familie, der Schule oder des Lehrverhältnisses die traditionelle Überlegenheit Erwachsener über Kinder und Jugendliche in der alten Form zu behaupten und sie

gleichsam als »Unterlegene mit minderen Rechten« wesentlich durch Macht, Befehle und Drohungen zu führen; dennoch aber erfahren Jugendliche täglich, wie Erwachsene die mit bestimmten Rollen und Aufträgen verbundene Autorität in andere Bereiche übertragen, in denen sie nichts zu suchen haben. So kann zwar ein Reiseleiter gemäß seiner Verpflichtung zur Einhaltung der Jugendschutzbestimmungen das Betreten eines Lokals untersagen, nicht aber das Abspielen bestimmter Schallplatten, die seinem musikalischen Geschmack nicht entsprechen. In unserem Modell vom »Rollen-Ensemble«, das schon in anderen Bereichen der Freizeitpädagogik entwickelt wurde (vgl. Hermann Giesecke, Politische Bildung in der Jugendarbeit, München 1966), steckt die These, daß menschliche Beziehungen überall dort »unfreie« sind, wo sie nur in einer einzigen Rolle gedacht und realisiert sind. An einem Herrschaftsverhältnis ändert sich nichts dadurch, daß die Machtausübung freundlicher wird. Wir meinen vielmehr, daß menschliche Beziehungen nur dort »freie« und »demokratische« sind, wo je nach der Situation ein Rollen-*Wechsel* stattfinden kann.
Welche Rollen spielt der Reiseleiter in seinem Verhältnis zu den Jugendlichen, und wie sieht die entsprechende »Autorität« der Rolle aus, aus der heraus entschieden und gehandelt wird?

Die Beziehungen von Leitung und Feriengruppe als Rollen-Ensemble

1. Der Reiseleiter hat einer Gruppe Jungen im Alter von 16 bis 18 Jahren Ausgang gegeben und ihnen gestattet, ein Tanzlokal zu besuchen. Die Gruppe verläßt nicht wie vereinbart um 22 Uhr das Lokal, sondern beschließt, bis zum Zapfenstreich zu warten. Wie soll der Reiseleiter reagieren? Es gibt nur zwei Möglichkeiten: entweder muß er dafür sorgen, daß die Jugendlichen möglichst schnell das Lokal verlassen, oder aber er muß sich zu ihnen setzen.

Er kann sich nicht damit vor der Entscheidung drücken, daß der Wirt dafür zu sorgen hat, daß Jugendliche unter 18 Jahren ohne Begleitung von Erwachsenen um 22 Uhr sein Lokal zu verlassen haben, sondern hier muß er selbst als *»institutioneller Repräsentant«* des Jugendreiseunternehmens handeln, das sich den Eltern gegenüber verpflichtet hat, die Bestimmungen des Jugendschutzgesetzes einzuhalten. Die Inanspruchnahme der von der Gesellschaft verliehenen Autorität sollte vom Reiseleiter den Jugendlichen gegenüber deutlich genannt werden, über den institutionellen Charakter der Aktion sollte keine Unklarheit bestehen. Im Urlaubsgeschehen wird es immer sehr wenige Dinge geben, die wirklich nur mit dieser Art von »Amtsautorität« gelöst werden können.
Diese Rolle der »institutionellen Repräsentation« bezeichnet ein eindeutiges, irreversibles, das heißt nicht umkehrbares Machtverhältnis zwischen Leitung und Gruppe. Es ist auch »pädagogisch«, das heißt vom Lernen her gesehen, wichtig, daß diese Machtbeziehung nicht »verschleiert« wird, aber sie muß »aufgeklärt« werden. Dazu gehört zunächst einmal, daß sie auf das notwendige Maß beschränkt wird.
Dieses Machtverhältnis hat drei verschiedene, aber dennoch miteinander verbundene Ebenen. Einmal geht es darum, daß der Reiseleiter als Beauftragter seines Unternehmens verpflichtet ist, die in Frage kommenden gesetzlichen Bestimmungen einzuhalten. Das gilt nicht nur für die Jugendschutzgesetzgebung, sondern auch für andere Gesetze (zum Beispiel Kuppelei). Zweitens geht es um die Einhaltung dessen, was man zu Hause *oder* im Gastland die »guten Sitten« nennen könnte, die meist nicht weiter gesetzlich fixiert sind. Ein Reiseleiter handelt immer richtig, wenn er seinen Teilnehmern schwerwiegende Provokationen der einheimischen Bevölkerung untersagt (kollektives Lärmen oder auch das Betreten von Kirchen in unangemessener Kleidung, Belästigungen anderer Gäste oder des Personals). Bei den »guten Sitten« handelt es sich nicht um etwas, was nur für Jugendliche gilt, sondern um etwas, was in jedem

gut geführten Hotel auch gegenüber Erwachsenen durchgesetzt würde.
Drittens schließlich ist der Reiseleiter durch seinen Vertrag verpflichtet, seine Gäste vor Belästigungen zu schützen, die ihren Urlaub nachhaltig beeinträchtigen könnten. Nicht nur bei Minderjährigen, sondern auch bei Erwachsenen muß der Reiseleiter einen Termin für die Nachtruhe festsetzen und bei groben Verstößen streng durchgreifen. Er kann diesen Termin variieren und mit seinen Gästen abstimmen, aber er muß Sanktionen nicht mit ihnen diskutieren.
Ein pädagogisch geschulter Reiseleiter wird geeignete Gelegenheiten nutzen, um seinen jugendlichen Gästen seine aus dieser Rolle erwachsenen Pflichten zu erklären und ihnen damit ein Stück Aufklärung über eine für alle geltende gesellschaftliche Realität zu vermitteln; aber er wird seine Entscheidungen *persönlich* treffen und begründen und sich nicht hinter »der Gruppe« verstecken. Er handelt nicht »undemokratisch«, wenn er diese drei Grundsätze zur Not »autoritär« durchsetzt. »Undemokratisch« handelt er vielmehr erst dann, wenn er die wenigen Fälle, für die ihm diese Autorität verliehen ist, willkürlich ausdehnt auf Entscheidungen, die damit nichts zu tun haben, wenn er zum Beispiel den Jugendlichen das Tanzen ganz und gar verbietet oder ihnen diktiert, welche Platten sie hören dürfen und welche nicht. Das instruktivste Beispiel für ein Führungsverhalten, das die institutionelle Autorität immer wieder mißbraucht, ist die Leitung des in der Monographie dargestellten Projektes 8/VI/3.
2. Neben dieser Rolle als institutioneller Repräsentant ist eine andere Rolle des Reiseleiters in seiner Interaktion mit den Gruppenmitgliedern von besonderer Bedeutung: er ist *Erwachsener*, und sei es auch nur in dem Sinne, daß er »erwachsener« als die Teilnehmer ist, weil das Reiseunternehmen ihn auf Grund seiner Kenntnisse und Erfahrungen eben mit der Leitung einer Gruppe beauftragt hat, deren Teilnehmer gleichaltrig sind. Aus dieser Rolle ergeben sich Konsequenzen. Er ist älter oder auch nur erfahrener, er ist

reifer, er ist volljährig, von ihm werden andere Reaktionen erwartet als von den Teilnehmern, wenn es darum geht, eine Situation zu meistern, die ein Erwachsener angemessener lösen kann.

Dazu ein Beispiel: Eine Gruppe junger Erwachsener sitzt in einer spanischen Fischerkneipe, man hat sich zu einem Tintenfischessen verabredet. Die Stimmung ist sehr fröhlich, der Wein tut seine leichte Wirkung. Ein Teilnehmer nimmt einem anderen den Schuh weg und reicht ihn auf einem Teller weiter. Jeder tut einen kleinen Gegenstand dazu, eine Gräte, eine Tomate, ein Stück Papier usw. Als der Teller am Ausgangspunkt ankommt, nimmt der Jugendliche, dem der Schuh gehört, das kleine »happening« vorsichtig in die Hand und trägt den Teller vor die Tür, um ihn zu verstecken. Plötzlich taucht der Wirt am Tisch auf und beginnt den jungen Mann mit einem Schwall spanischer Flüche zu beschimpfen, nennt ihn Dieb, und nachdem nun die anderen mit zunächst sehr hilflosen Gesten versuchen, ihren Freund zu verteidigen und das Mißverständnis zu klären, die Stimmen aber allmählich lauter und ungeduldiger werden, belegt er die ganze Gesellschaft mit dem Wort »Nazis«. In diesem Moment greift der Reiseleiter ein, nachdem er vorher wie ein Teilnehmer mitdiskutiert hat. Er fordert die Jugendlichen auf, ohne weiteren Kommentar zu zahlen und das Lokal zu verlassen, sagt dem Wirt in spanischer Sprache sehr deutlich seine Meinung über dessen unmögliches Verhalten und beschließt mit den Jugendlichen, dieses Lokal nicht mehr zu besuchen. Ruhiges, reifes Verhalten im richtigen Augenblick — wer weiß, wie das Ende des Abends sonst ausgesehen hätte.

Die Frage, ob ein Reiseleiter die Jugendlichen duzt oder mit »Sie« anspricht, ist nicht einfach dadurch zu entscheiden, daß man sich der verbreiteten, aber keineswegs erwiesenen Meinung anschließt, beim »Du« ließen sich auftretende disziplinarische Schwierigkeiten leichter lösen. Manche meinen auch umgekehrt, man müsse das »Sie« verlangen, um eine Autoritätsperson zu bleiben. Mit der Autorität der Rolle »als Erwachsener« scheint uns diese Frage

leichter entscheidbar. Wie immer sich der Reiseleiter entscheiden mag, er sollte in seiner Entscheidung erkennbar machen, daß die normalen Beziehungen der Erwachsenen untereinander so angelegt sind, daß das »Sie« der Anrede eine Selbstverständlichkeit ist, die über die Intensität des Kontaktes zunächst noch gar nichts sagt. Die immer wieder zu hörende Erklärung bei Jugendfreizeiten, »wir sind jetzt eine große Gemeinschaft, und da duzen wir uns selbstverständlich«, ist keine Erklärung. Die Achtung, die man dem gleichberechtigten Freizeitpartner entgegenbringt, sollte zunächst auch in der Form der Anrede zum Ausdruck kommen; denn im normalen Umgang der Menschen miteinander ist das »Du« Zeichen eines *freundschaftlichen* Kontaktes, nicht einer zufälligen Kommunikation.
Allerdings erwarten vor allem Jugendliche aus den unteren Schichten oft das »Du«. Es hat im Rahmen ihrer sozialen Erfahrungen einen anderen Stellenwert als bei Angehörigen der Mittelschicht. Im Grunde entspricht die Differenzierung der Anrede in »Du« und »Sie« dem kulturellen Selbstverständnis des Mittelstandes, und in den darüberliegenden Schichten kommen ja noch weitere Differenzierungen hinzu. Man könnte also fragen, warum denn in dieser Frage ausgerechnet die kulturellen Normen des Mittelstandes *gegen* die Erfahrungen der Arbeiterschichten zur Geltung gebracht werden sollen. Unter dem Aspekt der gesellschaftlichen Emanzipation läßt sich diese Frage leicht beantworten: die Beherrschung solcher Differenzierungen ist nun einmal in unserer Zeit eine der *Voraussetzungen* für gesellschaftliche Empanzipation und für die Beseitigung sozialer Unsicherheit, und man tut den Jugendlichen selbst keinen Dienst, wenn man sie in ihrer bisherigen kulturellen Disposition gefangen läßt. *Wie* man angesichts dieser Sachlage dann im einzelnen verfährt, ist eine Frage des sozialen Taktes.

3. Hier und da taucht auf einem Ausbildungskurs die Frage auf: »Was tue ich, wenn sich eine Teilnehmerin in mich verliebt?«. Man kann dem jungen Mann antworten, er sei noch »gut davongekommen«, wenn sich nur *eine* Teilneh-

merin in ihn verliebt und nicht gleich ein ganzes Dutzend, die dann als Rivalinnen sich alles mögliche einfallen lassen, um in die Nähe des mehr oder weniger heimlich Verehrten zu gelangen, und beim gut gespielten Herzanfall ist der Reiseleiter nun einmal gezwungen, das Zimmer der jungen Teilnehmerin aufzusuchen und Trost zu spenden. Gerade weil der Kontakt zum anderen Geschlecht für die Jugendlichen im Urlaub von so großer Bedeutung ist, wird die *Geschlechtsrolle* sehr wichtig. Weil die Bedeutung dieser Rolle für die Interaktion mit Jugendlichen normalerweise im pädagogischen Bereich geleugnet wird, ist sie ungeübt und bringt den Urlaubspädagogen häufig in Verlegenheit. Es liegt auf der Hand, daß insbesondere der jugendtouristische Urlaub eine Reihe von Problemen und Situationen mit sich bringt, bei denen nicht die Amtsautorität des Reiseleiters, sondern diejenige Autorität gefragt ist, die er auf Grund einer ausgeprägten Männlichkeit bzw. Weiblichkeit mitbringt — was immer man nun darunter verstehen mag. Er soll sich nicht zum »Seelentröster« in allen Lebenslagen aufspielen, der mit leichter Hand jeden Liebeskummer heilen kann, sondern zu erkennen geben, daß er die Schwierigkeiten der Kommunikation der Geschlechter sehr wohl versteht und bereit ist, einen Rat zu geben, wo er möglich ist. Daß gerade diese Rolle des Reiseleiters für den Jugendlichen neue und wichtige Erfahrungen bringen kann, wird dann besonders klar, wenn wir daran denken, daß unsere Jugendlichen zwar sehr viele Probleme mit ihren Eltern besprechen, am wenigsten allerdings ihre sexuellen.
Der Reiseleiter sollte sich dem anderen Geschlecht gegenüber anders verhalten als gegenüber dem eigenen. Vor allem sollte er vermeiden, ältere Jugendliche des anderen Geschlechts pauschal zu duzen. Bleibt er, wenigstens zunächst, beim »Sie«, kann er seine Beziehungen besser abstufen: ausgehend von einer freundlichen, höflichen und charmanten Distanz kann er im Verlaufe des Urlaubs durchaus auch mehr private Beziehungen eingehen, sofern er seine Pflichten als institutioneller Repräsentant nicht verletzt.

Damit ist eine heikle Frage ausgesprochen, die für so manchen Reiseleiter durchaus praktische Bedeutung gewinnt: »Darf sich ein Reiseleiter in eine Urlauberin verlieben?« Wir haben vorhin darauf hingewiesen, daß eine unfreie, undemokratische Beziehung zwischen Menschen dort gegeben ist, wo kein Rollenwechsel stattfinden kann, wo gleichsam *eine* Rolle totalitär über alle anderen menschlichen Beziehungen herrscht. Das gilt auch hier. Würde man antworten, ein Reiseleiter habe nur seine beruflichen Aufgaben zu erledigen und alle privaten Interessen müßten dieser Aufgabe grundsätzlich untergeordnet werden, so entspräche das jener üblen Kapitalisten-Ideologie, nach der man einen *ganzen* Menschen kauft und nicht nur einen *Teil* seiner Zeit und Leistungsfähigkeit. Eine solche Antwort würde bedeuten, daß man die Berufsrolle zur dominanten Rolle erklärt, von der alle übrigen sozialen Beziehungen entweder unterdrückt oder inhaltlich festgelegt werden.
Diese Einstellung ist sowohl in Unternehmerkreisen wie auch unter Erziehern in der Tat noch sehr verbreitet, und gegen sie richtet sich nicht zuletzt unser Modell vom »Rollen-Ensemble«.
Stellt man die Frage also so prinzipiell, so muß man sie ebenso prinzipiell bejahen: Selbstverständlich darf sich der Reiseleiter (und auch der Pädagoge) in eine Teilnehmerin verlieben, oder allgemeiner formuliert: Selbstverständlich darf der Leiter eines Ferienprojektes auch abgestufte persönliche Beziehungen zu seinen Teilnehmern eingehen, sofern diese Beziehungen nun nicht ihrerseits die anderen Rollen überspielen.
Die dabei auftretenden Schwierigkeiten stecken nicht im Prinzip, sondern im Detail: Vielleicht fühlen sich andere Mitglieder der Gruppe dann »ungerecht« behandelt; vielleicht verträgt der andere (meist jüngere!) Partner keinen Flirt, der nur einen Turnus lang dauern soll oder kann, usw. Jedenfalls wird die Tätigkeit des Reiseleiters wahrlich nicht einfacher, wenn er sich verliebt; andererseits muß auch ihm das Recht zugestanden werden, bestimmte Menschen für sympathischer zu halten als andere, und eine

Reisegruppe, die keinen anderen Grund für Aggressionen gegen den Leiter hat, wird das akzeptieren, wenn es mit dem gebührenden Takt geschieht.
Vor allem aber sollte der Reiseleiter daran denken, daß sein Vorbild im Umgang mit dem anderen Geschlecht von der Gruppe nachgeahmt werden kann, und dies um so mehr, je unsicherer die Gruppe dieser Sozialbeziehung noch gegenübersteht. Seine Gruppe lernt nichts dabei, wenn er selbst gegenüber dem anderen Geschlecht den Stil niveauloser Kameraderie inszeniert. Sie lernt dagegen entschieden mehr, wenn er selbst das Vorbild für einen allgemeinen distanzierten Flirt abgibt.
4. In der Rolle als *Freizeitpartner* tritt der Erzieher als gleichberechtigter Miturlauber neben den Jugendlichen. So leicht diese Rolle zunächst auch scheinen mag, wer ein wenig Erfahrung im Umgang mit ausgelassenen Feriengästen hat, wird wissen, daß die Schwierigkeit dieser Rolle insbesondere darin liegt, daß man häufig gezwungen ist, sehr schnell einen Wechsel in eine andere Rolle vorzunehmen, weil zum Beispiel die übermütige Stimmung plötzlich in eine Radaustimmung umschlagen kann und der Reiseleiter sich jetzt auf seine anderen Rollen als Gastgeber, als Erwachsener usw. besinnen muß. Gerade der Wechsel aus der Rolle des Freizeitpartners in eine andere ist den Jugendlichen häufig nicht verständlich, sie sehen darin einen Vertrauensbruch und meinen dann sehr resigniert oder auch aufgebracht: »Der wollte sich wohl nur bei uns beliebt machen und uns aushorchen«. Die Autorität dieser Rolle ist die des individuellen Lebensstils, gedacht als die Fähigkeit, im richtigen Augenblick Urlaubslangeweile durch einen Vorschlag zu unterbrechen, dessen Ausführung dem Leiter selbst jetzt sehr viel Spaß macht und der den anderen die Möglichkeit gibt, sich anzuschließen und vielleicht neue Erfahrungen zu sammeln, auf die sie sonst hätten verzichten müssen.
Dazu ein erlebtes Beispiel. Man ist in der zweiten Woche seines Urlaubs, der sogenannte Routinetag läuft ab: aufstehen, frühstücken, schwimmen, in der Sonne liegen, essen, schlafen, schwimmen, in der Sonne liegen, essen, umziehen,

tanzen. Am nächsten Tag das gleiche. Gelangweilt liegt man am Strand. Die Ruhe tut gut, aber man hätte doch Lust, einmal etwas anderes zu tun. Auch unser Reiseleiter hat Lust. Er ist ein guter Spanienkenner und weiß, daß das Hotelessen zwar sehr gut ist, aber aus Rücksicht auf die deutschen Gäste nicht mit typischen Spezialitäten herausrückt. Er beginnt langsam laut zu denken, blinzelt in die Sonne, und die umliegenden Jugendlichen hören den lauten Traum von einer Paella, gutem Tischwein und einem spanischen Restaurant. Man fragt nach, und sehr schnell taucht die Frage auf: »Könnten wir denn nicht einmal nach X fahren und dort ein Restaurant aufsuchen?«

5. Eine nicht zu unterschätzende Rolle spielt der Ferienleiter als *Verkäufer von Dienstleistungen*, zumal wir gerade im Bereich des Jugendtourismus noch vielfach die Ansicht vertreten finden, daß für junge Menschen ein zweitklassiger Service ausreiche, schließlich sei ja die Gemeinschaft mit anderen Jugendlichen das Wichtigste. Wir haben bereits in unserem Kapitel über den Komfort auf die Folgen einer solchen Einstellung hingewiesen. Fatal wird die Situation allerdings, wenn der Reiseleiter sich ebenfalls nicht berufen fühlt, die Dienstleistungen zu erbringen, die der Jugendliche mit Buchung der Reise zu erwarten hat. Wie müssen sich Jugendliche fühlen, wenn ihre Reklamationen vom Reiseleiter nicht an den Hotelier weitergegeben werden, weil jeder sich mit dem Wirt gut stellen will? Zu der neuen Wirklichkeitserfahrung der Jugendlichen sollte eben auch die Fähigkeit gehören, im richtigen Ton, zum richtigen Zeitpunkt und bei der richtigen Person Reklamationen anzubringen. Die richtige Person ist in unserem Fall der Reiseleiter, und wenn er nicht reagiert, sollte man sich auch nicht wundern, wenn die jugendlichen Touristen daraus schlußfolgern, daß höfliche Reklamationen nichts nützen, sondern daß man Radau machen muß, um zu seinem Recht zu kommen. Zum Selbstverständnis dieser Rolle gehört ein weiteres: Als Garant für besondere Dienstleistungen hat der Reiseleiter nicht nur für das physische Wohlergehen seiner Teilnehmer zu sorgen, sondern auch

dafür, daß die Gruppe nicht zum Objekt seiner eigenen pädagogischen Bedürfnisse wird. Die jungen Reisenden haben — wenn auch mit besonderen finanziellen Vergünstigungen — eine Reise gebucht, von der sie erwarten können, daß sie ihren Vorstellungen und Bedürfnissen, soweit sie realisierbar sind, entspricht. Sie können zum Beispiel damit rechnen, daß es, wenn sie mit einem Jugendverband verreisen, manchen Programmpunkt gibt, den sie lieber ausfallen lassen würden, aber sie müssen nicht erwarten, daß eine spontan begonnene Tanzerei an einem freien Abend dadurch abgebrochen wird, daß der Ferienleiter auftaucht, das Abspielen der Schlager-Tanzplatten unterbindet und für alle Volkstanz anordnet (8/VI/3, S. 38 f.). Der Urlaub ist in erster Linie für die Jugendlichen und nicht für die wie auch immer motivierten pädagogischen Bedürfnisse des Leiters da!
Diese Rolle des »Verkäufers von Dienstleistungen« ist eine berufliche Beziehung zwischen dem Reiseleiter und seiner Gruppe. Wir haben schon im ersten Teil des Buches darauf aufmerksam gemacht, wie wenig Jugendliche lernen, eine solche Beziehung angemessen auszufüllen. Der Reiseleiter müßte seinen Partnern helfen, diese Rolle optimal zu spielen. Er ist kein »Mädchen für alles«, die aus dieser Rolle erwachsenen Pflichten sind begrenzt, er hat Anspruch auf Feierabend, wenn der Feierabend hier auch nicht immer zu terminieren ist. Andererseits sollte der Reiseleiter im heute üblichen Umgangston des Wirtschaftslebens sich mit berechtigten Beschwerden seiner Gäste auseinandersetzen und sie zu deren Formulierung ermuntern.
Diese Rolle kommt oft dadurch zu kurz, daß man es für »pädagogisch« hält, wenn »die Gruppe« möglichst »alles selbst tut«. Diese Meinung hängt mit der übertriebenen Bedeutung zusammen, die man der jugendlichen »Gemeinschaft« erteilt: Man idyllisiert eine Sozialbeziehung, in der es noch keine Arbeitsteilung gibt, wo »alle noch alles tun«. Aber im wirklichen Leben gibt es das nicht. Da gibt es vielmehr eine Fülle von Dienstleistungen, deren man sich bedient, wenn man ganz bestimmte Bedürfnisse befriedi-

gen will. Die Bedeutung dieser Dienstleistungen liegt darin, daß sie die Menschen *entlasten* und *freisetzen* für Tätigkeiten, zu denen sie sonst gar nicht kommen könnten. Im Urlaub bedeutet das unter anderem: Der Jugendliche kann erwarten, daß der Reiseleiter die Initiative für Programme in der Hand behält. Hat die Gruppe selbst Pläne und Vorschläge, so soll der Leiter sie dankbar aufgreifen, aber er darf nicht einfach darauf warten. Im Urlaub hat auch der Jugendliche Anspruch darauf, daß ihm »etwas geboten wird«, daß seine Aktivität sich darauf beschränkt, daß er unter dem Angebotenen auswählt und »ja« und »nein« sagt. Für den Reiseleiter dagegen ist das Programm wesentlich Medium einer *Marktbeziehung* zwischen ihm und den Teilnehmern, ein Verhältnis von Angebot und Nachfrage: er muß für sein Programm bei den jugendlichen Partnern »werben«. Wartet er dagegen dauernd auf die »Aktivität der Gruppe«, so übersieht er, daß Lerninteressen ja keine im Erbgut schlummernden Potenzen sind, sondern daß sie überhaupt erst entstehen, wenn sie von außen herausgelockt werden. Die jugendliche »Spontaneität« *allein* bringt nichts Neues zustande.

6. Im Rollen-Ensemble des Reiseleiters wollen wir noch auf eine weitere Funktion hinweisen, deren Bedeutung für das Urlaubsgeschehen auf der Hand liegt. Das Reiseunternehmen entscheidet sich für einen Reiseleiter auf Grund seiner Qualifikation, das heißt es wählt für die Betreuung seiner Gäste einen *Fachmann,* der mit der Autorität der besseren Sachkenntnis den Jugendlichen etwa bei der Entdeckung des Urlaubslandes behilflich ist, durch seine Sprachkenntnisse den Kontakt zu Einheimischen erleichtert oder durch eigene Erfahrungen erklären kann, warum das »Handeln« auf südlichen Märkten eine Technik des Kaufens und keine unmoralische Handlung ist. Unser Material gibt immer wieder Einblick in den positiven Zusammenhang von guter Fachkenntnis des Reiseleiters und sozialer Interaktion und Integration der Jugendlichen mit und in dem Gastland. Da, wo der Ferienbetreuer selbst Laie ist und bleibt, bleiben es in den meisten Fällen auch

die jugendlichen Teilnehmer. Der häufig ins Feld geführte gute Binnenkontakt der Gruppe — keiner tut etwas außerhalb der Gruppengemeinschaft — ist weit häufiger ein Zeichen der Flucht nach innen und Ersatz für den Kontakt nach außen als ein Zeichen der gemeinsamen Gesinnung.

Zum richtigen Spielen dieser Rolle gehört auch, daß der Reiseleiter die Grenzen seiner fachlichen Kenntnisse nicht verschleiert. Niemand nimmt ihm übel, wenn er seine fachliche Unzuständigkeit eingesteht. Aber er stiehlt die Zeit seiner Gäste, wenn er ein Programm anbietet, das er zwar für »pädagogisch« hält, von dem er aber nichts versteht.

Fassen wir zusammen: Die Beziehung von Leitung und Gruppe wird sich dann entsprechend unserer Forderung nach gesteigerter Lern- und Erfahrungsfähigkeit gestalten, wenn es dem Reiseleiter gelingt, diese sehr verschiedenen Rollen wirklich in einen Zusammenhang zu bringen, in dem zwar auf der einen Seite die durch die Rollen bestimmten unterschiedlichen Führungs- und Umgangsstile demonstriert werden, auf der anderen Seite aber deutlich wird, daß die verschiedenen Rollen von ein und derselben Person bewältigt werden müssen, in dieser Person ihre Abhängigkeit voneinander haben. Die Integration dieser Rollen, ihre gleichsam »persönliche Version« ist eine permanente Aufgabe der Selbst-Bildung des Reiseleiters; keine Institution kann ihm das abnehmen. Auch eine noch so gute Reiseleiterausbildung kann ihm zwar diese Strukturzusammenhänge aufklären, aber sie kann ihm nicht abnehmen, daraus seinen persönlichen Stil zu machen. Gelingt ihm dies nicht, so wird sein Verhalten schizophren, etwa im Sinne der alten Kommiß-Regel: »Dienst ist Dienst, und Schnaps ist Schnaps«. Der Reiseleiter, der sein Programm am Tage, ohne Widerspruch zu dulden, diktiert und sich abends zum Ausgleich mit den Jugendlichen betrinkt, um ihre Sympathie zu gewinnen, hat seine widersprüchlichen Rollen in keinen Zusammenhang gebracht.

Wir sind der Meinung, daß nur ein Führungs- und Umgangsstil, der sich nicht von den Extremen her konstituiert,

sondern als Integration der verschiedenen Rollen versteht, eine kontinuierliche ausgewogene Beeinflussung der jugendlichen Verhaltensweisen ermöglicht.
Wir sind bei der Darstellung des Führungsstiles bewußt dem üblichen Sprachgebrauch (autoritär, laisser faire, sozial-integrativ usw.) ausgewichen und haben statt dessen eine Strukturanalyse der *tatsächlichen* Beziehungen zwischen Leiter und Gruppe vorgenommen. Im Unterschied zu dem sonst üblichen Sprachgebrauch gelang es uns damit, auch die *objektiven* Momente des Führungsstiles, die nicht dem Willen des Leiters unterliegen, herauszuarbeiten. Damit entgingen wir einer Gefahr, der die üblichen Begriffe fast immer erliegen: sie suggerieren, daß der Erzieher unter den möglichen Führungsstilen die freie Wahl habe. Diese Annahme wäre aber nur dann berechtigt, wenn die touristischen Projekte in einem Höchstmaße »pädagogische Provinzen« wären. Dies ist offensichtlich nicht der Fall. Wird jene Einbildung trotzdem aufrechterhalten, so ändert sich im Grunde nur, daß die alte autoritäre Herrschaft durch »demokratische Tricks« nur erfolgreicher aufrechterhalten wird.
Dagegen wird in unserem Modell der Tatsache Rechnung getragen, daß es auch im organisierten Urlaub ein Erziehungs- und damit ein Herrschaftsverhältnis über Minderjährige gibt. Es kommt nur darauf an, es zu beschränken. Während in der »institutionellen Rolle« die Autorität von außen verliehen ist, muß der Leiter sie in anderer Hinsicht erst »erwerben«: sie kann ihm auch von den Jugendlichen verweigert werden. Nur in einem derart differenzierten Sozialgefüge kann sich Erfahrungsfähigkeit und Lernbereitschaft bei den Jugendlichen entfalten.

Kollektive Führungsformen

Bisher gingen wir davon aus, daß *ein* Leiter pädagogisch für eine Gruppe verantwortlich ist. Dies gilt in der Tat für sehr viele Projekte des Jugendtourismus. Aber daneben setzt sich immer mehr auch die kollektive Führungsform durch, die das eben entworfene Führungsmodell weiter kompliziert. Im Rahmen des Jugendtourismus sind es vor allem drei Formen, die unsere Beachtung verdienen.

a) Der Dualismus von Leiter und Wirt

Schon beim klassischen Jugendwandern gab es immer auch diese duale Führungsform: die wandernde Gruppe benutzte die Jugendherberge und unterwarf sich dort den Anordnungen der Herbergsleitung, die ja nicht nur juristisch, sondern vor allem auch pädagogisch bestimmt waren. Solange die pädagogischen Vorstellungen der reisenden Gruppen und ihrer Leiter mit den Vorstellungen der Herbergsleitung wenigstens prinzipiell übereinstimmten, erwuchsen daraus weiter keine Probleme: es handelte sich nur um eine Arbeitsteilung zwischen den beiden Leitern, die aber gleichwohl durch die gemeinsamen pädagogischen Grundüberzeugungen wieder aufgehoben wurde.
Das änderte sich, als infolge der modernen touristischen Entwicklung die Vorstellungen mehr und mehr auseinanderzufallen begannen (30; 31; 32;). Nun mehrten sich die Konflikte zwischen beiden pädagogischen Führern, und die Leitung wurde arbeitsteilig, ohne daß diese Arbeitsteilung in allen Fällen wieder aufgehoben werden konnte. Um es in unserem Modell des »Rollen-Ensembles« auszudrücken: Nicht nur gab es nun gegenüber den Teilnehmern zwei Rollenstrukturen, sondern es gab auch eine solche in der Beziehung zwischen den beiden Leitern selbst. Ähnlich geht es in vielen Großprojekten des Jugendtourismus zu: Die Reiseorganisation hat ein Haus gemietet, in dem der Besitzer mit seinem Personal die Hausherrnrechte wahrnimmt; der Reiseleiter hat darauf nur im Rahmen des vorher geschlossenen Vertrages Einfluß. Bedenkt man, daß ein solcher Wirt in der Regel weder pädagogische Kenntnisse noch Ambitionen hat, und bedenkt man weiterhin, wie wichtig gerade die materiellen Bedingungen der Urlaubsunterkunft sind, über die der Wirt allein verfügt,

dann liegt auf der Hand, daß sich dieser Dualismus nur in wenigen Fällen bewährt.
Es gibt in unserem Material sehr instruktive Beispiele dafür, daß der Reiseleiter einen großen Teil seiner Energie aufwenden muß, um die Spannungen zwischen Wirt und Gästen wenigstens nicht zum offenen Konflikt kommen zu lassen.
Aber gerade deshalb macht es die prinzipielle Problematik der dualen pädagogischen Leitung offenbar: Weil es in diesem Führungsmodell im Ernstfall keine *persönliche* Instanz gibt, die Entscheidungen treffen kann, können gravierende Konflikte eben auch nicht gelöst, sondern nur verdrängt werden. Duale Führungsverhältnisse sind in pädagogischen Feldern immer von Übel, und es ist kein Autoritarismus, wenn wir darauf bestehen, daß eine pädagogische Führungsform immer so angelegt sein muß, daß *eine* Person im Ernstfall über alle pädagogisch relevanten Daten Entscheidungen treffen kann.
Für die jugendtouristischen Großprojekte ist das eine nicht immer leicht einlösbare Forderung. Selbst guten Verträgen mit den Wirten sind Grenzen gesetzt, und geeignete Häuser in eigener Regie zu übernehmen, können sich die Unternehmen nur selten finanziell leisten.

b) Das Leiter-Helfer-System

Vor allem in Maßnahmen des jugendpflegerischen Tourismus ist es üblich, einem Leiter einige Helfer zu unterstellen. In diesem System ist zwar die Einheit der pädagogischen Führung gewahrt, aber die Helfer stehen in einer direkten Abhängigkeit vom Leiter; die Führungsgruppe ist hierarchisch strukturiert, und zwar unwiderruflich. Vor allem dann, wenn die Helfer jünger sind als der Leiter, weniger Erfahrung haben, einen geringeren beruflichen Status und geringere Bildung haben, geraten sie von vornherein in eine schwierige Position zu den Teilnehmern. Ihre Rolle ist gewissermaßen von »oben« und von »unten« definiert; vor allem wenn sie mit den Teilnehmern zusam-

men schlafen, erscheinen sie diesen leicht als Spitzel der Leitung, und der Leiter neigt leicht dazu, seine Helfer nur als »Exekutive« zu gebrauchen.
Diese Leitungsform verlangt vom Leiter gegenüber seinen jüngeren Helfern ein Höchstmaß an Takt und Einfühlungsvermögen. Vor allem muß er ihnen helfen, ihren Status gegenüber den Teilnehmern zu festigen. So sollten die Helfer möglichst nicht bei den Teilnehmern schlafen. Im Grunde ist das Leiter-Helfer-System nur dann vertretbar, wenn die Helfer — sei es durch ihre Reife, sei es durch ein bestimmtes fachliches Können — für den Leiter einigermaßen gleichberechtigte Diskussionspartner sein können. Entfällt diese Voraussetzung, so gerät der Helfer notwendig in eine unselbständige Polizistenrolle, wie taktvoll immer der Leiter ihm helfen mag.

c) Die Team-Leitung

»Team« ist in letzter Zeit ebenso ein pädagogisches Modewort geworden wie »demokratischer Führungsstil«. Was man früher richtiger »Mitarbeitergruppe« nannte, heißt jetzt einfach »Team«. Es ist also nützlich, diese Leitungsform zu präzisieren. Im Unterschied zum eben beschriebenen Leiter-Helfer-System ist ein Team durch folgende Merkmale charakterisiert:

1. Zu einem Team gehört ein Mindestmaß an gegenseitiger persönlicher Sympathie. Anders ausgedrückt: Man muß bereit sein, mit den Mitgliedern seines Teams nicht nur in einer dienstlichen, sondern auch in anderen »Rollen-Beziehungen« zu stehen. Ein Team entsteht also nicht durch die zufällige Zusammensetzung von Personen, die »beschließen«, ein Team zu sein. Es ist also immer ein freiwilliger Zusammenschluß von Personen zum Zwecke einer bestimmten Aufgabe. Natürlich kann man auch, *nachdem* man sich am Arbeitsplatz kennengelernt hat, feststellen, daß die gegenseitige Sympathie hinreichend ist; aber das ist ein Risiko.

2. Über die Aufgabe muß ein gemeinsames Bewußtsein bestehen, und es muß Einigkeit bestehen über alle wichtigen Grundsätze. Zwischen Personen, die über »Urlaubspädagogik« im Prinzip divergierende Auffassungen haben, kann keine Team-Beziehung entstehen. Dem widerspricht nicht, wenn ein Team »arbeitsteilig« bei seiner Aufgabe verfährt.
3. Die Mitglieder müssen ungleichartige, aber gleich hohe sachliche und fachliche Kompetenzen haben. Die Kompetenzen müssen ungleichartig sein, weil nur dann der Effekt der Arbeitsteilung gewährleistet ist; sie müssen gleich hoch sein, weil es nur dann kein hierarchisches Verhältnis im Team selbst gibt.
4. Die Leitung des Teams muß auswechselbar sein, also zu einer bloß organisatorischen und technischen Frage werden. Dies gilt unbeschadet der Tatsache, daß auch in einem Team *einer* der im juristischen Sinne Verantwortliche ist; trotzdem kann die Leitung des Teams je nach Sachlage wechseln.

Nimmt man diese vier Merkmale ernst, so zeigt sich, daß diese Führungsform sehr viel seltener ist, als man gemeinhin annimmt. Das liegt nicht zuletzt daran, daß sich Teams nicht so leicht organisieren lassen, daß aber Organisierbarkeit der Mitarbeiterschaft besonders wichtig wenigstens für die großen touristischen Organisationen ist. Gelingt es aber, eine solche Führungsform zu realisieren, so ist sie hinsichtlich des pädagogischen Effektes jeder anderen Führungsform weit überlegen. Was kann diese Führungsform im einzelnen leisten?

1. Wir hatten oben die Beziehungen zwischen Leitung und Gruppe als ein Rollenensemble beschrieben. Das Problem eines einzelnen Leiters besteht nun darin, daß er die verschiedenen Rollen nicht gleichzeitig, sondern nur nacheinander spielen kann. Bei einem Team ist das anders. Hier können verschiedene Rollen gleichzeitig gespielt werden, je nachdem, welche Situation vorliegt und welche Funk-

tion der einzelne Teamer gerade ausübt. Auf diese Weise wird das Rollengefüge, dem wir so große Lernbedeutung beimaßen, durchsichtiger und durchschaubarer. Zudem kann das Team diese Rollenbeziehungen in sich selbst demonstrieren.

2. Das Team kann arbeitsteilig und mit erhöhter Kompetenz arbeiten. Das gilt vor allem für eine differenziertere Ausprägung der Rolle des »Fachmannes«. Vier Menschen — wenn sie richtig ausgesucht sind — sind für mehr Angebote kompetent als einer. Wir haben vorhin gesagt, daß die Anzahl der differenzierten Angebote auch die Zahl der differenzierten Kontakte und damit die Lernmöglichkeiten erhöht. In diesem Sinne hat das Team natürlich größere Möglichkeiten als eine Einzelleitung.

3. Obwohl das Team arbeitsteilig vorgeht, kann es die Arbeitsteilung auch wieder aufheben, indem es sich ein Bewußtsein von den pädagogischen Gesamtprozessen macht. Es kann Konflikte und Probleme mit größerer Wahrscheinlichkeit richtig diagnostizieren und lösen. Je komplizierter die pädagogischen Prozesse geworden sind, um so mehr ist ein einzelner Leiter von ihnen überfordert. Man kann es auch noch anders sagen: im Team gibt es die Möglichkeit der »Erfolgskontrolle«, der »Rückmeldung«. Jedes Mitglied kann seine Arbeit von den anderen mitkontrollieren lassen.

4. Ein Team kann die Position jedes einzelnen Mitglieds — und vor allem auch des Leiters — nach außen stärken. Das ist keineswegs ein nebensächlicher Gesichtspunkt; denn ein Einzelleiter in einer fremden Umgebung wird risikovolle und auch nur non-konformistische Entscheidungen im Zweifel scheuen, weil er sich kaum wehren könnte, wenn darüber falsch oder einseitig an seinen Auftraggeber berichtet würde. Das gilt nicht zuletzt für die Beziehungen zu seinen andersgeschlechtlichen Teilnehmern. Schon mancher Reiseleiter ist dabei in eine zwielichtige Rolle geraten, gegen die er sich nicht recht wehren konnte. In solchen Fällen verbürgt das Team Solidarität und Korrektur zugleich.

So einleuchtend die Vorteile der Team-Leitung sind, so muß man doch auch die für sie charakteristischen Gefahren sehen.

1. Oft ist mit der Team-Leitung eine permanente *Entscheidungslosigkeit* verbunden. Man glaubt oft, im Team würden sich schon dadurch, daß man lange genug miteinander diskutiert, auch pädagogisch wirksame Entscheidungen ergeben. Aber auch eine Team-Leitung ist ein *Führungs*stil, und nicht wenige sind Anhänger des Teams, weil sie eine Scheu davor haben, offen nach außen hin zu führen und Anordnungen zu treffen. Sie machen aus dem Team eine neue Gesinnung. Auch das Team braucht also eine Führungsspitze, die Entscheidungen treffen kann; diese Spitze kann personell wechseln, aber sie muß jederzeit nach außen und innen klar sein. Mit anderen Worten: Das Team schafft nicht die Herrschaft in pädagogischen Zusammenhängen ab — Herrschaft kann nie durch bloße Gesinnung abgeschafft werden —, sondern es kann diese Herrschaft nur demokratisieren. Das betrifft vor allem den *Prozeß*, der zu pädagogischen Entscheidungen und Maßnahmen führt: wie sie diskutiert werden, mit wem sie diskutiert werden, wer einen Einfluß darauf hat, wie sie abgeändert werden können, ob Führungspositionen auswechselbar sind usw.

2. Eine weitere Gefahr besteht darin, daß das Team, dessen Mitglieder sich sehr sympathisch sind, so viel Binnenkontakt entwickelt, daß es sich nach außen — gegenüber den Jugendlichen — so sehr abschließt, daß es deshalb seine Leitungsaufgaben nicht mehr oder nur noch unzulänglich wahrnimmt. Je besser und länger sich die Team-Mitglieder kennen, um so größer ist diese Gefahr, denn es ist nur zu verständlich, daß man lieber mit den »guten alten Freunden« zusammen ist als mit fremden jungen Menschen, die oft auch noch viel jünger sind (vgl. auch 64).

Urlaub als zeitlicher Prozeß

Bisher haben wir die wichtigsten Faktoren beschrieben, die den Urlaub zu einem Lern- und Erfahrungsfeld eigener Prägung machen: die Sozialsituation, den Komfort, das Angebot und die Führungsstile. Dabei haben wir — im Unterschied zu Helmut Kentler (8/VII und 8/VIII) — die Faktoren nicht miteinander korreliert, um das Faktorengefüge nicht zu unübersichtlich werden zu lassen. Wir haben zum Beispiel nicht gefragt: Welche Folgen hat ein schlechter Führungsstil für die Sozialsituation, für das gesellige Angebot usw., oder: In welcher Weise kann ein guter Führungsstil Mängel des Komforts, der Sozialsituation und des Angebotes ausgleichen? Wer solche Zusammenhänge weiter verfolgen will, der sei auf die ausführlichen Darstellungen von Helmut Kentler verwiesen. Uns kam es vor allem darauf an, die *Gleichberechtigung* und den *Zusammenhang* aller Faktoren für die pädagogische Planung zu demonstrieren und zu zeigen, daß sich diese Faktoren positiv wie negativ ergänzen und gegenseitig hochspielen können.

Davon abgesehen wies die bisherige Darstellung noch einen Mangel auf, den wir jetzt korrigieren wollen. Unser Faktorenmodell erscheint nämlich als ein *zeitloses* Wirkungsmodell, während doch tatsächlich der Urlaub ein *zeitlicher Prozeß* ist, mit einem Anfang, einem Verlauf, einigen oder mehreren Höhepunkten und einem Abschluß. In welcher Weise die bisher genannten Faktoren von Bedeutung sind, hängt offenbar auch davon ab, um welchen Zeitpunkt des Urlaubsverlaufes es sich gerade handelt. Geht man davon aus, daß die Übergänge vom Alltag in den Urlaub und vom Urlaub in den Alltag nicht *schlagartig*, sondern *in einem zeitlichen Prozeß* erfolgen, dann gewinnen unter unserem pädagogischen Aspekt die Zeitstufen der *Anreise*, der *ersten Tage*, der *Höhepunkte* des *Abschlusses* und der *Abreise* eine besondere Bedeutung.

Die meisten Jugendlichen rechnen die *Anreise* noch nicht

zum Urlaub. Das ist, wenn wir an die schon zitierten Beispiele strapaziöser Reisen denken, nicht weiter verwunderlich. Dennoch wäre es richtig, die Anreise schon durch ihren möglichst hohen Bequemlichkeitskomfort als den Übergang vom Alltag in den Urlaub zu betrachten. Soweit möglich, sollte die Reiseleitung helfen, Kontakte zu erleichtern; das geschieht am besten dadurch, daß der Reiseleiter selbst durch den Bus oder Zug geht und Gespräche mit den Gästen beginnt. Dabei kann er unaufdringlich Informationen über den Urlaubsort, die Unterbringung, über besondere Attraktionen usw. erteilen und so das Interesse — und vielleicht sogar die Phantasie — auf das bald erreichte Urlaubsziel lenken. Wenn er bei dieser Gelegenheit noch nach besonderen Wünschen fragt, so ist das selbst dann günstig für das Selbstbewußtsein der jugendlichen Gäste, wenn die Wünsche im Augenblick nicht erfüllbar sind. Es spielt dabei keine entscheidende Rolle, ob der begleitende Reiseleiter auch derjenige ist, den man später am Urlaubsort antrifft. Fährt ein Reiseleiter mit seiner eigenen Gruppe zusammen zum Reiseziel, so hat er die Chance, wenigstens einem Teil seiner Gäste bereits während der Fahrt den Führungsstil zu demonstrieren, der sie später auch am Urlaubsort erwartet. Auf diese Weise kann er sich manche Probleme der Verständigung am Urlaubsort selbst ersparen. Manche Veranstalter haben die Anreise auch dazu benutzt, bestimmte technische Regelungen (zum Beispiel die Zimmerverteilung) schon zu erledigen. Das ist nicht immer möglich, aber wenn es geschieht, können die von der Reise ohnehin Ermüdeten ohne zusätzliche Wartezeiten gleich bei der Ankunft ihre Unterkünfte aufsuchen.

Die *ersten Tage* dienen der Eingewöhnung in die Urlaubssituation. Jetzt sind die Anpassungsprobleme der Jugendlichen am größten, und die Reiseleitung ist am meisten gefordert. Der Abbau der Unsicherheiten läßt sich nur zum Teil organisieren, etwa durch einen ausführlichen *Einleitungsvortrag*. Seine Wirkung ist begrenzt, und er kann, wenn er dauernd Fragen beantwortet, die (noch) niemand hat, auch zur Mobilisierung von Aggressionen führen. Als Faustregel kann etwa gelten: Es sollte nur das gesagt werden, was für die erste Nacht und den ersten Tag unbedingt zu wissen nötig ist; werden anschließend von den Gästen keine zusätzlichen Fragen mehr gestellt, wird die Einführung offiziell beendet und der Reiseleiter setzt sich noch eine Weile mit seinen Gästen zusammen. Es nutzt nicht sehr viel, wenn der Reiseleiter seine Gäste auffordert, sich mit Kritik und Wünschen an ihn zu wenden, sofern er sie nicht zugleich auch dazu ermuntert. Und dies geschieht weniger durch entsprechende Reden und Ansprachen, als vielmehr dadurch, daß der Reiseleiter in den ersten Tagen möglichst viele Gäste selbst anspricht und sich erkundigt. Hat er auf diese Weise ein Klima geschaffen, das frei von autoritären Ansprüchen ist, kann er für den Rest der Zeit darauf vertrauen, daß man zu ihm kommt, wenn man etwas will.

Es läge nahe zu vermuten, daß gerade in den ersten Tagen ein gutes Programmangebot geeignet sei, die Unsicherheit der jungen Gäste zu überwinden. Das ist ein Trugschluß, wenn wir daran denken, wie »programmfeindlich« die meisten Jugendlichen im Urlaub eingestellt sind. Die Vorstellung, man solle doch wieder »freizeitbeschäftigt« werden, darf gerade in den ersten Tagen möglichst nicht aufkommen. Programme sollten vielmehr erst dann in Erscheinung treten, wenn das Erlebnis der Freiheit über die eigene Zeit sich schon durchgesetzt hat. Lediglich *gesellige* Angebote und vor allem *Tanzgeselligkeiten* sind von Anfang an nötig, wie wir gesehen haben; aber auch sie sollten möglichst nicht den Charakter von »Veranstaltungen« haben, sondern sich gleichsam von selbst ergeben.

Besondere Anpassungsprobleme ergeben sich dann, wenn es sich um ein Turnus-Projekt handelt, das heißt wenn im Rhythmus von acht Tagen an- und abgereist wird und dadurch die Zusammensetzung der Gäste sich immer wieder ändert. Dann treffen die »Neuen« jeweils auf eine mehr oder weniger selbstbewußte Gruppe von »Alten«, die ihnen das Eingewöhnen nicht gerade erleichtern (vgl. 8/VII, S.

55 ff.). Im besten Falle verläuft der Empfang für die Neuen ereignislos. Manchmal aber bilden sich auch regelrechte »Initiationsriten« aus, die die Unsicherheit der Neuen noch verstärken. In seinem Catania-Bericht hat H. Kentler schon einen solchen Ritus geschildert (7, S. 15 f. und S. 30 ff.). In unserem neuen Material wird er so beschrieben: Die Neuen »kommen — beladen mit schweren Koffern — die Treppen herauf (ca. 30, 1/3 Jungen, 2/3 Mädchen). Die Alten richten ihre Aufmerksamkeit auf sie, stehen zum Teil auf und bilden Spalier, so daß die Neuankömmlinge, verschwitzt und ermüdet, Spießruten laufen müssen. Bemerkungen: ›Oh, sind die blaß‹ — ›Da war ich aber im falschen Turnus‹ (im Hinblick auf die neuen Mädchen), — ›Guck mal, die sieht aus wie Greta Garbo‹. Keiner hilft beim Koffertragen. Da der Haupteingang versperrt ist, müssen die Neuen seitlich ins Haus gehen. Sie sitzen dann im ›Clubraum‹, in den Händen die Ausweise« (8/VII, S. 61/62). Zwar ist uns kein Fall bekannt, daß die Integration der Neuen nicht gelungen wäre, nach zwei bis drei Tagen gehörten sie meist zu den Alten — im Süden äußerlich erkennbar an der gleichermaßen gebräunten Haut; dennoch muß man sich fragen, ob solche »Initiationsriten« von einer geschickten Reiseleitung nicht zu einem einfallsreichen »Brauch« entwickelt werden könnten, der zweierlei erreicht: einmal eine Demonstration des Selbstbewußtseins der »Alten«, zugleich aber eben auch einen Willkommensgruß für die Neuen.

Vielleicht könnten solche Bräuche dann auch schon *Höhepunkte* im Urlaubsablauf werden. Im allgemeinen verläuft der Urlaub — vor allem der Strandurlaub — verhältnismäßig monoton. Diese Monotonie, bar jedes geistigen und körperlichen Leistungsanspruchs, wird als das Gegenteil zum leistungsbestimmten Alltag empfunden, und deshalb sind wir skeptisch gegen alle Versuche, diese Monotonie unter allen Umständen durch mehr oder weniger geschickte Programme wieder aufzulösen. Die neuen »Erfahrungen«, von denen im ersten Teil des Buches die Rede war und die der Tourismus vermitteln kann, haben ein allgemeines

Klima von Langeweile, von Nicht-Aktivität zur Voraussetzung. Indem die meisten jungen Leute der Verplanung ihrer Langeweile Widerstand entgegensetzen, haben sie sich instinktiv stärker als die erwachsenen Pädagogen eine Vorstellung von der *sinnvollen,* wenn auch — gemessen an äußeren Leistungsansprüchen — *zwecklosen* Muße bewahrt. Gewiß ist der monotone Strandurlaub nicht schon »müßiges« Verhalten; ebenso gewiß aber wird er es nicht dadurch, daß man durch unermüdliche Aktivitätsangebote den Zustand der Monotonie zu zerstören trachtet. Unter unserem Aspekt der drei »Befreiungen« müssen wir vielmehr gegen eine unermüdliche Herausforderung von Aktivitäten schwere Bedenken erheben. Ein anderer Weg scheint uns sinnvoller: die jungen Leute so schnell wie möglich in die un-aktive Monotonie des Urlaubs eintauchen zu lassen, die dann durch Programm*höhepunkte* mit starkem Erlebnisgehalt unterbrochen wird. Solche Höhepunkte können die schon genannten »Riten« werden oder Exkursionen oder ein Fest. Eine ganze Weile mögen die Mahlzeiten zum Beispiel im üblichen »Trott« vor sich gehen, dann werden sie für ein Mal in den Rang eines Festes erhoben, für das ein äußerer Anlaß sich immer leicht findet. Man muß gewissermaßen die jungen Gäste erst »hungrig« werden lassen auf solche Höhepunkte des Urlaubslebens, anstatt unentwegt satte Bäuche füttern zu wollen. Solche Höhepunkte müssen gut vorbereitet sein, und eine Reiseleitung tut gut daran, ihr Programm von solchen Höhepunkten her zu konzipieren und auch in ökonomischer Hinsicht so zu verfahren, daß man lieber tagelang nichts tut, dafür aber sich auf etwas Besonderes vorbereitet.
Auf jeden Fall sollte das *Abschlußfest* am letzten Abend vor der Abreise ein solcher Höhepunkt sein. Gewiß, in jedem Projekt findet in irgendeiner Form ein »Abschiedsabend« statt, aber nur ganz selten hinterläßt er eine Erlebnisqualität, die gleichsam stellvertretend für den verbrachten Urlaub stehen kann. Das ist nicht zuletzt auch eine Frage der materiellen Randbedingungen. Essen und Getränke sollten von einer Qualität sein, die gerade noch

finanziell zu verantworten ist. Ein Bedienungsservice — zur Not wechselweise von den Gästen selbst gestellt — sollte die Bier- und Cola-Kisten auf dem Fußboden verschwinden lassen usw. Das Abschlußfest, das den Übergang vom Urlaub zum Alltag einleitet, sollte ein gewisses Maß von Utopie entfalten: eine Utopie von Wohlleben ohne Angst und von den Chancen, die darin für die Beziehungen der Menschen zueinander beschlossen liegen.
Unter diesem Aspekt ist auch die Art und Weise der *Abreise* nicht unwichtig. Ebenso wie die Anreise gilt sie in den Augen der meisten Jugendlichen nicht als zum Urlaub gehörig. Daß die Strapazen so gering wie nur irgend möglich gehalten werden sollen, wurde bereits gesagt. Auch während der Rückreise sollte der Reiseleiter seinen Gästen persönlich zur Verfügung stehen und den Eindruck vermeiden, als gingen sie ihn plötzlich nichts mehr an.
Man könnte annehmen, daß die Rückfahrt eine besonders geeignete Situation dafür sei, durch zwanglose Gespräche über den Zusammenhang von Urlaub und Alltag nachzudenken, den Alltag gewissermaßen kritisch auf dem Hintergrund des so ganz anderen Urlaubserlebnisses zu reflektieren. Gelänge dies in einer Situation, in der man zugleich an den Urlaub *und* an den Alltag denken muß, so wäre die Chance, die Erlebnisse in bewußte Erfahrungen zu übersetzen, besonders groß. Vielleicht wäre überhaupt nur die Rückreise der wirklich geeignete Zeitpunkt dafür. Aber unser Material gibt darüber wenig Auskunft. Vielleicht liegt das nicht zuletzt daran, daß die Reiseleiter ihre Funktion meist unpolitisch verstehen und daß ihnen der Widerspruch von Urlaub und Alltag als ein Problem der Ordnung unseres gesellschaftlichen Lebens selbst gar nicht bewußt ist.
In diesem Kapitel ist besonders oft von Aufforderungen die Rede gewesen: Die Reiseleiter »sollten« etwas tun bzw. nicht tun. Unser Material zeigt nämlich, daß kaum ein Reiseleiter eine Vorstellung vom *zeitlichen Prozeß* des Urlaubsgeschehens hat, daß für ihn vielmehr jeder Tag der gleiche Tag ist. In den Augen der Gäste dagegen nimmt

sich das ganz anders aus. Übersieht der Reiseleiter das, so muß er mit gravierenden Mißverständnissen zwischen sich und seinen Gästen rechnen.
Überall in der Pädagogik gilt der Grundsatz, daß nicht alles zu jeder Zeit möglich ist, daß vielmehr jede Lernmotivation ihren »Kairos«, ihren richtigen Zeitpunkt oder »fruchtbaren Moment« hat, der auch wieder vertan werden kann. Unser Versuch einer Skizze der wichtigsten *Zeitpunkte* im Rahmen eines Urlaubsprozesses sollte an diesen allgemeinen Zusammenhang erinnern und nicht zuletzt dazu auffordern, durch weitere Untersuchungen und Experimente Genaueres über die Bedeutung der einzelnen Zeitpunkte zu ermitteln.

Für und wider den »jugendeigenen« Tourismus

Bevor wir diesen Teil des Buches abschließen und uns den praktischen Vorschlägen zuwenden, wollen wir noch der Frage nachgehen, warum es bei uns einen derart umfangreichen »jugendeigenen« Tourismus gibt, das heißt einen Tourismus, der im großen Stil speziell für jüngere Leute organisiert wird. Damit hängt die weitere Frage zusammen, ob solche touristischen Spezialprojekte überhaupt pädagogisch sinnvoll sind, ob es nicht besser wäre, wenigstens die über 18jährigen innerhalb des normalen Erwachsenen-Tourismus reisen zu lassen.
Nach einer EMNID-Erhebung (EMNID-Informationen, Bielefeld 1966, Nr. 4) hat 1965 mehr als die Hälfte aller westdeutschen Jugendlichen im Alter von 16 bis 24 Jahren eine Urlaubsreise gemacht, erheblich mehr als der Durchschnitt der Erwachsenen. Im einzelnen ergibt sich folgende Altersgliederung: von der Gesamtbevölkerung machten 41 Prozent eine Urlaubsreise, von den 16- bis 17jährigen 57 Prozent, von den 18- bis 20jährigen 52 Prozent und von den 21- bis 24jährigen 47 Prozent. Eine Auslandsreise un-

ternahmen 18 Prozent der Gesamtbevölkerung, 12 Prozent der 16- bis 17jährigen, 26 Prozent der 18- bis 20jährigen und 33 Prozent der 21- bis 24jährigen. Für eine Inlandsreise entschieden sich 24 Prozent der Gesamtbevölkerung, 45 Prozent der 16- bis 17jährigen, 26 Prozent der 18- bis 20jährigen und 14 Prozent der 21- bis 24jährigen. Leider können wir diese Zahlen nicht mit denen anderer vergleichbarer europäischer Länder vergleichen. Allerdings spricht vieles dafür, daß man in anderen Ländern gegenwärtig kein vergleichbares Maß an Auslandstourismus Jugendlicher kennt.

Folgen wir der Darstellung von Heinz Hahn über die Entwicklung der Jugendreisedienste in der Bundesrepublik (38), dann ergibt sich, daß die jugendliche Reisewelle keineswegs nur das Bedürfnis der Jugendlichen selbst war, für dessen Befriedigung dann entsprechende Organisationen gegründet wurden, sondern daß auch die umgekehrte Ausgangslage gegeben war: es gab Anfang der fünfziger Jahre rund 150 Austauscheinrichtungen, deren Ziel es war, internationale Begegnungen, Studienreisen, Familienaufenthalte usw. zu organisieren, um damit der internationalen Verständigung zu dienen. Dieses Ziel — ohnehin mehr eine Sache der studentischen und Oberschul-Jugend — verlor dann immer mehr an Attraktivität und vielleicht auch an Notwendigkeit. Jedenfalls wurden »diese aus dem Erlebnis des Krieges heraus gegründeten Verständigungsorganisationen ... schon ab 1955 von jungen Leuten bestürmt ..., die vielfach in ihnen nicht mehr sahen als ein Reisebüro für billige und gut organisierte Auslandsreisen, verbrämt mit einigen leicht akzeptablen Idealen ... Viele Austauschprogramme sind heute, was die Motivation der Veranstalter betrifft, mit Bildungsidealen verbrämte Vergnügungsreisen, wie es auch das Schicksal der klassischen Bildungsreise des Bürgertums vergangener Zeiten war« (38, S. 48 f.).

Hier gilt nun sicher auch die Umkehrung: es gab eine Organisationskapazität, deren Volumen (der ursprüngliche Zweck) immer weniger ausgenutzt wurde. Und es liegt durchaus in der »Logik« solcher Organisationen, daß sie sich nicht auflösen, wenn ihr Zweck erloschen ist, sondern daß sie sich neue Zwecke suchen, und das heißt hier: einen neuen Markt erschließen.

Wenn wir also heute vor der Tatsache stehen, daß sehr viele Jugendliche am liebsten »unter sich« mit speziellen Reiseorganisationen verreisen, so muß das gar nicht unbedingt etwas mit jugendlichen »Bedürfnissen« zu tun haben; es kann auch sein, daß es sich bloß zufällig so ergeben hat, weil zur rechten Zeit die richtigen Organisationen da waren und weil der »normale« Erwachsenen-Tourismus sich nicht rechtzeitig um sein jugendliches Kundenpotential bemüht hat. Die großen Unternehmen der Erwachsenen-Touristik erschließen erst seit etwa zwei Jahren diesen Kundenkreis.

Die Tatsache also, *daß* es einen »jugendeigenen« Tourismus gibt, ist nicht auch schon seine pädagogische Legitimation. Im Gegenteil: Viele Erfahrungen aus jugendtouristischen Großprojekten lassen die Frage berechtigt erscheinen, ob es nicht besser um das jugendliche Massenreisen stünde, wenn es diesen »jugendeigenen« Tourismus nicht gäbe und wenn statt dessen die Jugendlichen über 18 Jahre selbstverständlich in den normalen Erwachsenen-Tourismus einbezogen wären. Die Kontrollen der Erwachsenenwelt würden dann in gewissem Maße wirksam bleiben, und es bliebe trotzdem immer noch ein genügend großer Freiheitsspielraum.

Aber man muß andererseits eben auch fragen, ob das »Unter-sich-Sein« der Jugendlichen nicht auch ein spezifisches Lernbedürfnis dieser Altersstufe widerspiegelt. Wir wissen aus der modernen Soziologie (vgl. S. N. Eisenstadt: Von Generation zu Generation, München 1966), daß die Gruppen der Gleichaltrigen gerade beim Übergang von der Kindheit in die Erwachsenenwelt insofern eine große pädagogische Bedeutung haben, als sie die bei diesem Übergang auftauchenden Anpassungsprobleme lösen helfen.

Helmut Kentler hat diese allgemeine sozialwissenschaftliche Erkenntnis auf den Urlaub angewendet und damit den Widerspruch zu erklären versucht, daß die jungen Leute einerseits in ihrem Urlaub unter sich sein wollen, andererseits aber »ihre Vorstellungen vom Erwachsenenleben möglichst ungehemmt verwirklichen« wollen (47, S. 75). Dieser Widerspruch findet nach Kentler seine Erklärung darin, daß Erwachsenwerden unter den »normalen« gesellschaftlichen Bedingungen schwer möglich ist, weil die Gesellschaft mit ihren Vorstellungen vom »Jugendgemäßen« junge Leute möglichst lange in Unmündigkeit halten will. Dadurch wird das Leben der Jugendlichen voller Widersprüche, Anpassungsprobleme und Unsicherheiten, und indem sich junge Menschen angesichts dieser für alle geltenden Probleme solidarisieren, können sie ihre Unsicherheiten überwinden. Dies gelingt aber nur dann, wenn man wenigstens bis zu einem gewissen Grade an den Normen und Tatsachen der Erwachsenenwelt sich ausrichtet. Solche »Subkulturen« sind aber nur in solchen Bereichen möglich, wo der gesellschaftliche Druck auf die Jugendlichen verhältnismäßig gering ist, vor allem also im Urlaub, wenn die Alltagsmächte nicht mehr dominieren. »Ob es gelingt, den Urlaub als Subkultur zu gestalten, wird zum entscheidenden Kriterium für einen gelungenen Urlaub. Denn die Heranwachsenden erwarten von ihrem Urlaub in erster Linie: Emanzipation von der Familie, Emanzipation vom Noch-jung-sein-Müssen und Befreiung von den Repressionen des Alltags. Ihr Urlaubsverhalten ist nur zu verstehen, wenn man es als Versuch deutet, sich diese Erwartungen zu erfüllen. Dazu gehören besonders der Drang, möglichst weit wegzufahren, die Partnersuche, die Gestaltung der Beziehungen zwischen den Geschlechtern, der Abbau von Normen: Das alles ist nicht Selbstzweck, sondern Mittel zum Zweck« (47, S. 83 f.). Dies würde auch eine weitere interessante Tatsache erklären: »Jungen und Mädchen unterscheiden sich im Urlaub vor allem dadurch, daß die Mädchen aktiver, die Jungen passiver sind: Dornröschen weckt den schlafenden Prinzen und folgt — nicht einmal errötend — seinen Spuren« (47, S. 85). Mädchen unterliegen im Alltag immer noch stärker dem gegen ihre

Emanzipation gerichteten gesellschaftlichen Druck als Jungen.
Kentlers These läßt sich inzwischen auch aus den Erfahrungen anderer pädagogischer Bereiche stützen. Ähnliche Beobachtungen hat Hermann Giesecke aus politisch-bildenden Jugendtagungen berichtet, ohne sie allerdings im Rahmen der soziologischen Subkultur-Theorie zu interpretieren (Politische Bildung in der Jugendarbeit, München 1966).
Wenn diese Beobachtungen verallgemeinert werden dürfen, dann markieren sie allerdings einen pädagogisch höchst bedeutsamen Tatbestand. Sie besagen dann nämlich nichts anderes, als daß bestimmte, für die gesellschaftliche Emanzipation junger Leute wichtige Lernleistungen — wozu nicht zuletzt auch soziale Experimentierleistungen gehören — unter den üblichen Bedingungen des jugendlichen Alltags nicht mehr oder nur noch sehr schwer möglich sind. Unter diesem Aspekt ließe sich nun noch einmal die pädagogische Besonderheit des touristischen Lernfeldes bestimmen: offensichtlich kann es gerade nicht darum gehen, die touristische Situation nach den Modellen der traditionellen sozialen Felder pädagogisch zu arrangieren. Wir haben schon mehrmals darauf hingewiesen, daß genau dies in den meisten Vorstellungen über die Pädagogik des Jugendtourismus impliziert ist. Diese falsche Erwartung äußert sich praktisch übrigens darin, daß pädagogisch vorgebildete Reiseleiter (zum Beispiel Lehrer oder Sozialpädagogen) keineswegs erfolgreicher im Jugendtourismus agieren als andere und von keinem der uns bekannten Veranstalter besonders gewünscht werden. Auch unsere unter touristischen Normalbedingungen durchgeführten pädagogischen Experimente haben gezeigt, welch große Schwierigkeiten die mitwirkenden Sozialpädagogen in der Auseinandersetzung mit ihren angelernten pädagogischen Vorstellungen hatten (vgl. 11).
Genügt es aber nun, die Jugendlichen einfach ihrer »Subkultur« im Urlaub zu überlassen, in der Erwartung, daß die dort möglichen Lernleistungen gleichsam von selbst erfolgen? Müssen nicht alle Versuche, diese Lernleistungen

pädagogisch zu beeinflussen, dieses eigenartige Lernfeld zerstören? Unser Material scheint zu beweisen, daß dies eine Illusion wäre: auch hier gilt der Satz, daß »das Leben« allein eben »nicht bildet«. Das ist schon daran zu erkennen, daß diese Subkulturen sich gleichsam instinktiv, ohne Bewußtsein bilden. Nur dem begrifflich geschulten Sozialwissenschaftler und Pädagogen fällt auf, daß die jugendlichen Subkulturen ganz bestimmten jugendlichen Lernbedürfnissen entsprechen. Daß dies den Jugendlichen nicht auffällt, daß sie »nicht wissen, was sie tun«, dies beweist eben auch, daß die »spontan« ablaufenden Lernprozesse in diesen Subkulturen eine recht geringe Reichweite und Standfestigkeit haben. Man kann zwar vieles auch unbewußt, im Stile von unreflektierten Gewohnheiten und Verhaltensweisen lernen, und unter dem Aspekt der »Sozialisation« lernen wir zahllose Lernvorgänge solcher Art. Aber ein Lernen, das der Emanzipation zugute kommt, ist immer nur ein Lernen »im Bewußtsein«, das sich »im Kopfe abspielt«, das aus Erlebnissen geordnete geistige Vorstellungen herzustellen vermag: dies aber vermögen Jugendliche fast nie (vielleicht überhaupt nicht) ohne die Hilfe Erwachsener. Aber solche Lernhilfen — für die wir das Modell des Rollien-Ensembles entworfen haben — dürfen die Bedingungen der »Subkultur« möglichst wenig beeinflussen. Darin liegt die eigentliche Schwierigkeit aller pädagogischen Unternehmungen innerhalb des Jugendtourismus.

Aus diesem Lernbedürfnis läßt sich nun eine Folgerung für die Veranstalter von Jugendreisen ableiten. Nur insofern es ihnen gelingt, solche Lernhilfen durch ihre Reiseleiter zu gewähren, hat der jugendeigene Tourismus — gleich welcher Form und Veranstaltungsmodalitäten — einen pädagogischen Sinn. Gelingt ihnen das nicht, wäre es besser, diese Sonderform des Tourismus würde abgeschafft und die Jugendlichen würden innerhalb des Massentourismus der Erwachsenen verreisen — selbstverständlich ohne ihre Familien, weil sich sonst eine radikal andere Situation ergäbe.

Vieles spricht dafür, daß die Erscheinung des »jugendeigenen Tourismus« in den Zusammenhang der auch an anderen Stellen zu beobachtenden »Pubertätsverlängerungen« gehört. Bestimmte Gruppen — etwa der studentischen Jugend — erzwingen sich eine zeitliche Verlängerung der Pubertät, in der sie die Erlebnis-, Erfahrungs- und Lernoffenheit des Jugendalters vor zu frühen Anpassungen und Festlegungen zu schützen trachten. Die Jugendforschung hat bisher noch kaum auf solche Erscheinungen aufmerksam gemacht, deren sichtbarste Repräsentanten heute einige politisch radikale Studentengruppen und die »Gammler« sind. Aber auch weniger spektakuläre Gruppierungen von Heranwachsenden gehören dazu.

Daneben gibt es einen Typus des Heranwachsenden, der sich in bestimmte Bereiche der Jugendpflege und der bündischen Jugend vor dem Erwachsenwerden flüchtet: den oft karikierten Typ des »späten Jugendlichen«. Die Anpassungsprobleme der hier genannten jungen Leute sind im Vergleich zu anderen Altersgenossen besonders konfliktreich und werden durch die Verlängerung der Jugendphase keineswegs geringer.

Nun hat es den Anschein, als ob gerade die gemeinnützigen und kommerziellen Jugendreiseunternehmen, die sich *neben* den traditionellen Jugendpflegeeinrichtungen angesiedelt haben, mit ihrem »für Heranwachsende modifizierten Erwachsenentourismus« einem solchen Bedürfnis nach verlängerter Pubertät ebenfalls entsprechen. Dies wäre vielleicht eine Erklärung für das merkwürdig widersprüchliche Erscheinungsbild, das Helmut Kentler schon beschrieb: Äußerlich läuft alles wie im »normalen« Tourismus ab, dennoch erscheint das Gehabe merkwürdig »unreif« — im positiven wie negativen Sinne. Das »Endlich-von-der-Kette-los-Sein« kann doch nicht recht genutzt werden, und bei Licht betrachtet geht alles doch recht brav-bürgerlich zu. Die von Kentler in Catania beobachtete sexuelle Freizügigkeit hat sich keineswegs als typisch bestätigt, und auch sie demonstrierte damals eher jugendliche Unreife und Unsicherheit als wirklich erwachsenes Verhalten. Erwachsen-Sein wird eher gespielt als wirklich vollzogen, und am ehesten demonstriert man es dadurch, daß man wenig schläft und die Nächte an »Bars« verbringt; ein Lebensrhythmus, den gerade der reife Erwachsene so nicht akzeptieren würde. Man tut erwachsen, aber man braucht doch den Schutzwall der Gleichaltrigen um sich. Man möchte möglichst viel Kontakte zum anderen Geschlecht, aber man möchte sie eben auch einigermaßen mühelos serviert bekommen. Im normalen Erwachsenentourismus müßte man selbst entsprechende Initiativen entwickeln, hier hat man den Kontakt gleichsam mit dem Titel »Jugendreise« von vornherein eingekauft.

Gewiß gibt es manches praktische Motiv, um mit jugendtouristischen Unternehmen zu reisen, die ja im Durchschnitt fast ebenso teuer sind wie vergleichbare Angebote des Erwachsenentourismus: Man geht sicher, junge Leute zu treffen und nicht ältere Damen, die den Pärchen auf die Finger schauen, um nach dem Ehering zu suchen; man geht sicher, ein auf junge Leute zugeschnittenes Geselligkeitsangebot vorzufinden und keine Kur-Konzerte usw.

Dennoch reichen solche Erklärungen für den ständig umfangreicher werdenden Jugendtourismus nicht aus, wenn man nicht zugleich auch die durch bestimmte Lern- und Erfahrungsdefizite bedingte touristische Unsicherheit in Betracht zieht, die sich in solchen Projekten zeigt; denn schließlich gibt es zahllose Ferienorte, wo man auch im Rahmen des »normalen« Tourismus hinsichtlich spezifisch jugendlicher Bedürfnisse auf seine Kosten kommen könnte. Wenn nämlich, wie Kentler gezeigt hat, das Motiv der Emanzipation in den jugendtouristischen Projekten im Vordergrund steht, dann heißt das eben auch, daß Emanzipation noch gelernt werden will und muß.

Die Fragebogenerhebung hat ergeben, daß die Affinität zu »jugendeigenen« Reisen sehr viel mit einem »Geselligkeitsbedürfnis aus Kontaktschwäche« zu tun hat. »Auf die Frage: ›Warum sind Sie nicht allein in Urlaub gefahren?‹ antworteten etwa 26 Prozent der Urlauber mit dem Wunsch, unter Gleichaltrigen zu sein. Ca. 30 Prozent formulierten direkt eine Abneigung gegen Alleinsein, indem sie bei sich selbst so viel Kontaktschwäche voraussetzten, daß sie allein in den Urlaub fahren und allein im Urlaub bleiben identifizierten« (8/VIII, S. 88). Die relativ hohe Zahl derjenigen, die ihre Kontaktschwäche — und damit doch wohl auch ein soziales Lerndefizit — zugeben, ist erstaunlich. Aber darf man nicht auch die Antwort »will mit jungen Leuten zusammensein« bis zu einem gewissen Grade als ein nur verschlüsseltes Eingeständnis desselben Defizits betrachten? Schließlich kann man in jedem bedeutsamen touristischen Zentrum des Erwachsenen-Tourismus »mit jungen Leuten zusammensein« — falls man souverän genug ist, solche Kontakte zu suchen und zu finden, und außerdem befinden sich die meisten jugendtouristischen Projekte ohnehin in der unmittelbaren Umgebung des Erwachsenentourismus. Aber auf die Frage: »Warum sind Sie nicht mit einem Reiseunternehmen für Erwachsene gefahren?« antworteten 36 Prozent der 16- bis 17jährigen, 45 Prozent der 18- bis 20jährigen, 42 Prozent der 21- bis 23jährigen und immerhin noch 34 Prozent der 24jährigen und älteren, sie wollten mit jungen Leuten zusammensein (Tab. 93). Rechnet man also bei der Antwort auf die Frage: »Warum sind Sie nicht allein in Urlaub gefahren?« die Antworten »will mit jungen Leuten zusammensein«, »will nicht allein sein«, und »finde schwer Anschluß / bin viel allein« zusammen, so ergeben sich für die unter 16jährigen 54 Prozent, für die 16- bis 17jährigen 53 Prozent, für die 18- bis 20jährigen 65 Prozent, für die 21- bis 23jährigen 54 Prozent und für die über 24jährigen 41 Prozent (Tab. 98). Verteilt auf die einzelnen Trägergruppen ergibt sich dann: 59 Prozent der Teilnehmer an *»jugendtouristischen«* Maßnahmen, 57 Prozent der Teilnehmer an *konfessionellen* Maßnahmen, 74 Prozent der Teilnehmer an *jugendpflegerischen* Maßnahmen und 51 Prozent der Teilnehmer an *gewerkschaftlichen* Maßnahmen begründen ihre Meinung so. Um die Bedeutung dieser Zahlen recht zu würdigen, muß man bedenken, daß es sich bei den untersuchten Maßnahmen ja nur um einen *Ausschnitt* des jugendlichen Reisens handelt. Wir wissen nicht, wieviel Jugendliche dieser Altersstufen selbstverständlich im Rahmen des Erwachsenentourismus reisen, touristisch emanzipiert sind und diejenigen Kontakte aufnehmen können, die sie wünschen. Wir können nur vermuten, daß ihre Zahl sehr hoch ist.

Der große Erfolg der im engeren Sinne »jugendtouristischen« Maßnahmen scheint zu beweisen, daß die traditionelle Jugendarbeit sich zuwenig um die spezifischen Probleme der Heranwachsenden (der über 18jährigen) gekümmert hat; denn aus dieser Altersgruppe stammen die Teil-

nehmer des Jugendtourismus fast ausnahmslos. Auch die wissenschaftliche Jugendkunde hat bisher wohl zu pauschal vom »Jugendalter« gesprochen. Offensichtlich sind die Übergänge zwischen Jugendalter und Erwachsensein für immer mehr Jugendliche komplizierter, langwieriger und konfliktreicher geworden. Die traditionelle Jugendarbeit hat sich bisher im wesentlichen auch hinsichtlich ihrer Ferienmaßnahmen an die Altersgruppe der bis 18jährigen gehalten, und wo sie — etwa in Gestalt der »Feriendienste« — heute die Älteren anspricht, nähert sie sich immer mehr organisatorisch wie auch im Hinblick auf das Programm den jugendtouristischen Unternehmen an.
So gesehen unterscheiden sich die traditionellen jugendpflegerischen Ferienmaßnahmen und die der neuen jugendtouristischen Unternehmungen vor allem hinsichtlich der Altersstufe, die sie ansprechen. Diese Unterschiede sind aber — pädagogisch gesehen — keine prinzipiellen, wohl aber haben sie didaktische und methodische Differenzierungen angesichts der gleichen Aufgaben und Probleme zur Folge. Vielleicht können die Erfahrungen des modernen Jugendtourismus dazu dienen, auch der übrigen Jugendarbeit die spezifischen Probleme der Heranwachsenden ins Bewußtsein zu heben, Probleme, die auf der Grenze zwischen Jugendarbeit und Erwachsenenbildung bisher zweifellos zu kurz gekommen sind.
Jedenfalls gehört der jugendeigene Tourismus in die Reihe der zahlreichen Maßnahmen und Institutionen der Jugendhilfe, deren Zweck es ist, die zwischen Kindsein und Erwachsensein liegenden Anpassungsprobleme in Lernhilfen zu übersetzen.
Dies bedeutet aber eben auch: Die Tatsache, daß viele Jugendliche im Urlaub »unter sich« sein wollen, kennzeichnet ein, wenn auch unartikuliertes Lernbedürfnis und damit die Forderung nach den entsprechenden Lernhilfen: Der »jugendeigene« Tourismus *ist* ein pädagogisches Phänomen, ob seine Veranstalter das wahrhaben wollen oder nicht.

DRITTER TEIL: FOLGERUNGEN UND VORSCHLÄGE

In diesem Schlußteil wollen wir aus der bisher entwickelten pädagogischen Theorie des Jugendtourismus einige Folgerungen ableiten, die an die Finanziers und Träger von Jugendreisen gerichtet sind. Die damit verbundenen *Vorschläge* sind selbstverständlich nur in dem Maße zwingend, wie überhaupt aus wissenschaftlichen Analysen praktische Folgerungen gezogen werden können, nämlich nur innerhalb eines bestimmten politischen Entscheidungsspielraumes. Insofern verstehen wir diesen Teil als einen mehr oder weniger umfangreich begründeten *jugendpolitischen Diskussionsbeitrag* zum Thema des Buches. Dabei haben wir uns an Themen gehalten, die gegenwärtig und wohl auch in nächster Zukunft noch besonders aktuell und ungeklärt sind.
Die sachliche Zuständigkeit, mit der wir diese Vorschläge unterbreiten, ist sehr unterschiedlich. Während die Kapitel über die Reiseleiterausbildung und über weitere pädagogische Experimente noch in den Rahmen der erziehungswissenschaftlich-fachlichen Erörterung gehören, müssen unsere Vorschläge für die Veranstalter zum Beispiel davon ausgehen, daß die Unternehmen ja nicht nur »pädagogische Anstalten« sind. Bei den Vorschlägen für die öffentliche Subvention konnten wir die damit verbundenen verwaltungsmäßigen und rechtlichen Probleme nicht überprüfen.

Entwurf einer Didaktik der Reiseleiterausbildung

Die ersten Ausbildungskurse für Jugendreiseleiter sind erst wenige Jahre alt. Sie wurden im Jahre 1961 von Heinz Hahn, dem Koordinator des Studienkreises für Tourismus, in Zusammenarbeit mit einem großen Jugendreiseunternehmen begonnen und sehr bald auf weitere Veranstalter ausgedehnt. Es war nicht leicht, die Veranstalter davon zu überzeugen, daß neben der organisatorisch-technischen Ausbildung die pädagogisch-sozialwissenschaftliche mindestens gleichrangig werden müsse. Da es für solche Kurse keine didaktischen Vorbilder gab, benötigte man eine gewisse Zeitspanne für Versuche und Experimente. Inzwischen wird die Notwendigkeit einer didaktisch durchdachten Ausbildung kaum noch bestritten, und einige staatliche Stellen wie das Sozialministerium in Nordrhein-Westfalen und das Familienministerium subventionieren sie bereits aus öffentlichen Mitteln.

Damit ist das Problem der Ausbildung zu einer öffentlichen Angelegenheit geworden, und es erschien uns sinnvoll, die bisherigen Erfahrungen nicht nur zu einem Programmvorschlag, sondern darüber hinaus auch zu einer didaktischen Theorie der Ausbildung zusammenzufassen.

Das Rollenensemble des Reiseleiters diente uns als Grundmodell für die Analyse der jeweiligen sozialen Beziehungen zwischen ihm und der Gruppe. Damit aber war nur die subjektive Seite der Interaktion beschrieben. Wir hatten gesagt, daß die Integration der Rollen letztlich nicht gelehrt werden kann. Ihr Erlernen kann allenfalls erleichtert werden. Erleichterung aber kann nur heißen, daß die zukünftigen Reiseleiter in Ausbildungskursen über Bedingungen und Abhängigkeit ihrer Arbeit aufgeklärt werden. Rationalisierung menschlichen Verhaltens heißt zunächst, die Elemente von Handlungen, soweit sie festgelegt sind, ins Bewußtsein zu heben. Diese vorgegebenen Elemente sind die objektiven Bedingungen, die zum Beispiel aus dem Alltag der Jugendlichen, aus der Disposition des Reiseleiters, aus der vorgegebenen und nicht mehr änderbaren Struktur des Urlaubsprojektes in die pädagogische Aktion unmittelbar einwirken. Wir können also von einem Reiseleiter erst dann erwarten, daß ihm die Integration der einzelnen Rollen angemessen gelingt, wenn er die Bedingungen und Erwartungen eben dieser Rollen vorher einigermaßen gut kennt. So scheint es uns nicht möglich, ein Reiseunternehmen gut zu repräsentieren, wenn dessen Ziele, Organisation und Vertragsbedingungen nicht bekannt sind. Ein Reiseleiter, der Probleme und Konflikte, Bedürfnisse und Wünsche junger Menschen nicht kennt, wird kaum ein Miturlauber, geschweige denn ein anregender Begleiter sein können. In diesem Sinne dient also jeder Ausbildungskursus zwei Zielen: Die Vermittlung von Sachkenntnissen über die objektiven Bedingungen des Urlaubs wird verbunden mit einer Problematisierung eben dieser Sachverhalte, um gerade dadurch jenes Problembewußtsein hervorzurufen, das sich seinerseits darum bemüht, in der Integration der verschiedenen Rollen für die Jugendlichen ein ganz neues Lern- und Erfahrungsfeld zu konstituieren.

Wir versuchen im folgenden, in einer Skizze den Zusammenhang von objektiven (nicht änderbaren) Faktoren und der subjektiven Befindlichkeit (Position, Aufgaben, Verantwortung) des Reiseleiters herzustellen. Die Verdeutlichung dieses Zusammenhangs ist deshalb erforderlich, weil das »pädagogische Ergebnis« des Urlaubsprojektes darin besteht, daß es dem Reiseleiter und den jugendlichen Teilnehmern gelingt, die objektiven Bedingungen des Urlaubs und ihre eigenen Dispositionen in einem neuen Erfahrungsfeld so zu integrieren, daß alle Beteiligten davon etwas lernen können: über sich selbst, über die anderen und über die Sachverhalte, mit denen sie der Urlaub konfrontiert. Der freudig verkündete Satz: »Wir haben etwas aus unserem Urlaub gemacht« charakterisiert genau diesen Tatbestand, daß es nämlich gelungen ist, in der sozialen Interaktion den objektiven Gegebenheiten das Beste abzuluchsen.

Faktorenmodell

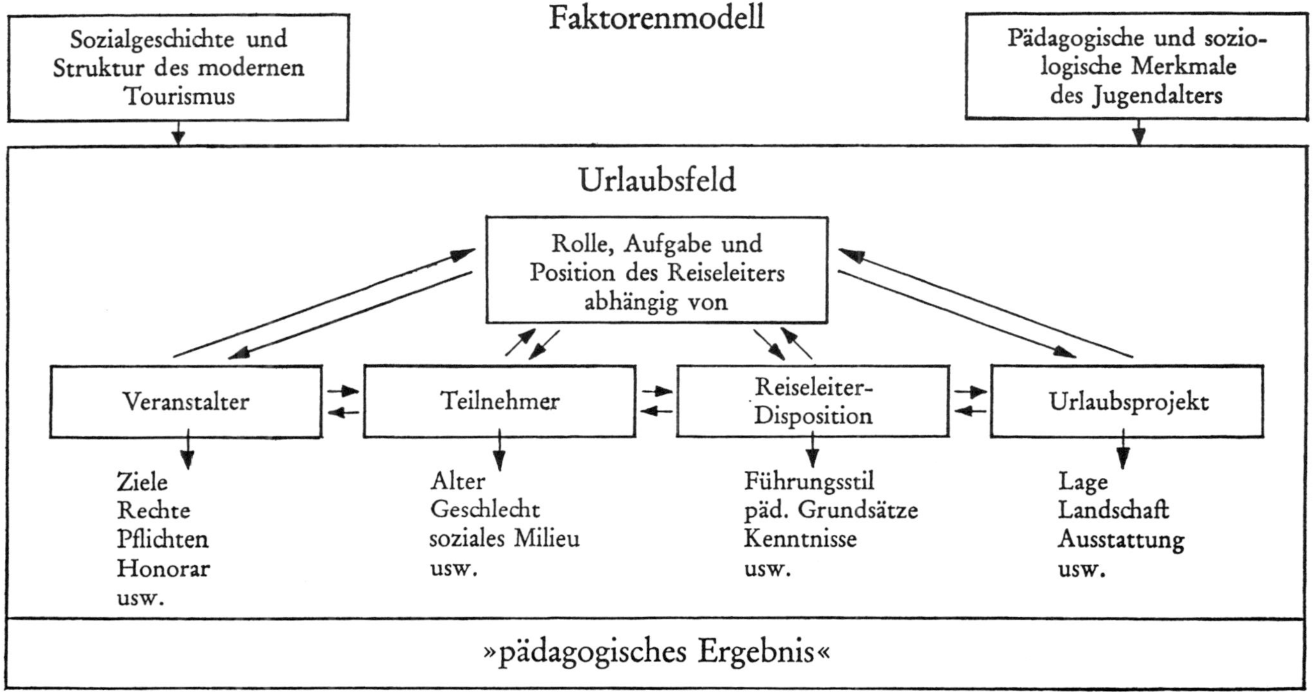

In unserer Skizze haben wir ein Grundmodell für die inhaltliche Organisation von Ausbildungskursen für Jugendreiseleiter entworfen. Es liegt auf der Hand, daß wir Jugendreiseleiter nicht auf ihre Rolle vorbereiten können, wenn wir nicht in irgendeiner Weise den *gesamtgesellschaftlichen Rahmen* aufzeigen, in dem ihre Aktionen stehen. Ohne eine Vorstellung von *Geschichte und Struktur der modernen Freizeit und des Tourismus* wird kein Reiseleiter begreifen können, warum insbesondere das Urlaubsfeld besondere Chancen menschlicher Emanzipation enthält. Daß man etwas über *die jungen Menschen* wissen muß, mit denen man umgehen will, hatten wir bereits gesagt. Zwischen diesen beiden Faktoren und jedem konkreten Urlaubsprojekt besteht eine einseitige Beziehung. Die Struktur des modernen Tourismus und die gesellschaftlichen Bedingungen des Phänomens »Jugend« wirken intensiv auf das Urlaubsfeld ein, ohne daß es eine Rückkopplung gibt in dem Sinne, daß der einzelne Reiseleiter diese beiden Determinanten beeinflussen könnte. Sehen wir uns nunmehr den Faktorenzusammenhang innerhalb des Urlaubsprojektes an, so wird deutlich, daß *Position und Aufgabe des Reiseleiters* in einem Beziehungszusammenhang mit allen anderen Faktoren stehen, wobei hier nach statischen und dynamischen Faktoren unterschieden werden muß. Nur in seltenen Fällen gibt es für einen Reiseleiter zum Beispiel eine reale Möglichkeit, die Struktur oder Lage des Urlaubsprojektes zu verändern, aber er kann gerade dadurch aus diesem objektiven Tatbestand die Konsequenzen ziehen und seine Kommunikationsformen mit den Jugendlichen verändern. Wir tragen die Abhängigkeiten seiner Position zusammen.

1. Die Abhängigkeit vom *Veranstalter* ist eine solche, die jeder Berufstätige in irgendeiner Weise eingeht. Sie ergibt sich zunächst durch die Zielsetzung der Organisation. Pädagogische Aktionen und Sanktionen des Reiseleiters haben zu berücksichtigen, daß es zu den Zielen auch der gemeinnützigen Organisationen gehört, ihre jungen Kunden zufriedenzustellen und sie für weitere Reisen zu gewinnen.

Ein Reiseleiter mit festen Bildungsbemühungen sollte mitbedenken, daß der Veranstalter von Jugendreisen das Sonnenbaden, das Faulenzen, das Tanzvergnügen zu den legitimen Bedürfnissen der jungen Gäste zählt. In jedem Ausbildungskursus muß deutlich darauf hingewiesen werden, daß es durchaus einen Zusammenhang zwischen schlechter Honorierung und Einfallslosigkeit des Reiseleiters im Projekt gibt. Dieser Zusammenhang, früh genug bewußt gemacht, sollte jeden Jugendreiseleiter zum Rücktritt bewegen, der sich schlecht bezahlt glaubt; denn die Jugendlichen sind sonst die Leidtragenden. Das Vertragsverhältnis zum Veranstalter konstituiert für den Reiseleiter die Rollen des institutionellen Repräsentanten und des Verkäufers von Dienstleistungen, der für die Durchsetzung der Interessen des Unternehmens ausgebildet wird und verantwortlich ist.

2. Trotz des good-will des Unternehmens gegenüber den jungen Gästen können die Interessen und Bedürfnisse der *Jugendlichen* mit den Vorstellungen des Unternehmens kollidieren. Hier hat der Reiseleiter genau jene Vermittlung zu leisten, die wir in anderem Zusammenhang beim Rollen-Ensemble beschrieben haben. Abhängig aber ist seine Position von beiden Faktoren: er muß das Unternehmen zufriedenstellen, um seine Vertragsbedingungen einzuhalten, und den Bedürfnissen der Jugendlichen nachkommen, wenn er seinen pädagogischen Intentionen gerecht werden will. Gruppengröße, Alterszusammensetzung, soziale Schichtung, Niveaugefälle, Gruppenprozesse usw., das alles sind Merkmale der Teilnehmer, die der Reiseleiter in seiner pädagogischen Aktion berücksichtigen muß, die aber erst durch die Übersetzung in ein angemessenes Programm für diese bestimmte Gruppe wirksam werden können.

3. Zu den Abhängigkeiten des Projektes gehören Land und Ort, Jahreszeit und Wetter. Weiter die organisatorischen Bedingungen: ist es ein Jugendhotel oder ein Bungalowdorf, müssen die Teilnehmer Arbeiten übernehmen oder nicht? Wie sieht das Mitarbeiterverhältnis im Hause aus, gibt es Kontaktmöglichkeiten zu Einheimischen? Wie geht

der Teilnehmerwechsel vor sich? Gibt es Überschneidungen usw.? Dieser dritte Komplex mit seinen unmittelbaren Einwirkungen auf das von uns beschriebene Lern- und Erfahrungsfeld muß während des Ausbildungskurses insbesondere deshalb sehr anschaulich geschildert werden, weil sich hier die mangelnde Erfahrung der angehenden Reiseleiter besonders bemerkbar macht. Vor Antritt der Reise bleibt dieser Komplex in den meisten Fällen sehr unklar, und es gibt nicht wenige junge Reiseleiter, die gerade in der Anfangszeit auf Grund ihrer Projektunkenntnis eine Reihe von Schwierigkeiten haben.

4. Auch für den *Reiseleiter* gilt die Feststellung, daß der »Auszug aus dem Alltag« gar nicht so ohne weiteres gelingt. Wie stark auch immer sein Wunsch sein mag, den Jugendlichen unter neuen Aspekten zu einem schönen Urlaub zu verhelfen, während eines Ausbildungslehrgangs können wir nicht genau genug darauf hinweisen, in welchem Maße die pädagogischen Vorstellungen über den Urlaub von der eigenen Vergangenheit abhängig sind. Einstellungen und Urteile, aus anderen Bereichen übernommene pädagogische Grundsätze, die Eitelkeit, immer wieder mit dem speziellen Fachwissen zu kokettieren, bereits in Routine erstarrte pädagogische Mittel und Techniken — all diese Merkmale der persönlichen Disposition werden bei der neuen Aufgabe in Frage gestellt, überprüft, verworfen oder doch angewendet. Es gehört schon sehr viel Selbstbewußtsein dazu, die Offenheit der eigenen Person im Zusammenspiel der anderen Faktoren auszuhalten, um jene Erfahrungen und Lernprozesse zustande zu bringen, die erst durch die Infragestellung der von allen Seiten eingebrachten Vorbedingungen entstehen können.

In unserer Skizze sind die Abhängigkeiten der einzelnen Faktoren *innerhalb* des Urlaubsprojektes als umfassende Interdependenz vorhanden: jeder Faktor steht in einer Wechselbeziehung mit jedem anderen, wenn sich ein Faktor verändert, verändern sich alle anderen auch.

Dieses ganze Modell, das über die Frage »Was ist der Reiseleiter«? Auskunft gibt, ist der didaktische Einstieg für einen Ausbildungskurs. Er erfolgt am besten in Form eines Einleitungsreferates. Ein solches Referat hat die Aufgabe, von vornherein gleichsam einen *sinnvollen Zusammenhang* dessen zu entwerfen, was warum im weiteren Verlaufe des Ausbildungskurses noch behandelt werden wird. Dieses einführende Modell gibt gleichsam eine systematische Ortsbestimmung für alle Themen, die später noch auftauchen werden. Auf diese Weise soll das sonst meist übliche Verfahren abgelöst werden, den Ausbildungskurs in eine Summe von Referaten, Diskussionen und Übungen aufzulösen, die nie richtig in einen Zusammenhang gebracht werden. Das Zentrum des Zusammenhangs in unserem Modell ist eben der Reiseleiter mit seinen in der Ausbildung antizipierten Problemen und Schwierigkeiten, und um dieses Zentrum herum werden die Sachfragen gruppiert und geordnet. In diesem Einleitungsreferat ist gewissermaßen die didaktische Anlage des ganzen Ausbildungskurses »in nuce« enthalten. Nun ist für den Rest des Kurses die Reihenfolge der weiteren Themen nicht mehr zwingend, sie folgen ja nicht logisch verbindlich *nacheinander*, sondern sind dem eingangs entworfenen Modell *nebeneinander* zugeordnet. Dies ist insofern von praktischer Bedeutung, als es die Planung dadurch erleichtert, daß ja auch die Reihenfolge der Referenten in didaktischer Hinsicht gleichgültig wird.

Das, was nun in einem Ausbildungskursus unterrichtet wird, läßt sich — didaktisch gesehen — auf drei verschiedenen Ebenen vorstellen. Wir wollen sie die *systematische*, die *technologisch-orientierende* und die *kasuistisch-problemorientierte* nennen.

Mit der *systematischen* Ebene ist folgendes gemeint: Jeder, der sich entschließt, Jugendreiseleiter zu werden, bringt über mindestens drei Komplexe ein Vor-Wissen mit, eine in sich geschlossene und geordnete Gesamtvorstellung: er hat mehr oder weniger klar geordnete und mehr oder weniger richtige Vorstellungen über »Tourismus« (bzw. »Urlaub«), über »Jugend« und über das, was seine Aufgabe als »Reiseleiter« ist. Hätte er diese Vorstellungen

nicht, so hätte er sich kaum entschlossen, Reiseleiter zu werden. Diese Tatsache, so banal sie klingen mag, ist didaktisch höchst bedeutsam: es kann nämlich in einem Ausbildungskurs offenbar gar nicht darum gehen, dem — erwachsenen! — Reiseleiter »von der Pike auf« alles beizubringen, was er überhaupt wissen muß; es geht vielmehr darum, daß der Zusammenhang seines bereits fertigen Vor-Wissens neu geordnet und aufgeklärt wird.
Deshalb ist es nötig, in jedem Kurs über mindestens drei Themen systematische Referate mit ausführlichen Diskussionen einzuplanen: über »Sozialgeschichte und Struktur des modernen Tourismus«, über »Lernprobleme des gegenwärtigen Jugendalters« und über den »Führungsstil des Reiseleiters«.
Zum ersten Thema müßte etwa das gebracht werden, was wir im ersten Teil die »emanzipatorischen Momente« des modernen Tourismus genannt haben; beim zweiten Thema geht es darum, die wichtigsten sozialwissenschaftlichen und entwicklungspsychologischen Ergebnisse der Jugendforschung unter dem Gesichtspunkt der spezifischen *Lernprobleme* des Jugendalters zusammenzufassen (vgl. dazu: Hermann Giesecke, Jung sein in Deutschland, München 1967); beim dritten Thema schließlich geht es um jene Gesichtspunkte, die wir unter der Überschrift des »Rollen-Ensembles« beschrieben haben.
Von dieser systematischen Ebene abgehoben ist die *technologisch-orientierende* Ebene. Hier handelt es sich um Tatsachenzusammenhänge, die wenigstens dem Reiseleiter-Neuling im allgemeinen unbekannt sind, über die er keine klaren Vorstellungen mitbringt. Die dabei zu vermittelnden Kenntnisse sind gewissermaßen »berufsspezifisch« für den Reiseleiter. Mindestens zwei Themen müßten in einem Referat dargestellt und ausgiebig diskutiert werden: »Rechtliche, finanzielle und organisatorische Aufgaben der Reiseleitung« und »Medizinische Aspekte des Urlaubs«. Demjenigen, der in Kategorien der »Bildung« zu denken gewohnt ist, mag diese Ebene vielleicht zweitrangig oder gar nebensächlich erscheinen. Aber nur derjenige Reise-

leiter, der diese »technischen« Aspekte seiner Aufgabe sicher beherrscht, wird im Ernstfall auch richtige Entscheidungen treffen; fühlt er sich dagegen in diesem Punkte unsicher, so wird sich diese Unsicherheit auch auf seine pädagogischen Funktionen übertragen.

Von diesen beiden Ebenen unterscheidet sich die dritte, die wir die *kasuistisch-problemorientierte* genannt haben. Jedes Lernen steht nämlich vor folgender grundsätzlicher Schwierigkeit: Gelernt wird im Grunde nur das, was systematisch im Rahmen der Logik der jeweiligen Sache in einen Zusammenhang gebracht wird. Dieser Zusammenhang ist aber nicht derjenige, den man braucht, wenn man ein konkretes pädagogisches Problem entscheiden will; dann muß vielmehr der systematisch erworbene Wissenszusammenhang umstrukturiert und neu geordnet werden: Die »Anwendung« von Wissen ist ein anderer Vorgang als der »Erwerb« von Wissen. Diese grundsätzliche theoretische Schwierigkeit ist gemeint, wenn man oft feststellt, daß gute »Theoretiker« schlechte »Praktiker« sind: es handelt sich dann um Menschen, die wohl gelernt haben, Wissen zu erwerben, nicht aber, es auch anzuwenden.

Man muß also die Anwendung von systematisch erworbenem Wissen eigens üben und trainieren, man muß üben, »Handlungs-Wissen« oder »Aktionswissen« zu entwickeln. Genau dies meinen wir mit der dritten didaktischen Ebene. Dabei muß man sich allerdings bewußt bleiben, daß dieses Üben niemals Ernst-Charakter, sondern nur »Planspiel«-Charakter haben kann: Niemals kann man in Ausbildungssituationen Ernstfälle hineinholen — das ist die prinzipielle Grenze jeder »praxis-nahen« Ausbildung. Auch hier geht es um das Training der Vorstellungskraft; aber in dem Maße, wie typische Ernstfälle zur Lösung gestellt werden und wie der Ausbildungsleiter streng dafür sorgt, daß falsche oder gar illusionäre Lösungen nicht anerkannt werden, ist dies eine wichtige Vorwegnahme tatsächlicher Ernstfälle.

In der Lösung der zur Diskussion gestellten Fälle müssen in der Ausbildungssituation das systematische Wissen über

Tourismus, Freizeit und Jugend, die eigenen pädagogischen Vorstellungen und die unbekannten Faktoren der zukünftigen Urlaubssituation wie in einem Planspiel zusammengedacht werden. Der Sinn dieses Planspiels ist es, über die bereits bekannten Faktoren und Zusammenhänge so weit nachzudenken, daß sie im Ernstfall schneller in richtige Handlung umgesetzt werden können. Bei der Besprechung der Fälle geht es nicht nur um die Frage »Was tut man, wenn ...«?, sondern gleichzeitig um die Frage »Was geschieht innerhalb der Gruppe, innerhalb der Beziehungen von Gruppe und Reiseleiter, wenn in einer bestimmten Weise gehandelt wurde?« Auch das Durchdenken der *Folgen* einer Handlungsmöglichkeit ist wichtig. Nehmen wir noch einmal einen schon zitierten Fall:

Eine Reisegruppe von etwa 50 jungen Erwachsenen im Alter von 18 bis 25 Jahren kommt im südlichen Projekt an. Die Nachtruhe wird auf 23 Uhr festgelegt. Am ersten Abend kommt ein 19jähriger Angestellter um 2 Uhr nachts angetrunken ins Hotel zurück, kann aber noch gehen und sprechen. Was würden Sie tun?

Die Antworten reichen von »auf einer harten Bank im Hotel ausnüchtern« bis zu »gar nichts unternehmen«. Das Spektrum der angegebenen Lösungen ist jedoch so weit, daß fast alle gruppensoziologischen Phänomene, die in Urlaubergruppen auftauchen können und Schwierigkeiten bereiten, an diesem Beispiel behandelt werden können. Sollte man noch am gleichen Abend handeln oder erst einmal abwarten, ob der junge Mann nicht von allein das Gespräch mit dem Reiseleiter sucht? Ist der Bestrafte Mitglied einer bereits bestehenden Untergruppe, so wird sich nicht nur sein eigenes Verhalten gegenüber seinem Reiseleiter verändern, sondern auch das seiner Freunde. Sollte man so früh schon deutlich werden lassen, wie man sich die Einhaltung der Ordnung vorstellt, oder erst einmal zeigen, daß man den Urlaubserwartungen der Teilnehmer nach Freizügigkeit und Geselligkeit durchaus nachkommen will? Wie steht es mit der Neigung der Reiseleiter, Voll-

trunkenheit anzunehmen, wenn der Fall nur leichte Trunkenheit darstellt? Oft steht in den Antworten, daß das Verhalten des einzelnen jungen Mannes ein schlechtes Beispiel für die ganze Gruppe sein werde. Wieso kommt man zu solchen negativen Vorstellungen?
Eine ähnlich gute Möglichkeit, gruppensoziologische Probleme, wie die Stellung des einzelnen in der Gruppe, die Beziehungen der Gruppenmitglieder zueinander oder die Bedeutung von Bindungen und Lösungen innerhalb der Gruppe, zu analysieren, bietet folgender Fall:

Im Weichbild einer spanischen — am Meer gelegenen — Großstadt befindet sich ein Jugendgästehaus einer westdeutschen Jugendreiseorganisation. Das Gästehaus wird von einem Angestellten mittleren Alters der Reiseorganisation geleitet. Es ist in der Urlaubssaison in der Regel mit 40 jungen Leuten beiderlei Geschlechts im Alter von 16 bis 22 Jahren belegt. Es handelt sich zumeist um junge Angestellte sowie einige Facharbeiter und Oberschüler. Die Belegung wechselt jede zweite und dritte Woche. Während der Leiter seinen Posten erst seit zwei Monaten innehat, sind viele der Jugendlichen schon zum zweiten — und einige sogar zum drittenmal an diesem Ferienort.
Der Hausleiter bemüht sich sehr, den jungen Leuten den Aufenthalt sinnvoll zu gestalten. Er bietet ihnen ein vielseitiges Programm: Tanz nach Tonband, Spielabende, Quiz, politische Vorträge, Diskussionen über lebenskundliche Fragen — und er hat eine geschickte Hand, Aufgaben und Ämter zu verteilen. Es ist praktisch immer »etwas los«. Im übrigen ist der Leiter energisch und zuverlässig, und daher genießt er ein gutes Ansehen bei seiner Reiseorganisation.
Aber obwohl sich der Leiter in der Programmgestaltung alle erdenkliche Mühe gibt, protestieren beim zweiten Turnus 8 Jugendliche (5 Jungen und 3 Mädchen zwischen 17 und 19 Jahren), indem sie teils bei den Veranstaltungen stören, teils diesen Veranstaltungen ganz fernbleiben. Außerhalb des Hauses sind sie jedoch immer zusammen: sie gehen zusammen baden, besuchen regelmäßig eine bestimmte Bar, wo sie auch heftige Diskussionen über alle möglichen Lebensprobleme führen, und als einer es zufällig ausspricht, übernehmen die acht für sich die Bezeichnung »Urlauber vom Ich«.
Die jungen Leute entwickeln viel Schwung: sie besprechen, was sie unternehmen wollen, probieren die gegenseitigen Vorschläge aus und wachsen so immer enger zusammen, wenn sie sich auch

mitunter heftig streiten. Bald interessieren sich auch andere Miturlauber für die acht und nehmen immer häufiger an deren Unternehmungen teil.
Den Hausleiter respektiert man so viel wie nötig, das heißt nur in bezug auf die äußeren Dinge der Hausordnung. Im übrigen jedoch interessiert die »Außenseiter« (so werden sie vom Leiter gesehen) das Leben im Gästehaus wenig. Das Haus wird gewissermaßen nur als »Hotel« betrachtet, in dem man preiswert wohnen kann und verpflegt wird.

An diesen Fall kann man folgende Fragen stellen:
1. Aus welchen Gründen kommt es zur Absonderung der acht? Sollte der Reiseleiter sie gewähren lassen?
2. Wurden bei der Programmgestaltung wichtige Prinzipien oder wichtige Erwartungen der Jugendlichen übersehen?
3. Welche Rolle spielt der Reiseleiter innerhalb der Urlaubergruppe?
4. Ist der ganze Fall nicht überhaupt ein »Schein-Problem«, das nur darin besteht, daß der Leiter nicht auf sein Programm-Monopol verzichten will?
Gerade dieses Beispiel zeigt sehr gut, daß es bei solchen »Planspiel-Diskussionen« nicht zuletzt darauf ankommt, die *richtigen* Probleme zu sehen und sich nicht aus der Sicht desjenigen zu Vor-Urteilen hinreißen zu lassen, aus dessen Perspektive ein Fall berichtet wird.
Eine weitere Möglichkeit, die Themen des Kurses in praktischen Fällen zusammenzudenken, sind die Übungen zum Programm. Soweit es die kurze Zeit während eines Ausbildungskurses zuläßt, machen wir die Reiseleiter zu Anhängern eines neuen Hobbys, des »Sofa-Tourismus«. Es besteht darin, mit Hilfe von Prospekten und Broschüren Traumreisen auf dem Papier zu machen, wobei neben Geographie und Sittenkunde fremder Völker vor allem Tarifkunde betrieben wird. So weiß Vater dann, wann der letzte Zug von Düsseldorf nach Rom abfährt, Mutter weiß, an welcher Serengeti-Quelle die Löwen besonders zutraulich sind, und die Kinder können die Busfahrpläne von Madrid auswendig. Unser Reiseleiter muß die Familie ersetzen. Wir planen auch keine Traumreise, sondern wir

planen die in den Prospekten für die Jugendlichen ausgeschriebenen Reisen. Zu Beginn des Kurses bekommt jeder Teilnehmer ein Projekt aus dem Katalog, für das er dann während des Lehrgangs unter Anwendung der erworbenen Kenntnisse (über die Teilnehmer, die Urlaubsmotivationen der Jugendlichen, die Vorstellungen des Veranstalters usw.) und anhand von Material über den Urlaubsort — soweit zugänglich — ein Modellprogramm zu entwickeln hat. Dieses Modellprogramm sollte nach Möglichkeit unter bestimmten Gesichtspunkten aufgestellt werden, also: Planung einer Urlaubswoche, wobei sehr entscheidend ist, ob es die erste, die mittlere oder die Schlußwoche ist. Eine weitere Aufgabe wäre die Planung eines durchschnittlichen Urlaubstages. Immer wieder haben wir festgestellt, wie wichtig es ist, eine Finanzkalkulation für das vom Reiseleiter vorgesehene Programm zu machen. Denn es ist fraglich, ob Jugendliche, die durchaus »bildungswillig« sein können, einer für diese Zwecke angesetzten Exkursion zustimmen, wenn sie gleich die Hälfte ihres Taschengeldes verschlingt. Meist werden bei solchen Planungen die einfachsten Voraussetzungen übersehen: Die Programme werden — von den *studentischen* Reiseleitern — für die Bildungsinteressen von Studenten gemacht, nicht aber für die jungen Angestellten, die in Wirklichkeit die Gäste sind. Oder die »exemplarische Woche« sieht allein drei Exkursionen vor, weil man nicht einkalkuliert, wie anstrengend eine Busfahrt in südlichen Ländern sein kann. Der Reiseleiter plant viele bunte Abende, obwohl aus dem Prospekt hervorgeht, daß das Angebot der touristischen Umgebung sehr vielseitig und für die Jugendlichen vermutlich attraktiver ist.

Das Auswertungsgespräch über die vorgeschlagenen Programme bietet sich als Abschlußdiskussion für den Ausbildungskurs an. Dabei zeigt sich, daß in den konzipierten Programmen die praktischen Programmübungen des Lehrgangs immer wieder als feste Punkte auftauchen. Ein exemplarischer Sportnachmittag während des Lehrgangs, ein Vormittag, an dem die Teilnehmer durch einen Tanzlehrer erfahren, wie gesellig moderne Tänze wie Madison und Slop sein können — vor allem wenn man Damen- oder Herrenüberschuß hat —, sind aber nur Beispiele, deren sinnvolle Verwendung sich erst in der konkreten Urlaubssituation erweisen kann. Während des Lehrgangs bleiben die Reiseleiter »Sofa-Touristen«, und sie sollten sich dessen auch bewußt sein. Tatsächlich jedoch neigen sie sehr dazu, das im Kursus Gelernte *direkt*, das heißt ohne *Übersetzung* auf die wirklichen Gegebenheiten, als »Rezept« anzuwenden. Genau dieses Verfahren müssen die Kurse relativieren.

Es sind also vor allem zwei Fragenkomplexe, für die solche Übungen wichtig sind: die organisatorischen und pädagogischen Probleme der Reiseleitung und die Übungen zu den Urlaubsprogrammen.

Die Übungen zum Programm sollten sich beschränken auf eine Art »Technologie der Geselligkeit«. Da man annehmen kann, daß jeder Reiseleiter ein geselliger Mensch ist — sonst sollte sein Veranstalter ihn zurückweisen —, kann er im Rahmen eines Ausbildungskurses durchaus etwas Sinnvolles »dazulernen«. Darüber hinaus sollte man bedenken, daß niemand in wenigen Tagen spezielle kulturelle Techniken (etwa Sing-Leitung oder Laienspiel) lernen kann, die er nicht sowieso schon beherrscht. Anstatt hier durch Übungen eine illusionäre Praxisnähe vorzutäuschen, sollten die Reiseleiter angehalten werden, derartige Begabungen unter ihren Teilnehmern zur Aktion zu ermuntern. Eine kulturelle Technik oder ein kulturelles Sachgebiet, das ein Reiseleiter nicht wirklich beherrscht, wird ihm auch kein Glück bei seinen Teilnehmern bringen: die merken nämlich ganz genau, ob es ihm um die Sache geht oder nur um »sinnvolle Beschäftigung«.

Gemäß unseren Erfahrungen und der eben knapp entwickelten didaktischen Theorie würde ein Modellprogramm für einen Ausbildungskursus etwa folgendermaßen aussehen, wobei — wie schon gesagt — mit Ausnahme des Einleitungsreferates die Reihenfolge der Programmpunkte beliebig ist.

1. Tag
a) Einleitungsreferate (durch Kursleiter und Veranstalter)
b) »Geschichte und Struktur der Freizeit und des Tourismus« (Referat und Diskussion)

2. Tag
»Gegenwärtige Situation und Lernprobleme des Jugendalters« (Referat und Diskussion)

3. Tag
a) »Aufgaben des Reiseleiters und sein Führungsstil« (Referat und Diskussion)
b) Falldiskussionen zum Thema

4. Tag
»Pädagogische und organisatorische Probleme der Reiseleitung« (Falldiskussionen und Übungen)

5. Tag
»Rechtliche, finanzielle und organisatorische Fragen der Reiseleitung« (Referate und Diskussionen)

6. Tag
»Programme im Urlaub: Geselligkeit«(Falldiskussionen und Übungen)

7. Tag
»Programme im Urlaub: Erschließung der touristischen Umwelt« (Falldiskussionen und Übungen)

8. Tag
»Länderkunde über die in Frage kommende Region« (Referat und Diskussion)

9. Tag
a) »Medizinische Aspekte des Urlaubs« (Referat und Diskussion)
b) Übung: Sportliche Spiele

Ein *Einleitungsreferat* sollte nicht nur der Kursleiter im Rahmen der oben beschriebenen didaktischen Anlage des Kurses halten, sondern auch der Veranstalter, der damit sein Unternehmen vorstellt, über dessen Ziele und Projekte informiert und die Anforderungen nennt, die er an die Reiseleiter stellt.

Die *Programmübungen zur Geselligkeit* (6. Tag) sollten ihren Höhepunkt in einer für den Kurs selbst geplanten und durchgeführten geselligen Veranstaltung finden. Dabei ist allerdings zu beachten, daß man gesellige Veranstaltungen nicht für abwesende andere, sondern nur für die Anwesenden planen kann! Man kann also 23jährigen Studenten nicht den Auftrag erteilen, einen geselligen Abend für 17jährige Lehrlinge zu veranstalten, die nicht anwesend sind. Was bei anderen Übungen durchaus möglich ist, sich nämlich in die Rolle anderer, nicht anwesender Menschen hineinzuversetzen, kann in diesem Falle nur zu Verkrampfungen führen, weil gesellige Veranstaltungen den Zweck nur in sich selbst tragen können. Diese Warnung scheint deshalb angebracht, weil uns Fälle bekannt sind, wo Studenten sich in den »Spaß« 12jähriger Kinder hineinversetzen sollten, was folgerichtig dann auch immer zu einer allgemeinen Kindsköpfigkeit führte. Gesellige Übungen kann man also nur unter dem Gesichtspunkt veranstalten, daß die *Beteiligten* möglichst großen Spaß daran haben, und die Frage, inwieweit ein solcher Spaß übertragbar sein könnte auf andere Menschen, ist eine Sache der *nachträglichen* gemeinsamen Erörterung.

Die *Länderkunde* sollte nicht nur die touristischen und landschaftlichen Sehenswürdigkeiten berücksichtigen, sondern vor allem spezifische, von den unseren abweichende Sitten und Gebräuche sowie die allgemeine wirtschaftliche, soziale und politische Lage. Ausführliche historische Darstellungen würden wohl zu weit führen, aber ein knapper sozialgeschichtlicher Überblick darüber, wieweit sich in den betreffenden Ländern »moderne Gesellschaft« bereits verwirklicht hat, ist unabdingbar. Was darüber in guten, erschwinglichen Publikationen greifbar ist, muß nicht langatmig referiert werden. Wichtig ist, daß der Veranstalter sich bereits klar darüber ist, in welchen Regionen er in der nächsten Saison seine Projekte einrichten will. Daraufhin müßte die Länderkunde etwa in Arbeitsgemeinschaften differenziert werden, denn ein Reiseleiter kann sich in einem solchen Kurs nur mit *einer* Region (zum Beispiel

Südeuropa) einigermaßen gründlich beschäftigen und vertraut machen.
Der Programmpunkt »Länderkunde« hat eine größere pädagogische Bedeutung, als es auf den ersten Blick scheinen mag. Er zielt nämlich direkt auf die Problematik der *Vorurteile* zwischen Völkern. Wir haben dem Problem der Vorurteile keinen eigenen Programmpunkt eingeräumt, weil wir meinen, daß *das ganze Programm* so aufgebaut werden muß, daß Vorurteile der verschiedensten Art abgebaut werden oder gar nicht erst entstehen können. Natürlich könnte es nicht schaden, die Reiseleiter mit den wichtigsten Ergebnissen der Vorurteilsforschung bekanntzumachen. Aber die Gefahr wäre nicht nur, daß dem Nicht-Sozialwissenschaftler in so kurzer Zeit die sehr komplizierte Materie nur oberflächlich verständlich wird, sondern auch, daß die Vorurteile damit zu einem isolierten akademischen Problem werden, das an einem Tag »pflichtgemäß« erledigt wird, während man dann zu anderen Themen übergeht. Die Vorurteilsforschung selbst hat uns aber gezeigt, wie wenig Vorträge nützen, wenn die in der Person liegenden *Ursachen* für die Entwicklung von Vorurteilen nicht möglichst vermindert werden: mangelnde Information, mangelndes Selbstbewußtsein und Angst vor Konflikten. Die wichtigste Waffe gegen Vorurteile ist immer noch, das *Selbstbewußtsein* und *Selbstvertrauen* der Menschen zu stärken, und diesem Ziel soll ja der Kurs im ganzen dienen.
Das Referat über die *medizinischen Aspekte des Urlaubs* sollte außer einer knappen Zusammenfassung der wichtigsten Ergebnisse der Urlaubsmedizin auch Ratschläge für die Reiseleiter enthalten, deren wichtigster wohl lautet, in Zweifelsfällen unverzüglich ärztliche Hilfe zu suchen. Jeder Reiseleiter sollte außerhalb des Kurses sich eine Erste-Hilfe-Ausbildung verschaffen.
Die Übung *»Sportliche Spiele«* sollte weniger unter dem Gesichtspunkt des sportlichen Wettbewerbs erfolgen als unter dem der sportlichen Geselligkeit, wobei die körperliche Leistungsfähigkeit nicht unbedingt im Mittelpunkt

steht. Es gibt inzwischen eine Vielzahl von interessanten Spielen mit einfachen Hilfsmitteln, so daß sie bei richtiger Anwendung eine ähnliche gesellige Bedeutung für den Tag haben könnten wie Tanzveranstaltungen für den Abend.
Fassen wir die theoretischen Erörterungen noch einmal zusammen, so enthält unser Vorschlag eine didaktische Dreiteilung des Kurses: erstens eine Klärung des Vorstellungs- und Bewußtseinshorizontes in Sachen »Jugend«, »Tourismus« und »Führung«; zweitens die ständige Aktualisierung und Übung des Bewußtseins an tatsächlichen Ernstfällen, wie sie jedem Reiseleiter abverlangt werden können; drittens die systematische und wiederum durch Falldiskussionen erhärtete Aneignung der nötigen technischen, organisatorischen und rechtlichen Kenntnisse. Diese drei Ebenen mögen je nach den Bedürfnissen und Zielen der einzelnen Reiseveranstalter weitgehend variiert werden, aber sie müssen jede für sich berücksichtigt werden.
Damit haben wir allerdings nur die *unterrichtliche* Seite eines Ausbildungskurses behandelt. Aber auch für einen solchen Kurs gilt, daß er ein »Lernfeld« ist, in dem es lernhemmende und lernfördernde Faktoren gibt. Die wichtigsten Bedingungen dieses »Feldes« wollen wir also noch kurz aufzählen:
Da ist zunächst die *Dauer* zu nennen. Wir gehen von einem neuntägigen Kursus aus. Dabei denken wir keineswegs nur an das Programm — das man ja auch mehr zusammendrängen könnte —, sondern mehr noch an die Kommunikation unter den Reiseleitern: gerade weil es für Reiseleiter noch kein ausgeführtes »Selbst-Bild« und kein öffentlich anerkanntes »Berufsbild« gibt, ist das Solidaritäts-Erlebnis (Solidarität der Aufgaben und Probleme) auf einem Ausbildungskursus ungemein wichtig. Dieses »Wir-Bewußtsein« braucht aber eine gewisse Zeit, um sich entwickeln zu können. Wenn neben den sachlichen Lernleistungen nicht auch dieses »Wir-Bewußtsein« zustande kommt und dem Reiseleiter berufliches Selbstbewußtsein vermittelt, so kann es geschehen, daß alles, was er lernt, infolge seines mangelnden Selbstbewußtseins in eine falsche Ordnung gerät:

Menschen mit schwachem Selbstbewußtsein sind selten geneigt, neue Erfahrungen zu machen und sich in Frage zu stellen. Dies, nämlich die zum Teil radikale Korrektur der mitgebrachten Vorstellungen, wäre aber gerade nötig.

Im Hinblick auf diese emotionalen Faktoren der Ausbildung halten wir eine Aufgliederung des Stoffes auf mehrere Wochenenden für sehr unergiebig. Leider sind die jugendpflegerischen Veranstalter weitgehend zu diesem Verfahren gezwungen, weil ihre Mitarbeiter sonst ihren wertvollen Jahresurlaub in die Ausbildung investieren müßten, den sie doch sowieso schon für die Ferienmaßnahmen zur Verfügung stellen. Wir würden diesen Mitarbeitern nicht helfen, wenn wir hier eine didaktische Theorie der Wochenendkurse entwickelten, von der wir nicht überzeugt sind. Die Forderung muß vielmehr umgekehrt lauten: Wenn unsere Gesellschaft von der Bedeutung der ehren- und nebenamtlichen Jugendhilfe überzeugt ist, dann muß sie den dafür in Frage kommenden Personen ein bestimmtes Maß an jährlichem »Bildungsurlaub« genehmigen. Das ist das mindeste, worauf sie einen moralischen Anspruch haben. Geschieht dies auf absehbare Zeit nicht, so wird die Jugendarbeit aus einem beschränkten Dilettantismus nicht herauskommen, der sie gegenüber großen Organisationen nur noch konkurrenzunfähiger macht.

Nur wenn man von der bloß *stofflichen* Seite der Kurse ausgeht, kann man die Wochenend-Lösung für akzeptabel halten. Dann gibt es sogar den Vorteil, die Kasuistik weitgehend auf »Hausaufgaben« zu übertragen. Aber wichtige Momente des Lernens müssen zu kurz kommen: Selbstbesinnung und Selbstkritik. Wie sollen außerdem Menschen, die fortwährend ihre privaten Freizeitansprüche verdrängen müssen, ein ausgewogenes Verhältnis zu diesen Ansprüchen ihrer jugendlichen Partner gewinnen? Schließlich gibt es auch noch viele Behörden, die ihren Mitarbeitern keinen Urlaub für eine solche Ausbildung gewähren wollen und sie auf die Wochenenden verweisen. Ihnen wollen wir nicht auch noch ein »pädagogisches Alibi« verschaffen.

Wochenendkurse haben immer einen Hang zur Indoktrination, nicht zur Selbstbildung.
Ferner ist darauf zu achten, daß das Programm nicht überfrachtet wird. Nur der pädagogische Laie, der den Lernrhythmus in einer Gruppe nicht kennt, kann annehmen, daß ein zeitlich überfülltes Programm ein Beweis für Lernfleiß und Lernerfolg sei. Lernvorgänge lassen sich eben nicht so »rentabel« organisieren wie Produktionsprozesse. Diesen Fehler machen die Veranstalter häufig, indem sie ihre Arbeits- und Berufserfahrungen auf die Ausbildungskurse übertragen. Aber alle Lernvorgänge, in deren Mittelpunkt kritisches und selbstkritisches Nachdenken steht, werden so mit Sicherheit in ihr Gegenteil verkehrt; sie bedürfen eines erheblichen Maßes an Muße und Ruhe. Deshalb ist eine angemessene Mittagspause wichtig, und die Abende sollten grundsätzlich frei von jedem *verbindlichen* Programm sein; dafür sollten an den Abenden geeignete äußere Bedingungen für informelle Gespräche vorhanden sein. Die eingeladenen Dozenten sollten wenigstens einen Abend auf diese Weise ihren Partnern zur Verfügung stehen.
Damit sind schließlich die Bedingungen des Hauses angesprochen, in dem der Kursus stattfindet. Ein Haus, in dem man sich nicht wohlfühlt, das keinen Geselligkeitskomfort enthält, wie die meisten Jugendherbergen, ist denkbar ungeeignet. Wenn die informellen Abendgespräche die Lernwirkungen haben sollen, die wir ihnen zuschreiben, dann muß die Atmosphäre »gemütlich« sein.
Hat also die »technische« Organisation von Lernvorgängen ihre deutlichen Grenzen, so ist sie auf einem anderen Gebiet von großer Bedeutung: bei der Beschaffung von geeigneten Lehr- und Lernmitteln. Soweit wie möglich sollten die Referate an vorhandene, preislich erschwingliche Publikationen anknüpfen. Dafür wäre zum Beispiel das Buch von Erich Zilien »Auf Reisen mit jungen Leuten« (78) geeignet. Bei Themen, über die keine geeignete Publikation vorliegt, sollten die Referenten ausführliche Dispositionen ihrer Referate zur Verfügung stellen.

Der Intention des Buches entsprechend, den Urlaub als ein Lern- und Erfahrungsfeld für die Jugendlichen zu beschreiben, stand die didaktisch-methodische Durchführung der Reiseleiterausbildung bisher im Vordergrund. Das Gelingen eines Kurses wird allerdings entscheidend von seiner sorgfältigen Planung und Organisation abhängen, zumal »planen« und »organisieren« zu den wichtigsten Fertigkeiten eines Reiseleiters gehören und der Tagungsablauf für ihn damit bereits Demonstrationswert besitzt.
Die wohlüberlegte *Planung* ist der erste Schritt für eine vernünftige und sachgerechte Organisation der Reiseleiterausbildung und sollte von den Veranstaltern weder unterschätzt noch gar gleichgültig gehandhabt werden. Zu den Vorüberlegungen einer rechtzeitigen Planung gehören:

a) Kenntnis der Anzahl und Art von Urlaubsprojekten, die in der Saison beschickt werden sollen;
b) Berechnung der zur Durchführung der Ferienmaßnahmen erforderlichen Reiseleiter und Mitarbeiter; Klärung der gewünschten Fähigkeiten dieser Mitarbeiter;
c) frühzeitige Werbung der benötigten Kräfte (nur so läßt sich ein gewisses Anspruchsniveau halten);
d) Vorausberechnung der Ausfallquote von Reiseleitern und Sicherung der benötigten Anzahl durch Mehreinladung (ca. 30 Prozent).

Wir sagten schon, wie wichtig die Wahl des *Ausbildungsortes* ist. Die Schulungsstätte sollte für Teilnehmer und Referenten gut erreichbar sein; sie müßte gesellige Räume aufweisen; ein Minimum an technischer Ausrüstung für eine möglichst gute didaktische Durchführung des Lehrgangs müßte vorhanden sein. Erfahrungen mit bestimmten Schulungsstätten, vor allem Jugendherbergen, haben bewiesen, wie störend sich enge, konservative Einstellungen auf Lehrgangs- und Lernprozesse auswirken. Entsprechend der Teilnehmerzahl und den Zielsetzungen sollten die Absprachen mit den Referenten frühzeitig getroffen werden. Diese Absprachen sollten das Lehrgangskonzept bereits verdeut-

lichen, denn nur so ist gewährleistet, daß die verschiedenen Referenten ihre Vorträge auf die Teilnehmer und deren Ausbildung abstellen. Besonders mit dem ständigen Lehrgangsleiter muß so frühzeitig wie möglich verhandelt werden, denn nur wenige qualifizierte Referenten sind kurzfristig zu gewinnen.
Für die *Organisation* eines Ausbildungskurses sollte beachtet werden:

a) rechtzeitiger Vertragsabschluß mit der Ausbildungsstätte;
b) rechtzeitige Einladung der Teilnehmer, etwa zwei Monate vor Kursbeginn.

Unerläßlich ist die eingehende vorherige Absprache mit dem *fachlichen Lehrgangsleiter*. Mit ihm muß der Lehrgangsplan unmittelbar abgesprochen werden, er muß die Absprachen mit den anderen Referenten kennen und die Möglichkeit und das Recht haben, Vorschläge für die Thematik und für Referenten einzubringen, Vorschläge des Veranstalters zu korrigieren und während des Lehrgangs Themen und Referenten umzudisponieren. Die ständige Anwesenheit eines fachlichen Lehrgangsleiters ist aus mehreren Gründen bedeutsam: Er ist für die richtige Abstimmung zwischen der Zielsetzung einer Schulung und dem didaktischen Vorgehen verantwortlich; er versucht, durch Absprachen die Referenten auf die Teilnehmer und die Teilnehmer auf die Referenten einzustimmen; er beobachtet durchgehend vom ersten bis zum letzten Schulungstag die Einstellungen und Verhaltensweisen der Teilnehmer und berät am Ende mit einem Vertreter des Veranstalters über die Eignung der Teilnehmer. Die ständige Anwesenheit eines Vertreters des Veranstalters scheint uns dann nicht erforderlich, wenn er wenigstens einen Tag zur Information für die Teilnehmer zur Verfügung steht. Er sollte auch das Referat über die organisatorischen Probleme der Reiseleitung halten. Der fachliche Lehrgangsleiter sollte Pädagoge, Psychologe oder Soziologe sein, wobei auf keinen der drei Wissenschaftszweige eigentlich verzichtet werden kann. Wichtig ist seine berufliche Unabhängigkeit vom Veranstalter. Nach Möglichkeit sollte er nicht beim veranstaltenden Reiseunternehmen angestellt sein, weil er so unbefangener vom fachlichen Standpunkt aus Teilnehmer und Veranstalter beraten und in Streitfällen besser vermitteln kann. Sollte der Lehrgangsleiter keine touristische Erfahrung mitbringen, so sollte er vom Veranstalter verpflichtet werden, die einschlägige Fachliteratur über das moderne Jugendreisen zu lesen. Zwischen Veranstaltern und Teilnehmern sollte in jeder Beziehung von Anfang an Klarheit herrschen: über die noch freien Projekte, die Erwartungen während des Kurses und die Vertragsbedingungen. Verschleierungen, Unwahrhaftigkeiten und Ausweichmanöver von seiten des Veranstalters gegenüber den Teilnehmern schaden während der Schulung und für die Zukunft dem Ruf des Unternehmens.

Organisatorisch zu empfehlen ist weiterhin: In den Kursen sollte in ausreichender Anzahl einschlägige Fachliteratur — auch zum Verkauf — ausliegen. Einen Vorschlag für die *Mindestausstattung* einer Handbibliothek für Ausbildungskurse haben wir im Literaturverzeichnis unter »C« vorgelegt. Sie müßte in Zusammenarbeit mit den Referenten weiter ausgebaut werden.

Unser didaktisches Modell könnte auch für *Fortbildungskurse* Anwendung finden, wie sie von einigen Reiseveranstaltern bereits eingerichtet werden. Dabei könnten einige Themen des Ausbildungsprogramms weiter vertieft werden. Darüber hinaus könnten solche Kurse die Erfahrungen der Reiseleiter benutzen, um einen sonst notwendig unterbrochenen Informationskreislauf für den Veranstalter zu schließen:

a) durch kritische Hinweise für die Ausbildung;
b) durch kritische Hinweise auf Fehler der Organisation und Planung.

Vorschläge für die Veranstalter

1. Es ist ein weit verbreiteter Irrtum, daß für junge Menschen der *Service* im ganzen geringer sein dürfe als für ältere. Gerade unter pädagogischen Gesichtspunkten ist es unvertretbar, Jugendliche im Hinblick auf den Service als »Erwachsene zweiter Klasse« zu betrachten. Lieblose Betreuung, primitive Ausstattung der Unterkünfte und Aufenthaltsräume sowie Massenschlafsäle haben geradezu automatisch ein Absinken des allgemeinen Verhaltensniveaus zur Folge: Jugendliche sind den Reizen einer primitiven Umgebung wehrloser ausgeliefert als Erwachsene. Hat man Zweifel, ob ein bestimmtes Ferienangebot »jugendgemäß« ist, sollte man lieber von den Komfort-Vorstellungen des Erwachsenen ausgehen als von meist unzutreffenden Vorstellungen darüber, was Jugendlichen »angemessen« sei.
2. Die wichtigste Besonderheit jugendlicher Urlaubsvorstellungen betrifft ein besonders starkes *Bedürfnis nach gemischt-geschlechtlicher Geselligkeit.* Diesem Gesichtspunkt muß bei der Schulung der Reiseleiter und bei der Auswahl der lokalen Bedingungen große Aufmerksamkeit gewidmet werden.
3. Was für den allgemeinen Komfort gilt, gilt auch für die vorher erteilten *Informationen.* Die bei der Werbung der jugendlichen Kunden erteilten Informationen über Preise, Komfort, Verhältnisse am Urlaubsort und Erwartungen der Veranstalter an die Jugendlichen müssen unter allen Umständen zutreffend sein. Jugendpflegerische Veranstalter, die ihre Ferienvorhaben mit einem bestimmten religiösen, politischen oder künstlerisch-musischen Programm verbinden, müssen dies von vornherein klar zum Ausdruck bringen. Täuschungen werden von den Jugendlichen sehr bald durchschaut und belasten als unerlaubte Mittel jede noch so gute Absicht. Gleiches gilt für leichtfertige und dilettantische organisatorische Planungen.

Der Grundsatz, daß Informationen ehrlich und zuverlässig erteilt werden sollen, gilt auch in dem Sinne, daß bestimmte, für die jugendlichen Erwartungen wichtige Gesichtspunkte nicht verschwiegen werden dürfen. *Alle* die Freizügigkeit der Jugendlichen am Urlaubsort regelmäßig begrenzenden Vorschriften und Maßnahmen des Veranstalters müssen ausgesprochen werden: obligatorische Teilnahme an bestimmten Programmen; Beschränkung der Ausgehzeiten; Mitwirkung bei der Hausarbeit usw.

4. Der *Ausbildung der Reiseleiter* sollte größte Aufmerksamkeit gewidmet werden. Für die kommerziellen Veranstalter sind Ausbildungsinvestitionen auf lange Sicht auch wirtschaftlich amortisierbare Investitionen, insofern in den letzten Jahren die Ansprüche auch der »Massentouristen« deutlich gestiegen sind. Der gut ausgebildete und daher seinen Aufgaben souverän gewachsene Reiseleiter wird immer mehr zu einer Bedingung der Konkurrenzfähigkeit seines Unternehmens.

5. Die jugendpflegerischen Veranstalter sollten prüfen, inwieweit sie ihre Kräfte statt auf unrentable Eigenorganisation auf die pädagogische Vorbereitung und Durchführung von Reisen mit ihren Gruppen verwenden können, die sie im Rahmen leistungsfähiger Reiseorganisationen durchführen. In vielen Fällen wäre den Jugendlichen pädagogisch mehr gedient, wenn die ehrenamtlichen Mitarbeiter der Jugendarbeit mit ihren Gruppen die großen touristischen Organisationen benutzen würden, um sich — frei von organisatorischen Pflichten — ganz auf ihre pädagogischen Aufgaben konzentrieren zu können. Zu prüfen wäre ebenso, inwieweit Träger der Jugendpflege sich überregional zusammenschließen könnten, wie das einige Jugendferiendienste bereits getan haben, so daß sie auf diese Weise sogar wirtschaftlich unabhängig wurden.

6. Die Veranstalter sollten bei der Planung ihrer Reisen für eine *ausgewogene Altersgliederung* sorgen. 14- und 20-jährige in einer Reisegruppe schaffen zusätzliche Schwierigkeiten, weil die Bedürfnisse dieser Altersstufen zu verschieden sind, es sei denn, die Gesamtgruppe ist so groß, daß auch die Jüngeren zu einer Untergruppe sich zusammenschließen können. Im allgemeinen ist es ratsam, für

die 14- bis 16jährigen eigene Ferienangebote zu machen, wobei die Altersgrenzen durchaus fließend sein können, zumal die Akzeleration diese Grenzen ja längst fließend gemacht hat. In der jüngeren Altersgruppe werden die pädagogischen Betreuungsmaßnahmen in der Regel intensiver sein müssen als bei den Älteren.

7. Die jugendpflegerischen Veranstalter sollten ihre personell und materiell begrenzten Möglichkeiten vorwiegend auf solche Vorhaben wenden, die im normalen Markt-Tourismus nicht genügend berücksichtigt werden: Ferienmaßnahmen für Kinder und für jüngere Jugendliche sowie Ferienmaßnahmen mit speziellen sportlichen, technischen, wissenschaftlichen und musisch-künstlerischen Angeboten.

8. Die Veranstalter sollten vermeiden, »Urlaubs-Inseln« für Jugendliche einzurichten, also Ferienorte zu wählen, die zwar billig sind, in denen aber die Jugendlichen von der normalen Erwachsenen-Umgebung isoliert und auf sich selbst zurückgeworfen werden. Der *Urlaubsort* sollte im Gegenteil — vor allem im Ausland — so ausgewählt sein, daß die Jugendlichen einen selbstverständlichen Kontakt zu den Bewohnern und zu den kulturellen Gegebenheiten des Gastlandes bekommen können.

9. Die meisten Veranstalter haben kein klares *Selbstverständnis* über ihre spezifischen Intentionen. Das wird beim Vergleich der Prospekte der verschiedensten Veranstalter deutlich. So findet man überall so allgemeine Floskeln wie: Erholung — Gesundheit — kulturelle Bildung — die Ferne, das Ausland kennenlernen — in der Gemeinschaft mit jungen Menschen leben —Kameradschaft bei Spiel, Sport, Wandern und Festen — einmal den grauen Alltag verlassen — die Ferienzeit nutzen — usw. So gesehen gibt es kaum Unterschiede zwischen jugendpflegerischen, gemeinnützigen und kommerziellen Jugendreiseveranstaltern. Es ist nicht schlimm, wenn ein Veranstalter nicht den Ehrgeiz hat, sich von anderen in seiner Zielsetzung zu unterscheiden. Hat er aber bestimmte weltanschauliche oder konfessionelle Intentionen, so darf er sie in seiner Werbung nicht verschweigen; sonst wird er unwahrhaftig und er-

zeugt bei seinen potentiellen Urlaubsgästen falsche Erwartungen.
Aber auch wenn spezielle Intentionen dieser Art keine Rolle spielen, muß ein Veranstalter sich darüber klarwerden, wie und warum er sich als Jugendreiseunternehmen versteht, welche Schichten Jugendlicher er ansprechen will, was er im Urlaub anzubieten gedenkt, was die Urlauber erwartet, was man von diesen erwartet usw.

10. Dieses Selbstverständnis ist Voraussetzung dafür, die in Frage kommenden *Reiseleiter zu werben.* Die Erwartungen, die die Organisation an ihre Reiseleiter stellt, müssen schriftlich fixiert und Bestandteil des Vertrages werden. Nur dann kann ein Reiseleiter wissen, wofür er sich entscheidet. Ferner müssen die Reiseleiter rechtzeitig geworben werden; es geht nicht an, kurzfristig irgendwelche Reiseleiter anzuheuern, auf die man dann notgedrungen zurückgreifen muß.

11. Die *Ausbildungskurse* müssen getrennt nach Altersstufen der erwarteten Urlaubsgäste organisiert werden (Reiseleiter für Kinder bzw. für Jugendliche, am besten noch unterschieden nach 15- bis 17jährigen und älteren). Wenn schon zur gleichen Zeit für alle Altersstufen ausgebildet werden muß, sollten wenigstens Parallelkurse stattfinden. Ist dies für einen Veranstalter unrentabel, sollte er sich mit anderen zusammentun.

12. Der *Reiseleiter* ist am Einsatzort auf die Unterstützung seiner Organisation angewiesen. Diese sollte ihm daher (zum Beispiel in einer Schnellheftermappe) folgende wichtige *Informationen* mitgeben:
a) genaue Projektbeschreibung des jeweiligen Einsatzortes;
b) eine Abschrift des mit dem Wirt geschlossenen Vertrages;
c) eine Anschriftenliste der Büros des Veranstalters und der Büros der Partnerorganisationen;
d) Anschriften der Ärzte und anderer Kontaktpersonen am Urlaubsort;
e) einschlägige gesetzliche Bestimmungen (Polizeiverordnungen) des Gastlandes und der deutschen Jugendschutzbestimmungen;

f) Leitsätze über die Buchführung und Abrechnungsverfahren am Urlaubsort;
g) knappe Notizen über die wichtigsten Sitten und Gebräuche des Gastlandes, sofern sie sich von den deutschen unterscheiden (besonders solche, die für den Umgang mit den Einheimischen wichtig zu wissen sind).
h) Leitsätze für das Verhalten bei Unfällen, Versicherungsfragen usw.

13. Zwischen manchen Reiseorganisationen und ihren Reiseleitern ist noch ein fast »frühkapitalistischer« *Umgangston* üblich. Die Art und Weise, wie die Bürokräfte des Veranstalters mit den Reiseleitern mündlich und schriftlich zu verkehren haben, muß innerbetrieblich verbindlich geklärt sein. Es geht nicht an, daß Bürokräfte in üblem Ton mit den Reiseleitern verkehren, auch wenn diese Fehler gemacht haben. Reiseleiter, die weit draußen im Ausland sind, bekommen zum Teil in ungebührlichem Ton Anweisungen des Veranstalters. Die Folgen eines solchen Verfahrens können nicht ausbleiben: Die Reiseleiter fühlen sich nicht gedeckt vom Veranstalter, verlieren ihr Pflichtbewußtsein, machen später Propaganda gegen die Veranstalter, komplottieren mit den Teilnehmern gegen die Veranstalter. Loyalität in beruflichen Beziehungen ist immer eine *zweiseitige* Beziehung: Auch der »Arbeitgeber« kann sie brechen! Ferner muß das Versicherungsverhältnis für die Reiseleiter bei Schadensfällen (Aufsichtspflicht!) klar und schriftlich geregelt sein.

Das gleiche gilt für eine klare Regelung der Honorarfragen und für saubere Verfahrensweisen in der Honorarerstattung. Unklarheiten in dieser Frage verführen zu finanziellen Manipulationen der Reiseleiter mit den Einheimischen gegen die Urlauber.

14. Die Veranstalter sollten *»Mitarbeiterpflege«*, das heißt einen stetigen Kontakt mit guten Reiseleitern treiben, die man einmal im Einsatz gehabt hat. Daran mangelt es noch weitgehend. Man lebt von Saison zu Saison und — was die Mitarbeiter betrifft — von der Hand in den Mund. Ist die Saison zu Ende, sind meistens auch die Kontakte zu

den Mitarbeitern zu Ende. Der Kontakt kann aufrechterhalten werden, indem man den alten Mitarbeitern regelmäßig Informationen über die Arbeit zukommen läßt und indem man sie auch einmal im Jahr — neben den Fortbildungskursen — zu einem geselligen Treffen einlädt.
Ein Fortschritt des pädagogischen Bewußtseins unter den Reiseleitern ist nur dadurch zu erzielen, daß man sie als Gruppe über das Honorar hinaus an den pädagogischen und wissenschaftlichen Problemen der Organisation interessiert; dazu könnte ein solches Treffen dienen. Ferner könnte eine gewisse »Betriebstreue« (mehrmalige erfolgreiche Mitwirkung als Reiseleiter) durch eine stark verbilligte Urlaubsreise im Rahmen der Organisation honoriert werden. Die Kosten dafür würden sich insofern rentieren, als die durch die »Mundpropaganda« einer solchen Gruppe neu geworbenen Reiseleiter verläßlicher wären als die besten Testmethoden. Ähnlich ließe sich eine »Referentenpflege« für Referenten der Ausbildungskurse gestalten.
15. Wenigstens die größeren Reiseveranstalter sollten einen pädagogisch geschulten *Tutor* einstellen, der während der Saison die Projekte bereist, an Ort und Stelle Ratschläge erteilen, Klagen der Reiseleiter an die Organisation weitermelden und dort in der Zukunft auch für Abhilfe sorgen kann. Gerade in größeren Organisationen könnte er damit eine wichtige Lücke zwischen Praxis und Verwaltung schließen: Außerhalb der Saison könnte ihm die Organisation der Reiseleiterausbildung und die Mitarbeiter- und Referentenpflege übertragen werden.
16. Die Veranstalter sollten die Möglichkeit prüfen, ein gemeinsames *Jugendreiseleiter-Diplom* zu entwickeln. Unabhängig von den spezifischen Intentionen der einzelnen Veranstalter könnte es über die für ein solches Diplom verbindlichen Kenntnisse, Fähigkeiten und Fertigkeiten durchaus einen Konsensus geben. Die Vorteile lägen auf der Hand: Es müßten dafür konkrete, »prüfbare« Maßstäbe für die an einen modernen Jugendreiseleiter zu stellenden Erwartungen entwickelt werden; das soziale Ansehen dieser Tätigkeit würde entscheidend gehoben; die

— oft von Studenten ausgeübte — Reiseleitertätigkeit erhielte einen zusätzlichen Anreiz und den Charakter einer zusätzlichen Ausbildung und pädagogischen Praxis.

Vorschläge für die öffentliche Subvention

1. Die Maßstäbe der öffentlichen Subvention für jugendtouristische Maßnahmen können nicht länger mehr aus einer einfachen Gegenüberstellung von »pädagogischen« und »kommerziellen« Reiseveranstaltungen gewonnen werden. Es gibt keine touristischen Zielvorstellungen, die eo ipso im Unterschied zu anderen schon »pädagogisch« wären. Die Argumente, Ziele und Maßstäbe für öffentliche Subventionen können nur aus den Marktbedingungen des touristischen Systems selbst erwachsen und unterliegen geschichtlichen Wandlungen. So sind zum Beispiel mit dem wachsenden Wohlstand und der wachsenden Freizeit die sozialtouristischen Argumente weitgehend entfallen. Nur in Ausnahmefällen muß ein Pro-Tag-Zuschuß an Jugendliche aus Gründen der wirtschaftlichen Not gezahlt werden. Dies sollte auf Antrag auch weiterhin möglich sein. Mit diesem Zuschuß sollte aber *jedes* Unternehmen benutzt werden können, das Jugendreisen veranstaltet. Werden diese Zuschüsse dagegen an *bestimmte* Veranstalter (zum Beispiel der Jugendpflege) gebunden, so schafft man damit einen »Jugendtouristen zweiter Klasse«: der Geruch der »Armenfürsorge« müßte auf die Betroffenen eher lern*feindliche* denn lern*fördernde* Wirkungen haben.
Davon abgesehen sollte grundsätzlich das subventioniert werden, was innerhalb des Marktsystems nicht oder nicht gebührend berücksichtigt wird, aber aus übergeordneten sozialpolitischen, jugendpolitischen und pädagogischen Gesichtspunkten berücksichtigt werden *müßte*. Der touristische Markt wird immer solche Bedürfnisse nicht oder nur unzulänglich befriedigen, die zu teuer würden.

2. Unter diesem Gesichtspunkt sollte die öffentliche Hand folgende Maßnahmen subventionieren:

a) *Die wissenschaftliche Erforschung des Tourismus im allgemeinen und seiner pädagogischen Aspekte im besonderen:* Dies ist eine Aufgabe, die die Interessen der Unternehmen nur bis zu einem gewissen Grade trifft und keineswegs automatisch aus dem Marktzusammenhang hervorgeht: der Marktmechanismus produziert nicht automatisch sein eigenes Bewußtsein. Die Unternehmen selbst können sich an dieser Aufgabe nur im Rahmen der durch die Wettbewerbssituation diktierten Kalkulation beteiligen. Ein bestimmter Prozentsatz der öffentlichen Subventionen sollte *automatisch* für die wissenschaftliche Forschung reserviert bleiben, zu denen auch »pädagogische Experimente« gehören.

b) *Die Ausbildung der Reiseleiter:* Sie ist in der von uns vorgeschlagenen Form teuer und wohl auch für manches kommerzielle Unternehmen finanziell nicht allein zu verkraften. Obwohl eine gründliche Reiseleiterausbildung unmittelbar den kaufmännischen Interessen eines Unternehmens dient, sollten auch kommerzielle Unternehmen an einer öffentlich subventionierten Ausbildung in rechtlich vertretbarer Weise partizipieren können. Im einzelnen könnte dafür das gut durchdachte Subventionsmodell des Sozialministeriums von Nordrhein-Westfalen weiterentwickelt werden, das leider nur für dieses Bundesland und nur für jugendpflegerische Maßnahmen gilt.

c) *Die Ausbildung der Ausbilder:* Gegenwärtig besteht ein großer Mangel an Ausbildern für Reiseleiterkurse. Die Gründe dafür sind mannigfaltig: Die pädagogischen Ausbildungsstätten und die wissenschaftlichen Institute interessieren sich gar nicht oder nur am Rande für den Jugendtourismus; die Zahl derjenigen, die wissenschaftlich *und* praktisch mit den Problemen des Jugendtourismus vertraut sind, ist verständlicherweise noch sehr gering. Die Folge ist, daß zahlreiche Ausbildungskurse dilettantisch durchgeführt werden und die damit verbundenen öffentlichen Subventionen falsch eingesetzt werden.

Es wäre unrentabel, wenn jeder Reiseveranstalter selbst die Ausbildung der Ausbilder übernehmen würde. Dies ist der Sache nach die Aufgabe einer koordinierenden Studienstelle. Vorrangig wäre die Ausbildung von Kursleitern, weil die Kursleiter ihrerseits die übrigen Referenten ihrer Kurse auf die gemeinsame Aufgabe hin koordinieren können.

d) *Die Errichtung und Unterhaltung von Ferienzentren für junge Leute an geeigneten Stellen des In- und Auslandes:* Gerade diejenigen Reiseveranstalter, die ein vorwiegend jugendliches Publikum haben, müssen aus Gründen der finanziellen Kalkulation am Ferienort oft lokale Bedingungen in Kauf nehmen, die pädagogisch unergiebig, wenn nicht bedenklich sind. Sieht man das jugendliche Reisen unter dem Blickwinkel des Lernens, so müssen gerade auch die äußeren Bedingungen am Urlaubsort optimal sein. Jugendherbergen haben sich für längere Ferienaufenthalte als durchweg ungeeignet erwiesen. Sie sollten durch sorgfältig geplante Jugendhotels ergänzt werden.

e) *Kinderferien ohne Eltern:* Der pädagogische Service für Kinderferien und Kindererholungsmaßnahmen ist so teuer, daß solche Maßnahmen auf absehbare Zeit von den kommerziellen Unternehmen kaum in hinreichendem Umfange aufgegriffen werden können. Für das Verreisen der Kinder ohne ihre Eltern gibt es nicht nur soziale Motive — insofern die Eltern aus beruflichen Gründen selbst nicht reisen können oder insofern sie sich von ihren familiären Belastungen erholen müssen —, sondern auch pädagogische: eine gut geleitete Kinderfreizeit kann für die soziale Reifung des Kindes unentbehrlich sein. Nachdem der touristische Markt das jugendliche Reisen weitgehend aufgefangen hat, dürfte die Durchführung von Kinderfreizeiten in der Zukunft eine verstärkte Aufgabe der allgemeinen Jugendpflege sein.

f) Aus ähnlichen Gründen bedürfen die *Familienferien* verstärkter öffentlicher Subvention. Solche Maßnahmen verlangen, sollen sie für Eltern wie Kinder den gewünschten Erfolg haben, eine sehr überlegte bauliche und personelle Planung, deren Kosten die Möglichkeiten kommerzieller Veranstalter oder der Kunden weit übersteigen.

g) *Ferienmaßnahmen für Jugendliche im Rahmen der Jugendpflege* sollten unter zwei Gesichtspunkten subventioniert werden: Erstens, sofern Jugendliche das Bedürfnis haben, den Übergang ins System des Tourismus allmählich und im Rahmen zusätzlicher pädagogischer Hilfen zu vollziehen. Anders ausgedrückt: Maßnahmen der Jugendarbeit auf diesem Gebiet hätten die Funktion, touristische Anpassungsprobleme jugendlicher Menschen lösen zu helfen. Zweitens geht es darum, bestimmte *Programme* zu unterstützen, die zwar an sich im System des Tourismus möglich sind, aber kaufmännisch gesehen noch nicht realisiert werden können, weil dafür die Massenbasis fehlt. Dazu gehören zum Beispiel Programmexperimente wie Urlaubsreisen mit bestimmten, spezialisierten Angeboten: sportliche, künstlerische und wissenschaftliche Programme sowie internationale Jugendbegegnungen mit einem Anspruchsniveau, das im allgemeinen touristischen System (noch) nicht erreicht werden kann.

h) *Die Mitfinanzierung einer Studien- und Schulungsstelle:* Die wissenschaftliche Erforschung des Jugendtourismus und die Ausbildung von Ausbildern sind überregionale und überverbandliche Aufgaben, die rentabel nur von einer zentralen Stelle aus geleistet bzw. koordiniert werden können. Gegenwärtig bietet sich dafür auf Grund seiner bisherigen Erfahrungen der »Studienkreis für Tourismus« an. Er sollte personell und materiell in den Stand gesetzt werden, diese Aufgaben zu übernehmen. *Alle* für die beiden genannten Zwecke vorgesehenen Mittel sollten an diese Institution gehen. Die Gefahr einer Monopolstellung und ihres Mißbrauches müßte durch entsprechende Vorschriften und Kontrollen — sei es der Vereinssatzung, sei es der Verwendungsrichtlinien — beseitigt werden.

i) *Die Finanzierung von Jugendreferenten:* Von einer bestimmten Größenordnung an sollte — entsprechend dem Jugendreferenten-Modell für die politische Bildung im Rahmen des Bundesjugendplans — einem Reiseveranstalter ein Jugendreferent finanziert werden, der die oben genannten Aufgaben wahrnehmen kann. Kleinere Organisationen müßten sich zu diesem Zwecke zusammenschließen oder sich einen solchen Referenten »teilen«.

3. Im allgemeinen werden die derart subventionierten Veranstaltungen nicht billiger, sondern eher teurer sein als vergleichbare nicht-subventionierte Maßnahmen. Die Erklärung dafür liegt darin, daß die hier vorgeschlagenen Maßnahmen deshalb nicht »von selbst« durch den touristischen Markt wahrgenommen werden, weil sie zu teuer sind. Es ist ja gerade der zusätzliche »übernormale« pädagogische Service, der durch die öffentliche Hand subventioniert werden soll.

4. Die hier nicht genannten, aber noch subventionierten Maßnahmen sollten hinsichtlich ihrer Subventionswürdigkeit überprüft werden. Sie scheinen uns nicht mehr zwingend pädagogisch begründbar zu sein, sondern nur den Wettbewerb auf dem jugendtouristischen Markt zu verzerren. Träger, die auf Grund unserer Subventionsvorschläge nicht mehr konkurrenzfähig wären, sollten sich sinnvollere sozialpädagogische Aufgaben suchen, von denen es mehr als genug gibt. Unter der Voraussetzung, daß Sinn und Zweck aller bisher noch vergebenen Subventionen überprüft werden und daß zugleich unsere Subventionsvorschläge akzeptiert werden, werden im ganzen die öffentlichen Subventionen vermutlich nicht höher, sondern eher geringer sein als heute.

5. Schließlich muß noch auf ein Problem hingewiesen werden, das zwar nicht die öffentliche Subvention, aber die jugendpolitische Seite des Jugendurlaubs betrifft: Solange die arbeitende Jugend unter wie über 18 Jahre nicht wenigstens drei, möglichst vier Wochen Jahresurlaub erhält, solange sind für diese Jugendlichen alle urlaubspädagogischen Erwägungen und Maßnahmen von sehr begrenzter Wirkung. Gerade die junge Generation müßte die Erfahrung machen können, daß der Urlaub nicht nur ein Recht auf Erholung, sondern weit darüber hinaus auch ein Recht auf Nicht-Arbeit darstellt.

Vorschläge für weitere pädagogische Experimente

Der Begriff »pädagogisches Experiment« ist in dieser Arbeit mehrfach aufgetaucht, und in den Subventionsvorschlägen wurden weitere Mittel dafür gefordert. Der Ausdruck ist noch ungeläufig und für manchen Pädagogen vielleicht sogar ein wenig anrüchig. Was ist damit gemeint? Daß man soziale Wirklichkeiten »empirisch« untersuchen müsse, wird heute auch unter Pädagogen nicht mehr bestritten. Die Sozialwissenschaften haben eine Reihe von — meist sehr komplizierten — Methoden ausgebildet, mit denen erforscht wird, wie bestimmte soziale Verhältnisse *sind* und *warum* sie so sind. Abgesehen davon, daß bestimmte Methoden hinsichtlich ihrer Erkenntnisreichweite auch unter Sozialwissenschaftlern umstritten sind, blieben die Pädagogen bisher immer aus einem *prinzipiellen* Grunde unbefriedigt: Das pädagogische Geschäft ist *Handeln*, Menschen und ihre Beziehungen zu *verändern*, nicht in erster Linie Menschen zu beobachten, so wie sie sind. An diesem Unterschied der Perspektive fand der Wert »empirischer« Sozialforschung immer seine Grenze für die praktische Pädagogik.

Dieser Unterschied sei an einem Beispiel aus unserem Material demonstriert: Helmut Kentler hat in seiner Fragebogenerhebung festgestellt, daß ein »Ersatzverhalten« im Umgang der Geschlechter (abgehoben vom »Flirt« und »Tanzstundenstil«) fast ausschließlich von der geschlechtlichen Zusammensetzung einer Urlaubsgruppe abhängt: Je mehr die Jungen überwiegen, desto mehr zeigt sich »Ersatzverhalten«. In den im engeren Sinne »jugendtouristischen« Projekten spielt der »Tanzstundenstil« überhaupt keine Rolle, er ist aber häufig in den konfessionellen Projekten zu beobachten, während in »jugendpflegerischen« Projekten »Ersatzverhalten« deutlich überwiegt (8/IX, S. 227).

Damit korrespondiert die Zusammensetzung der Geschlechter in den einzelnen Trägergruppen: In den im engeren

Sinne »jugendtouristischen« Projekten ist das Verhältnis der Jungen zu den Mädchen mit 43 Prozent zu 57 Prozent verhältnismäßig ausgeglichen, während in den konfessionellen Projekten die Mädchen mit 61 Prozent zu 39 Prozent deutlich überwiegen. In den traditionell ohnehin immer eher »männerbündlerischen« Maßnahmen der Jugendpflege überwiegen dagegen die Jungen mit 72 Prozent zu 28 Prozent (8/IX, S. 22, Tab. 17).

Diese Feststellung läßt den Pädagogen nun noch sehr unbefriedigt. *Muß* es so sein, daß immer dann, wenn die Jungen in der großen Mehrzahl sind, das pädagogisch höchst unerwünschte »Ersatzverhalten« eintritt, oder kann man das durch bestimmte pädagogische Maßnahmen verhindern? Darauf könnte diese Untersuchung keine oder jedenfalls keine hinreichende Antwort geben. Eine Antwort könnte vielmehr nur ein »Experiment« ergeben, das heißt indem man es »ausprobiert«, und zwar mehrmals und so, daß man verschiedene Voraussetzungen ändert.

Für ein solches Experiment gibt es zwei verschiedene Ansatzpunkte, die auch in unserem Material eine gewisse Rolle gespielt haben.

Im einen Falle geht man von einer bestimmten pädagogischen Intention aus und versucht, sie im Verlaufe eines Projektes durch die Veränderung der pädagogischen Methoden und der äußeren Bedingungen auch zu verwirklichen (vgl. 1; 6; 8/II). In einem Falle wollte man herausfinden, ob nicht auch heute ganz »durchschnittliche« Jugendliche für ein Zeltlager zu begeistern wären. Obwohl alle drei Maßnahmen mehr oder weniger gut »klappten« — das »Experiment« also gelungen schien —, kann man hier noch nicht im strengen Sinne von einem Experiment sprechen, weil man dabei mehr von Intuitionen ausging als von klaren Hypothesen und weil man im Grunde hinterher nicht genau sagen konnte, *warum* es geklappt bzw. nicht geklappt hatte.

Von einem anderen Ansatz gingen die drei von Udo Perle geleiteten Team-Experimente in touristischen Großprojekten aus (11). Die Teams arbeiteten »verdeckt«, das heißt sie hatten keine offiziellen Funktionen, sie spielten die Rolle des Miturlaubers, eine Rolle, von der die Leitung, nicht aber die Teilnehmer Kenntnis hatten. Es ging hier um die Frage, welche Wirkungsmöglichkeiten eine pädagogisch aktive Gruppe von Teilnehmern hat, die als »Miturlauber« agiert, sonst aber keinen Einfluß auf die äußeren Bedingungen hat und auch keinerlei Anordnungen erteilen kann. Die Ergebnisse, über die Udo Perle ausführlich berichtet hat (11/I), lassen sich in zwei Punkten zusammenfassen.

1. Die Experimente haben die überragende pädagogische Bedeutung der äußeren Verhältnisse erwiesen, und diese Erfahrungen haben nicht zuletzt dazu geführt, daß wir im zweiten Teil des Buches den äußeren Bedingungen (Sozialsituation und Komfort) so großen Wert beimaßen. Es hat sich nämlich gezeigt, daß pädagogische Aktionen nur ganz minimale Erfolgsaussichten haben, wenn sie nicht auch über die äußeren Randbedingungen des pädagogischen Feldes weitgehend verfügen können.

2. Die Experimente haben ferner bewiesen, welch große Schwierigkeiten selbst überdurchschnittlich begabte Sozialpädagogen haben, wenn sie zum »Rollen-Wechsel« gezwungen werden, wenn sie also nicht in der nach außen erkenntlichen Rolle des Erziehers agieren können, sondern für ihre pädagogischen Ideen und Absichten unter »gleichberechtigten« Partnern werben müssen. Ein so hohes Maß an »Anpassungsschwierigkeiten« war in der Hypothese, von der die Experimente ausgingen, gar nicht enthalten und blieb vor allem für eins von den drei Teams während der ganzen Zeit ein dominantes Problem. Die Experimente gaben uns also einen Einblick darin, wie wenig selbstverständlich jener »Rollen-Wechsel« ist, wie wir ihn im Kapitel über den Führungsstil gefordert haben.

Diese beiden Einsichten, die mit den üblichen sozialwissenschaftlichen Methoden so nicht zu erbringen wären, zeigen schon, wie wichtig die Methode der pädagogischen Experimente für die Erkenntnis pädagogischer Felder ist, wenn sie gut durchdacht ist und verallgemeinerungsfähig interpretiert wird. Nach unserer Kenntnis ist diese empirische Methode noch nicht exakt dargelegt worden, und auch unsere eigenen Versuche waren nur mit manchen Mängeln behaftete Vorstudien.

Da diese Methode mit verhältnismäßig geringen finanziellen Mitteln in den touristischen Projekten angewendet werden kann und sollte und da sie zunehmend — meist allerdings recht dilettantisch — angewendet wird, wollen wir am Schluß dieses Buches wenigstens einige Grundsätze dafür aufstellen, ohne uns dabei allzusehr in Wissenschaftstheorie zu verlieren.

1. Ein pädagogisches Experiment muß von einer *Hypothese* ausgehen, das heißt von einer Vor-Annahme darüber, *was auf welche Weise* das Experiment erreichen soll und *warum* es das erreichen kann. Eine solche Hypothese wäre zum Beispiel: Trotz eines Männerüberschusses von 70 : 30 tritt »Ersatzverhalten« nicht ein, wenn der *Führungsstil* dem »Rollen-Ensemble« entspricht und bestimmte gesellige Methoden den Zahlenunterschied so kompensieren, daß wechselnde *individuelle* Beziehungen zwischen den Geschlechtern möglich werden. Dies tritt deshalb ein, weil es darauf ankommt, den Jugendlichen soziale Anerkennung beim anderen Geschlecht zu verschaffen.

2. In einer solchen Hypothese steckt, wie unschwer zu erkennen ist, eine Menge Theorie: zum Beispiel über das Jugendalter und seine Bedürfnisse, über die soziale Funktion der Geselligkeit usw. Daraus folgt: Sinnvolle Hypothesen lassen sich nur auf der Grundlage des jeweils erreichten Standes der sozialwissenschaftlichen Forschung formulieren. Sie müssen auf dem aufbauen, was man schon weiß bzw. wissen könnte, und von da aus eine noch ungeklärte Frage formulieren; man kann sich die Hypothesen also nicht beliebig ausdenken, sonst läuft man Gefahr, offene Türen einzurennen und mit viel Geld und Zeit etwas zu »erforschen«, was belanglos oder längt bekannt ist.

3. Im Unterschied zu den meisten sozialwissenschaftlichen Methoden, die um so ergiebiger sind, je mehr sie das, was sie erforschen wollen, von den übrigen Einflüssen isolieren,

darf das pädagogische Experiment die Totalität des pädagogischen Feldes nicht außer acht lassen. Man braucht also eine Theorie des ganzen pädagogischen Wirkungsfeldes, in das hinein gehandelt wird, und zwar in noch genauerer Form, als wir es im zweiten Teil beschrieben. Je mehr Wirkungsfaktoren des Feldes man in die Betrachtung einbezieht, um so größer wird die Wahrscheinlichkeit verallgemeinerungsfähiger Erkenntnisse.

4. Das Kriterium dafür, ob die Ergebnisse eines pädagogischen Experimentes richtig sind, ist die Wiederholbarkeit unter gleichen allgemeinen Bedingungen (nicht unbedingt mit denselben Jugendlichen, aber mit Jugendlichen gleicher soziographischer Merkmale, mit den gleichen Leitern, in der gleichen Region, unter gleichen Wohnbedingungen usw.). So gesehen besteht *ein* Experiment immer aus einer Reihe von Einzelexperimenten, die sinnvoll aufeinander bezogen sind.

5. Einer allein kann kein Experiment machen. Experimente sind grundsätzlich eine Sache von Teams. Dabei muß die Aktion von der Beobachtung personell getrennt werden: wer die Aktionen anderer beobachtet und protokolliert, darf selbst nicht agieren. Man kann eine solche Aufgabenteilung grundsätzlich vollziehen, indem man ein Team aus »Beobachtern« und »Akteuren« zusammensetzt. Besser ist, wenn in einem Team diese Rollen ab und zu wechseln, weil sonst die Beobachter in ihrer Rolle bald entdeckt werden und Unsicherheit verbreiten. Wichtig ist, daß die Beobachtung nicht die pädagogische Aktion beeinträchtigt.

6. Die pädagogischen Aktionen müssen nach einem genau ausgearbeiteten Leitfaden beobachtet und protokolliert werden, in einer Form, wie sie auch für die »teilnehmende Beobachtung« gilt.

7. Alle für das pädagogische Feld möglicherweise bedeutsamen Fakten müssen beschafft werden: sozialstatistische Daten über die Teilnehmer (zum Beispiel durch Fragebogen), Angaben über die lokalen Bedingungen, Angaben über das äußere Kommunikationsfeld (»touristische Umgebung«), über den Komfort usw.

8. Gegen Ende des Experimentes müssen die Meinungen der Teilnehmer zu den wichtigsten Gesichtspunkten der Hypothese erfragt werden. Das kann am einfachsten mit Hilfe eines — nicht zu umfangreichen! — Fragebogens geschehen; ergiebiger ist allerdings das wesentlich kompliziertere Verfahren der Gruppendiskussion.

Diese wenigen Grundsätze zeigen schon, daß leichtfertige und dilettantische Experimente keinen Gewinn an Erkenntnis bringen können. Auch das pädagogische Experiment ist ein wissenschaftliches, und das heißt ein verhältnismäßig kompliziertes Verfahren, das die Mitwirkung von Experten voraussetzt. Aber im Unterschied zu anderen sozialwissenschaftlichen Verfahren können sich hieran auch »Nur-Pädagogen« beteiligen, wenn wenigstens ein Mitglied des Teams sozialwissenschaftlich ausgebildet ist. Der Hinweis auf die Schwierigkeiten, die noch deutlicher werden, sobald es an die Ausarbeitung der Beobachtungsleitfäden und Fragebogen geht, soll nicht die Lust an pädagogischen Experimenten nehmen, sondern nur vor unzureichenden Verfahren warnen. Im Gegenteil: Wir möchten mit diesem Schlußkapitel nachdrücklich für weitere Experimente werben. Das größte Hindernis ist dabei vielleicht gar nicht die Finanzierung, sondern die vielfach fehlende Bereitschaft der Pädagogen, »sich in die Karten gucken zu lassen«.

Wir haben in der Einleitung zu der Feldbeschreibung des zweiten Teils darauf hingewiesen, daß das vorliegende Material zu nicht mehr reicht als zu einer ersten umfassenden und allgemeinen Hypothese. Die Präzisierung und Korrektur unseres Modells wird wesentlich von dem Ergebnis weiterer Experimente abhängen. Diese möchten wir dem Interesse der Veranstalter und der Förderer daher nachdrücklich empfehlen. Es wäre allerdings sinnvoll, wenn solche Experimente in Zusammenarbeit mit solchen Institutionen geplant und durchgeführt würden, die über die entsprechenden Erfahrungen verfügen, wie zum Beispiel der »Studienkreis für Tourismus«.

Vor allem folgende Probleme sollten bald auf diese Weise weiterverfolgt werden:

1. Was können jugendpflegerische Maßnahmen (für 15- bis 17jährige) leisten, um touristische Anpassungsprobleme junger Menschen lösen zu helfen?
2. Welche Formen der Geselligkeit sind in den verschiedenen Altersstufen des Jugendalters und unter verschiedenen Bedingungen sinnvoll und realisierbar?
3. Wie kann die touristische Umwelt über die stereotypen »Sehenswürdigkeiten« hinaus auch als eine soziale und politische Umwelt erschlossen werden?
4. Welche Ziele, Programme und Methoden für die internationale Jugendbegegnung zwischen Ländern gleicher Entwicklungsstufe und politischer Verfassung, zwischen Ländern verschiedener Entwicklungsstufen, aber gleicher politischer Verfassung, und zwischen Ländern gleicher Entwicklungsstufe, aber verschiedener politischer Verfassung, sind sinnvoll und realisierbar?
5. Welchen Einfluß haben bestimmte Fakten des Komforts wie Unterbringungsart, Bettenzahl, Eßkultur usw. auf die Lernmotivation junger Menschen?
6. Auf welche Weise können touristische Mengensituationen (Großprojekte) kommunikativ gegliedert werden, so daß der große Kommunikationsradius in der Menge erhalten bleibt, zugleich aber auch wechselnde informelle Gruppierungen sich ergeben?
7. Welche Schwierigkeiten stellen sich beim Rollen-Wechsel des Reiseleiters ein, und wie können sie gelöst werden?

QUELLEN- UND LITERATURVERZEICHNIS

Das Quellen- und Literaturverzeichnis ist nicht vollständig, sondern enthält nur diejenigen Titel, die für die pädagogischen Aspekte des Tourismus besonders wichtig sind. Publikationen, in denen sich umfangreichere bibliographische Angaben finden, sind am Schluß mit (Bibl.) gekennzeichnet.

A) Empirische Studien

1) BAUMANN, Friedegard, Urlaub in Calella. Bundesarbeitsgemeinschaft Aktion Jugendschutz, Münster o. J.
2) BECK, Peter, Urlaub auf Sizilien. Beobachtungen in einem Jugendferienlager am Mittelmeer (II). Studienkreis für Tourismus, München 1964.
3) BÖHM, Wolfgang, Zur Motivation jugendlicher Auslandsreisender. Bericht über eine empirische Studie, in: Jahrbuch für Jugendreisen und internationalen Jugendaustausch 1962, Bonn 1963, S. 111-122.
4) CLAESSENS, Dieter, DANCKWORTT, Dieter, Jugend in Gemeinschaftsdiensten. Eine soziologisch-psychologische Untersuchung über die Arbeit in den Internationalen Jugendgemeinschaftsdiensten, München 1957.
5) GARSCHAGEN, G., SIEBENHÜHNER, P., Urlaub am Ammersee. Beobachtungen zweier Psychologen in einem deutsch-französischen Segelkurs in Oberbayern. Studienkreis für Tourismus, Starnberg 1966.
6) GAYLER, Brigitte, LANG, Claudia, Urlaub in Comillas. Studienkreis für Tourismus, München 1964.
7) KENTLER, Helmut, Urlaub auf Sizilien. Beobachtungen in einem Jugendferienlager am Mittelmeer. Studienkreis für Tourismus, München 1963.
8) KENTLER, Helmut, LEITHÄUSER, Thomas, LESSING, Hellmut, Jugend im Urlaub. Forschungsbericht. Teil I-IX. Studienkreis für Tourismus, München/Starnberg 1965/66 (Bibl.).
9) Landschaftsverband Rheinland (Hrsg.), Bericht des Landesjugendamtes Rheinland über die Besichtigungen von Einrichtungen der Jugenderholungspflege 1962.
10) OPASCHOWSKI, Horst, Urlaub in Imperia. Beobachtungen eines Reiseleiters an der italienischen Riviera, Köln 1964 (Manuskript beim Studienkreis für Tourismus, Starnberg).
11) Pädagogische Experimente in jugendtouristischen Großprojekten. Berichte und Materialien. Projekt I, II und III (Manuskript beim Studienkreis für Tourismus).

12) Perle, Udo, Urlaub in Port Issol. Beobachtungen eines Gruppenpädagogen in einem Jugendferienlager an der französischen Riviera. Studienkreis für Tourismus, München 1961.

13) Perle, Udo, Urlaub in Cervia. Beobachtungen eines Pädagogen in einem Jugendhotel an der italienischen Adria, in: Jahrbuch für Jugendreisen und internationalen Jugendaustausch 1963, Bonn 1964, S. 101-115.

14) Posth, Walter, Bericht über eine Besuchsreise in 13 Freizeiten evangelischer Jugend, in: 3. Studienseminar über Freizeiten. Protokoll der ev. Jugendakademie Radevormwald 1964, S. 5-10.

15) Riemann, Christa, Schneider, Annerose, Willenborg, Gertrud, Junge Schiurlauber in den Dolomiten. Eine gruppensoziologische Studie, in: Jahrbuch für Jugendreisen und internationalen Jugendaustausch 1963, Bonn 1964, S. 127-160.

16) Schön, Konrad, Urlaub auf Mallorca. Beobachtungen eines Pädagogen in einem Jugendferiendorf am Mittelmeer, in: Jahrbuch für Jugendreisen und internationalen Jugendaustausch 1963, Bonn 1964, S. 87-99.

17) Scholz, Gotthard, Junge Urlauber unter Erwachsenen. Eine Umfrage in sieben Sonderzügen eines Reiseunternehmens, München 1962 (Manuskript beim Studienkreis für Tourismus, Starnberg).

18) Schricker, Otto, Beobachtungen in acht Ferienmaßnahmen katholischer Jugendferienwerke Sommer 1965. Bundesarbeitsgemeinschaft Katholisches Jugendferienwerk, Düsseldorf o. J. (1966).

B) Sonstige Literatur

19) Baumann, Robert, Der Jugendtourismus. Seine Institutionen und Organisationen. Unter besonderer Berücksichtigung schweizerischer Verhältnisse, Winterthur 1964 (Bibl.).

20) Becker, Walter, Jugendurlaub — Jugendreisen — Jugendwandern, in: Die deutsche Berufs- und Fachschule, H. 4/1961, S. 326-331.

21) Brezinka, Wolfgang, Erziehung durch das Wandern, in: Sammlung, 1957, S. 98-111.

22) Couchoud, Eitel-Victor, Wandlungen der Motive im deutsch-französischen Personenaustausch seit Kriegsende, in: Jahrbuch für Jugendreisen und internationalen Jugendaustausch 1962, Bonn 1963, S. 152-164.

23) Danckwortt, Dieter, Internationaler Jugendaustausch. Programm und Wirklichkeit, München 1959.

24) DANCKWORTT, Dieter, Führt internationaler Austausch zur Verständigung? in: deutsche jugend, H. 11/1958, S. 495 ff.

25) GANTNER, Hans, Aktive Jugenderholung in den Sommerlagern, in: deutsche jugend, H. 5/1962, S. 222-226.

26) GIESECKE, Hermann, Ist Jugendtourismus pädagogisierbar? in: deutsche jugend, H. 3/1964, S. 109-114.

27) GIESECKE, Hermann, Tourismus als neues Problem der Erziehungswissenschaft, in: Heinz Hahn (Hrsg.), Jugendtourismus, München 1965.

28) GIESECKE, Hermann, Jugendtourismus und Pädagogik, in: Jahrbuch für Jugendreisen und internationalen Jugendaustausch 1964, Bonn 1965, S. 131-140.

29) GÖTZ, Karl, 50 Jahre Jugendwandern und Jugendherbergen 1909-1959. Deutsches Jugendherbergswerk, Detmold 1959.

30) GRASSL, Anton, Der Wanderer zwischen gestern und morgen. 50 Jahre Deutsches Jugendherbergswerk, in: deutsche jugend, H. 5/1959, S. 205-210.

31) GRASSL, Anton, Der motorisierte Wanderer, in: deutsche jugend, H. 4/1955, S. 161-167.

32) GRASSL, Anton, Anpassung und Widerstand im Jugendherbergswerk, in: deutsche jugend, H. 5/1962, S. 217-221.

33) GRASSL, Anton, Jugendtourismus: Zeitgeschichtliche Beobachtungen, in: Heinz Hahn (Hrsg.), Jugendtourismus, München 1965, S. 33-40.

34) GREINERT, Horst, Jugendreisen heute, in: deutsche jugend, H. 3/1964, S. 115-120.

35) HAHN, Heinz, Kann Jugendarbeit Vorurteile überwinden? in: deutsche jugend, H. 9/1959, S. 412-417.

36) HAHN, Heinz, Die Entwicklung des Jugendtourismus, in: deutsche jugend, H. 3/1963, S. 109-117.

37) HAHN, Heinz, Die Ausbildung von Jugendferienleitern, in: deutsche jugend, H. 8/1963, S. 348-350.

38) HAHN, Heinz, Ferienwerke und Reisedienste für junge Leute, in: Heinz Hahn (Hrsg.), Jugendtourismus, München 1965, S. 41-53.

39) HAHN, Heinz, (Hrsg.), Jugendtourismus. Beiträge zur Diskussion über Jugenderholung und Jugendreisen, München 1965 (Bibl.).

40) HAHN, Heinz, Ausbildungskurse für Jugendreiseleiter, in: Seminar für Jugendurlaubsleitung. Tagungsbericht. Evangelische Jugendakademie, Radevormwald 1966, S. 35-42.

41) HAHN, Heinz, Methoden der Ausbildung von Jugendreiseleitern, in: Heinz Hahn (Leitung), Internationaler Jugendtourismus. Bericht über ein Seminar des Europarats vom

22.-30. Juni 1966 in München. Studienkreis für Tourismus, Starnberg 1966, S. 55-64.
42) HAHN, Heinz (Leitung), Internationaler Jugendtourismus. Bericht über ein Seminar des Europarats vom 22.-30. Juni 1966 in München. Studienkreis für Tourismus, Starnberg 1966.
43) HASENCLEVER, Christa, Kinder- und Jugenderholung, in: Heinz Hahn (Hrsg.), Jugendtourismus, München 1965, S. 13-32.
44) HECKER, Bernd, Jugendherbergen als Stätten internationaler Jugendbegegnung, in: Jahrbuch für Jugendreisen und internationalen Jugendaustausch 1964, Bonn 1965, S. 77 bis 83.
45) HECKER, Bernd, Internationale Jugendbegegnung und Jugendaustausch im Bundesjugendplan, in: Jahrbuch für Jugendreisen und internationalen Jugendaustausch 1964, Bonn 1965, S. 41-46.
46) JEAN, Robert, Methoden der »aktiven« Erziehung in Ferienzentren. Ein Bericht aus Frankreich, in: deutsche jugend, H. 3/1964, S. 121-130.
47) KENTLER, Helmut, Urlaub als Subkultur, in: Heinz Hahn (Hrsg.), Jugendtourismus, München 1965, S. 73-86.
48) KENTLER, Helmut, Urlaub als Auszug aus dem Alltag, in: Heinz Hahn (Hrsg.), Jugendtourismus, München 1965, S. 63-72.
49) KLATT, Fritz, Freizeitgestaltung. Grundsätze und Erfahrungen zur Erziehung des berufsgebundenen Menschen, Stuttgart 1929.
50) KLEIN, Wolfram, Zur Situation des Reiseleiterberufs in Deutschland. Die ersten Ergebnisse einer berufssoziologischen Untersuchung. »Der Fremdenverkehr«, H. 3/1966.
51) KNEBEL, Hans Joachim, Soziologische Strukturwandlungen im modernen Tourismus, Stuttgart 1960 (Bibl.).
52) KÖNIGSFELD, Hermann, Jugendtourismus und Jugendaustausch, in: Jahrbuch für Jugendreisen und internationalen Jugendaustausch 1964, Bonn 1965, S. 33-39.
53) MAASCH, Hans, Reiseleiter haben's schwer, Bonn 1963.
54) MÖNIG, Hans, Neue Formen des Jugendurlaubs, in: Bundesarbeitsstelle Aktion Jugendschutz (Hrsg.), Jugendschutz heute und morgen, Hamm 1961, S. 61-64.
55) MÜNKER, Wilhelm, Geschichte des Jugendherbergswerkes von 1933 bis 1945, Bielefeld 1946.
56) OTT, Hanns, Internationale Jugendarbeit — Aufgaben und Programme, in: Jahrbuch für Jugendreisen und internationalen Jugendaustausch 1964, Bonn 1965, S. 57-70.

57) Ott, Hanns, Die Chancen für ein europäisches Jugendwerk, in: Jahrbuch für Jugendreisen und internationalen Jugendaustausch 1964, Bonn 1965, S. 13-26.

58) Perle, Udo, Jugendtourismus: Eindrücke und Fragen, in: deutsche jugend, H. 9/1962, S. 406-412.

59) Perle, Udo, Jugendtourismus als pädagogische Aufgabe, in: deutsche jugend, H. 3/1963, S. 125-131.

60) Perle, Udo, Pädagogische Aspekte des Jugendurlaubs, in: Unsere Jugend, H. 7/1964.

61) Perle, Udo, Praxisberatung für Jugendreiseleiter? in: deutsche jugend, H. 11/1964, S. 506-511.

62) Perle, Udo, Der Jugendurlaub: eine neue pädagogische Aufgabe, in: Heinz Hahn (Hrsg.), Jugendtourismus, München 1965, S. 123-136.

63) Perle, Udo, Kurse für Mitarbeiter im Jugendurlaub, in: deutsche jugend, H. 9/1965, S. 415-421.

64) Perle, Udo, Das Teamprinzip in der Erziehungs- und Sozialarbeit, in: Unsere Jugend, H. 9/1966.

65) Rauschert, Klaus, Die deutsch-französische Zusammenarbeit in der Moniteurausbildung, in: deutsche jugend, H. 3/1964, S. 131-136.

66) Röhrs, Hermann, Vom Sinn des Reisens, in: Sammlung, 1955, S. 382-394.

67) Schade, Burkhard, Erleben und Verhalten junger Auslandsreisender, in: Heinz Hahn (Hrsg.), Jugendtourismus, München 1965, S. 87-101.

68) Stenzel, Arnold, Die anthropologische Funktion des Wanderns und ihre pädagogische Bedeutung, in: Erziehung und Leben. Vier Beiträge zur pädagogischen Bewegung des frühen zwanzigsten Jahrhunderts, Heidelberg 1960, S. 96-130.

69) Stratmann, Karl, Freizeit-Ferien-Erholung. Zur Aufgabe der Jugenderholungsheime, in: Die Heimstatt, H. 1/2/1958, S. 27-34.

70) Svoboda, Robert, Der moderne Tourismus als Problem des Jugendschutzes, in: Bundesarbeitsstelle Aktion Jugendschutz (Hrsg.), Jugendschutz heute und morgen, Hamm 1961, S. 52-60.

71) Svoboda, Robert, Probleme des Jugendschutzes im Tourismus, in: Heinz Hahn (Hrsg.), Jugendtourismus, München 1965, S. 153-162.

72) Vervoort, Pieter, Reiseleiterfibel, Düsseldorf 1963.

73) Wagner, Friedrich A., Studentischer Tourismus heute, in: Heinz Hahn (Hrsg.), Jugendtourismus, München 1965, S. 55-62.

74) WEBER, Erich, Das Freizeitproblem. Anthropologisch-pädagogische Untersuchung, München-Basel 1963 (Bibl.).
75) WEBER, Willi, Jugendtourismus heute, in: Heinz Hahn (Hrsg.), Jugendtourismus, München 1965, S. 137-152.
76) WITTIG, Horst E., Schule und Freizeit. Ein Beitrag zum pädagogischen Problem der Jugendkulturhilfe. Wirtschaft und Schule, Bd. 9, Bad Harzburg 1964 (Bibl.).
77) ZIELINSKI, Johannes, Freizeit und Erziehung. Zur Theorie und Praxis einer erzieherischen Gestaltung des Freizeitlebens.
78) ZILIEN, Erich, Auf Reisen mit jungen Leuten. Ein Ratgeber für Jugendreiseleiter, Düsseldorf 1964.

C) *Vorschlag für eine Handbibliothek in Ausbildungskursen*

a) Freizeit — Tourismus — Internationale Begegnung

Hans Magnus ENZENSBERGER, Einzelheiten I (darin: Eine Theorie des Tourismus), edition suhrkamp Nr. 63.
Die im Literaturverzeichnis aufgeführten Bände 23; 39; 51.
Willy STRZELEWICZ, Jugend in ihrer freien Zeit, Juventa Verlag München.
Fortunat WEIGEL, Die Auslandsfahrt, Juventa Verlag, München.
Fahrtenführer durch Europa: England, Frankreich, Schweden, Juventa Verlag München.
Anitra KARSTEN, Vorstellungen von jungen Deutschen über andere Völker, Schriftenreihe der Stiftung für internationale Länderkenntnis der Jugend, H. 1.
Dieter DANCKWORTT, Erziehung zur internationalen Verständigung, Juventa Verlag München.
Die einschlägigen Studien und Monographien des Studienkreises für Tourismus, Starnberg: Literatur-Verzeichnis Nr. 2; 5; 7; 8; 10-12.

b) Jugendkunde — Jugendpädagogik — Jugendarbeit

Friedrich H. TENBRUCK, Jugend und Gesellschaft, Rombach-Verlag Freiburg.
Ludwig VON FRIEDEBURG, Jugend in der modernen Gesellschaft, Kiepenheuer & Witsch Verlag Köln-Berlin.
Gerhard WURZBACHER, Gesellungsformen der Jugend, Juventa Verlag München.
Helmut KENTLER, Jugendarbeit in der Industriewelt, Juventa Verlag München.

Wolfgang MÜLLER/Hans MAASCH, Gruppen in Bewegung, Juventa Verlag München.
MÜLLER/KENTLER/MOLLENHAUER/GIESECKE, Was ist Jugendarbeit? Juventa Verlag München.
Hermann GIESECKE, Jung sein in Deutschland, Juventa Verlag München.
Lutz RÖSSNER, Jugend im Erziehungsbereich des Tanzes, Klett-Verlag Stuttgart.
Magda KELBER, Fibel der Gesprächsführung, Verlag Haus Schwalbach, Wiesbaden-Dotzheim.
R. und A. TAUSCH, Erziehungspsychologie, 2. Aufl. Göttingen 1965.

c) Rechtsfragen

Peter BECK, Rechtsfragen für Jugendreiseleiter, Studienkreis für Tourismus, Starnberg (in Vorbereitung).
Hans MAASCH, Reiseleiter haben's schwer, Jugendforum-Verlag Bonn.
Paul SEIPP, Rechts-ABC für den Jugendgruppenleiter, Luchterhand Verlag Neuwied.

d) Programmgestaltung

Brigitte BILITZA/Wolfgang MÜLLER, Parties für junge Leute. Deutscher Gewerkschaftsbund Bundesvorstand. Abteilung Jugend, Düsseldorf.
J. B. STADLER, Spielbare Witze und skizzierte Sketche, 2 Bände, Don Bosco-Verlag München.
Toni BUDENZ, Das Pantomimenbuch, Don Bosco-Verlag München.
Jürgen PALM, Das Spiel beginnt (Sportspiele), Deutscher Sportbund Frankfurt a. M.
Schwalbacher Spielkartei (140 Spiele), Verlag Haus Schwalbach Wiesbaden-Dotzheim.
Robert LEMBKE, Quiz-leicht gemacht, Buchner-Verlag München.
Heinz MAEGERLEIN, Sportquiz, Limpert-Verlag Frankfurt.
Liselotte BENISCH, Frag mich — ich antworte (3 300 Fragen und Antworten für das Quiz), Humboldt-Taschenbuch.
Erwin GLONNEGGER, Spielbuch für Alle, Otto Maier Verlag Ravensburg.
Peter TRUMPF, Alte und neue Kartenspiele, Otto Maier Verlag Ravensburg.

Die **Bielefelder Jugendreiseschriften** wollen zur Theorieentwicklung und Praxisverbesserung im Jugendtourismus beitragen. Nach einer kurzen Phase in den sechziger und siebziger Jahren des letzten Jahrhunderts widmeten sich nur wenige Fachleute diesem Spezialbereich des Tourismus. Dies ist bemerkenswert angesichts der Tatsache, dass die Reiseintensität bei der jungen Bevölkerungsgruppe am höchsten ist. Schließlich ist mit Jugendreisen auch ein erheblicher Wirtschaftsfaktor verbunden. Laut Aussagen des Welttourismusverbandes (WTO) werden 20% der weltweiten Ausgaben für Freizeitreisen von jungen Leuten getätigt. Bis zum Jahr 2010 wird sich diese Zahl auf 25% erhöhen. Der Jugendtourismus als wichtiger Wirtschaftszweig genießt im Ausland ein hohes Ansehen. In Deutschland fristet er dagegen seit jeher ein Schattendasein. Aus Sicht des Bundeswirtschaftsministeriums gehören Jugendreisen in den Bereich der Jugendarbeit und damit zum Bundesjugendministerium. Aus der Sicht des Bundesjugendministerium dienen die meisten Jugendreisen der Erholung und gehören damit nicht in dessen Zuständigkeitsbereich. Entsprechend ist die Aufmerksamkeit in der Wissenschaft. Weder Wirtschafts- noch Erziehungswissenschaftler nehmen den Jugendtourismus zur Kenntnis. Obwohl die wachsende Zahl der Jugendreisen in vielfältigen Formen veranstaltet wird, müssen sie sich erst noch als touristisches Spezialsegment etablieren, wie es vorbildhaft den Studienreisen - mit ihrem ehemals ausschließlichem akademischen Hintergrund - bereits erfolgreich gelungen ist. Zur Professionalisierung des Jugendreisen wollen die Schriften einen Betrag leisten.

Zu den Herausgebern:
Thomas Korbus, Jahrgang 1959, Dipl.-Pädagoge, Studium in Köln, Oldenburg und Bielefeld, Gründer von Reisen und Freizeit mit jungen Leuten e.V. (RUF) und geschäftsführender Gesellschafter von RUF-Jugendreisen, Trend Touristik GmbH, Bielefeld, Gründer des Reisenetz e.V. und des Bundesforum Kinder- und Jugendreisen e.V.
Wolfgang Nahrstedt, Jahrgang 1932, Dr. phil., emeritierter Professor an der Universität Bielefeld, Schwerpunkte: Freizeitpädagogik, Kulturarbeit und Tourismuswissenschaft. Vorsitzender des Institut für Freizeitwissenschaft und Kulturarbeit (IFKA), langjähriger Vorsitzender der Kommission Freizeitpädagogik der Deutschen Gesellschaft für Erziehungswissenschaft (DGfE), Ehrenräsident der European Leisure and Recreation Association (ELRA). Forschungsvorhaben zur Freizeit- und Tourismusentwicklung. Gründungsmitglied von Reisen und Freizeit mit jungen Leuten e.V. (RUF). Mitherausgeber der IFKA-Schriftenreihe (seit 1983) sowie der Fachzeitschrift FreizeitPädagogik. Forum für Kultur, Medien, Sport, Tourismus. Baltmannsweiler Schneider: seit 1978; seit 1995: Spektrum Freizeit. Forum für Wissenschaft, Politik und Praxis.
Bernhard Porwol, Jahrgang 1959, Dr. phil., Dipl.-Pädagoge, Studium der Soziologie und Pädagogik in Bonn und Bielefeld, Reiseverkehrskaufmann, Gründer von Reisen und Freizeit mit jungen Leuten e.V. (RUF) und geschäftsführender Gesellschafter von RUF-Jugendreisen, Trend Touristik GmbH.

Bielefelder Jugendreiseschriften

In der Reihe der Bielefelder Jugendreiseschriften beim Institut für Freizeitwissenschaft und Kulturarbeit e.V. (IFKA), Bielefeld sind bisher erschienen:

Band 1: KORBUS, Thomas; NAHRSTEDT, Wolfgang; PORWOL, Bernhard & TEICHERT, Marina (Hrsg.) (1997). Jugendreisen: Vom Staat zum Markt; Analysen und Perspektiven. Bielefeld: IFKA.
ISBN 3-926499-35-4

Band 2: BRAUN, Ottmar L. & KLUCK, Rainer (1997). Ost- und westdeutsche Jugendliche im Feriencamp: Perspektiven, Formen und Konflikte gemeinsamer Ferienaufenthalte. Bielefeld: IFKA.
ISBN 3-926499-36-2

Band 3: PORWOL, Bernhard (2001). Qualität im Jugendtourismus: Die zentrale Bedeutung der Kundenzufriedenheit. Eine empirische Untersuchung. Bielefeld: IFKA.
ISBN 3-926499-42-7

Band 4: STUMPF, Frank (2001). BEACHFOOTBALL – Trendsport für Jugendliche. Bielefeld: IFKA.
ISBN 3-926499-43-5

Band 5: GIESECKE, Hermann: Pädagogik des Jugendreisens / GIESECKE, Hermann; KEIL, Annelie & PERLE, Udo (2002). Faksimileausgabe von München, Juventa-Verlag 1967. Bielefeld: IFKA.
ISBN 3-926499-47-8

Weitere Informationen im Internet unter: www.ifka.de